요건사실에 따른
소장 작성례와 관련 판례

김만기 편저

법문북스

요건사실에 따른
소장 작성례와 관련 판례

김만기 편저

법문북스

머 리 말

　민사소송에서 당사자는 승소를 위하여 자신에게 유리한 법률효과의 발생을 주장하는데, 이러한 법률효과의 발생이 인정되기 위해서는 원칙적으로 그 법률효과의 근거 규정에 정해진 요건에 해당하는 구체적인 사실, 즉 요건사실이 주장·증명되어야 한다. 요건사실론의 핵심은 주장·증명책임이다.

　요건사실은 권리발생사실, 권리장애사실, 권리소멸사실, 권리저지사실로 분류되는데, 권리의 실현 또는 확인을 청구하는 소송에 있어 권리발생사실은 청구원인사실이 되고, 나머지 사실은 항변사실이 된다. 원고는 청구원인사실에 대하여, 피고는 항변사실에 대하여 주장·증명책임을 진다. 다만, 소송당사자가 소송에서 승소하기 위해서 자신이 주장·증명책임을 부담하는 모든 사실을 주장·증명할 필요는 없다.

　요건사실은 그 성상에 따라 사람의 정신작용을 요소로 하는 용태와 사람의 정신작용을 요소로 하지 않는 사건으로 구분된다. 용태는 행위에 해당하는 외부적 용태와 내심의 상태에 해당하는 내부적 용태로 나뉜다. 한편, 요건사실은 각 실체법상에 나타난 유형적 사실로서 법적 개념임에 비하여, 주요사실은 각 실체법규에 나타난 구체적 사실로서 사실적·경험적 개념이라고 하여 양자를 구별하는 입장도 있다.

　이 책에서는 이러한 요건사실을 분쟁 유형별로 소장 작성에 관한 자세한 사례들 즉, 매매계약에 기한 청구, 대여금 반환 청구, 부동산에 대한 청구, 각종 등기 청구, 어음금·수표금 청구, 양수금 청구, 임금 및 퇴직금 청구, 손해배상 청구, 사행 행위취소 청구, 전부금·추심금 청구, 보험금 청구, 약정금 청구, 확인 청구, 주주총회 결의에 대한 청구, 기타 청구 등으로 세분하여 대법원판례와 함께 알기 쉽게 정리 수록하여 누구나 소장을 작성하는데, 불편함이 없도록 편집하였다.

이와 같은 자료들은 법제처의 생활법령정보, 사법연수원 발행 요건사실론과 네이버의 지식백과를 참고하였고, 판례는 대법원종합법률정보에 수록된 대법원의 최신 판례와 소장 작성례는 대한법률구조공단의 서식을 참고하였으며, 이들을 종합적으로 분석하여 누구나 이해하기 쉽게 정리, 수록하였다.

이 책이 법률사무에 종사하는 실무자와 법률 전문가를 지망하려는 수험생 및 각종 소장을 작성하려는 모든 분들에게 큰 도움이 되리라 믿으며, 열악한 출판시장임에도 불구하고 흔쾌히 출간에 응해 주신 법문북스 김현호 대표에게 감사를 드린다.

2023. 01.
편저자

목 차

제1편 총 론

제 1 장 요건사실의 의의

제 2 장 공격방어방법으로서의 요건사실

제2편 요건사실로 살펴 본 분쟁유형별 소장 작성례와 판례

제 1 장 매매계약에 기한 청구

제 2 장 대여금반환청구

제 3 장 부동산에 대한 청구

제 4 장 각종 등기청구

제 5 장 어음금 · 수표금 청구

제1절 어음금 청구

제2절 수표금 청구

제 6 장 양수금 청구

제 7 장 임금 및 퇴직금 청구

제 8 장 손해배상 청구

제 9 장 사해행위취소청구

제 10 장 전부금 · 추심금 청구

제 11 장 보험금청구

제 12 장 약정금청구

제 13 장 확인청구

제1편

총 론

제1장 요건사실의 의의

1. 법률효과의 발생요건

① 민사소송에 있어서 법원은 사실심 변론종결시를 기준으로 원고가 소송물로 주장한 일정한 권리 또는 법률관계의 존부에 관하여 판단하여야 하는데, 이러한 기준시에 관념적 존재인 권리가 존재하는지 여부를 직접 인식할 수 있는 수단이 없으므로 당해 권리의 존부에 관한 판단은 그 권리의 발생은 인정되는가, 그 후 그 권리가 소멸하였는가, 나아가 그 소멸 효과의 발생에 장애사유는 없는가 하는 등의 과정을 거쳐 결론에 이르게 된다.

② 실체법에서는 이러한 법률효과의 발생요건을 규정하고 있는데, 이러한 발생요건을 강학상 법률요건 또는 구성요건이라 한다.

2. 요건사실·주요사실의 개념

① 권리의 발생, 장애, 소멸 등의 각 법률효과가 인정되는지 여부는 그 발생요건에 해당하는 구체적 사실의 유무에 달려 있는바, 이러한 사실을 요건사실이라 한다. 요건사실을 간접사실과 대비하여 주요사실이라고도 한다. 가령 소유권에 기하여 토지인도청구를 할 경우 원고의 토지소유사실이 토지인도청구권 발생을 위한 요건사실에 해당한다.

② 요건사실의 의미를 이와 같이 이해한다면, 이는 간접사실에 대비하여 사용되는 주요사실이란 개념과 동의어라 할 것이

다. 즉 간접사실과의 관계가 문제된 경우에 요건사실이라는 용어 대신 주요사실이라는 용어를 사용하게 되는 것이다.

3. 주요사실의 태양

① 주요사실에는 1) 각종의 계약체결, 채무불이행, 부당이득, 사무관리, 상속 등 권리 또는 법률관계의 발생요건이 되는 사실, 2) 경개(更改) 등 권리의 변경요건이 되는 사실, 3) 변제, 상계, 해제, 면제 등 권리의 소멸요건이 되는 사실이 포함된다.

② 판례는 당사자가 변론에서 주장한 주요사실만이 심판의 대상이 되는 것으로서 여기서 주요사실이라 함은 법률효과를 발생시키는 실체법상의 구성요건 해당 사실을 말한다고 한다.

③ 주요사실에는 청구를 이유 있게 하는 사실뿐만 아니라 항변사실도 포함된다. 당사자가 요건사실을 충분히 주장하지 아니한 경우에는 그 공격방어방법은 입증할 필요 없이 주장 자체에서 이유 없는 것으로 배척된다.

④ 주요사실에 관한 진술은 반드시 조서에 적어야 하는데, 주요사실은 보통 소장·답변서·준비서면에 적혀 있는 경우가 많고 변론에서의 주장도 이들 서면의 진술에 의하여 이루어지는 것이 대부분이므로 변론조서에 주요사실을 구체적으로 적어야 할 경우가 그리 많지는 않지만, 만약 적을 필요가 생긴 경우에는 1) 주체, 2) 시기, 3) 상대방, 4) 목적물, 5) 행위의 종류 및 내용을 구체적으로 표시하여 누락하지 않도록 하되, 불필요한 사항이 포함되지 않도록 주의하여야 한다.

■ 대법원판례

범죄구성요건사실을 인정하기 위하여 과학공식 등의 경험칙을 이용하는 경우에 그 법칙 적용의 전제가 되는 개별적·구체적 사실에 대하여는 엄격한 증명을 요한다. 위드마크 공식은 알코올을 섭취하면 최고 혈중알코올농도가 높아지고, 흡수된 알코올은 시간의 경과에 따라 일정하게 분해된다는 과학적 사실에 근거한 수학적인 방법에 따른 계산결과를 통해 운전 당시 혈중알코올농도를 추정하는 경험칙의 하나이므로, 그 적용을 위한 자료로 섭취한 알코올의 양·음주시각·체중 등이 필요하고 이에 관하여는 엄격한 증명이 필요하다. 나아가 위드마크 공식에 따른 혈중알코올농도의 추정방식에는 알코올의 흡수분배로 인한 최고 혈중알코올농도에 관한 부분과 시간경과에 따른 분해소멸에 관한 부분이 있고, 그중 최고 혈중알코올농도의 계산에 관하여는 섭취한 알코올의 체내흡수율과 성별·비만도·나이·신장·체중 등이 결과에 영향을 미칠 수 있으며, 개인의 체질, 술의 종류, 음주속도, 음주 시 위장에 있는 음식의 정도 등에 따라 최고 혈중알코올농도에 이르는 시간이 달라질 수 있고, 알코올의 분해소멸에 관하여도 평소의 음주정도, 체질, 음주속도, 음주 후 신체활동의 정도 등이 시간당 알코올 분해량에 영향을 미칠 수 있는 등 음주 후 특정 시점의 혈중알코올농도에 영향을 줄 수 있는 다양한 요소가 존재한다. 한편 형사재판에서 유죄의 인정은 법관으로 하여금 합리적인 의심을 할 여지가 없을 정도로 공소사실이 진실한 것이라는 확신을 가지게 할 수 있는 증명이 필요하므로, 위 영향요소를 적용할 때 피고인이 평균인이라고 쉽게 단정하여서는 아니 되고, 필요하다면 전문적인 학식이나 경험이 있는 자의 도움을 받아 객관적이고 합리적으로 혈중알코올농도에 영향을 줄 수 있는 요소를 확정하여야 한다. 만일 위드마크 공식의 적용에 관해서 불확실한 점이 남아 있고 그것이 피고인에게 불이익하게 작용한다면, 그 계산결과는 합리적인 의심을 품게 하지 않을 정도의 증명력이 있다고

할 수 없다 (대법원 2022. 5. 12. 선고 2021도14074 판결)

당사자의 주장이 법률적 관점에서 보아 현저한 모순이나 불명료한 부분이 있는 경우, 법원은 적극적으로 석명권을 행사하여 당사자에게 의견 진술의 기회를 주어야 하고, 이를 게을리한 경우에는 석명 또는 지적의무를 다하지 아니한 것으로서 위법한 평가를 받을 수 있다. 청구취지나 청구원인의 법적 근거에 따라 <u>요건사실</u>에 대한 증명책임이 달라지는 중대한 법률적 사항에 해당되는 경우라면 더욱 그러하다 (대법원 2022. 4. 28. 선고 2019다200843 판결)

법률상의 <u>요건사실</u>에 해당하는 주요사실에 대하여 당사자가 주장하지도 아니한 사실을 인정하여 판단하는 것은 변론주의에 위반된다 (대법원 2021. 3. 25. 선고 2020다289989 판결).

불법행위로 인한 손해배상청구권의 단기소멸시효의 기산점이 되는 민법 제766조 제1항의 '손해 및 가해자를 안 날'이라고 함은 손해의 발생, 위법한 가해행위의 존재, 가해행위와 손해의 발생 사이에 상당인과관계가 있다는 사실 등 불법행위의 <u>요건사실</u>에 대하여 현실적·구체적으로 인식하였을 때를 의미한다. 피해자가 언제 불법행위의 <u>요건사실</u>을 현실적·구체적으로 인식하였는지는 개별 사건에서 여러 객관적 사정을 참작하고 손해배상청구가 사실상 가능한 상황을 고려하여 합리적으로 인정하여야 한다 (대법원 2019. 12. 13. 선고 2019다259371 판결).

법률상 추정과 같이 법률에 명문의 근거가 있는 경우를 제외하고는 <u>요건사실</u>에 대한 증명책임은 해당 <u>요건사실</u>을 주장하는 당사자가 부담하는 것이 원칙이다 (대법원 2013. 5. 16. 선고 2012다202819 전원합의체 판결).

행정소송에서는 특별한 사정이 있는 경우를 제외하면 행정청이 행정처분의 적법성에 관하여 주장·증명하여야 한다. 그러나 행정소송에 직권주의가 가미되어 있다고 하여도 여전히 변론주의를 기본 구조로 하는 이상 행정처분의 위법을 들어 그 취소를 구하는 자는 직권조사사항을 제외하고는 위법사유에 해당하는 구체적인 사실을 먼저 주장하여야 한다. 법원의 석명권 행사는 사안을 해명하기 위하여 당사자에게 그 주장의 모순된 점이나 불완전·불명료한 부분을 지적하여 이를 정정·보충할 수 있는 기회를 주고, 계쟁사실에 대한 증거의 제출을 촉구하는 것을 그 내용으로 하는 것이다. 따라서 당사자가 주장하지도 않은 법률효과에 관한 요건사실이나 공격방어방법을 시사하여 그 제출을 권유하는 행위는 변론주의의 원칙에 위배되고 석명권 행사의 한계를 벗어난 것이다 (대법원 2004. 4. 23. 선고 2003두32 판결 등 참조).(대법원 2019. 6. 13. 선고 2018두35674 판결)

하자 있는 행정처분이 당연무효가 되기 위해서는 그 하자가 법규의 중요한 부분을 위반한 중대한 것으로서 객관적으로 명백한 것이어야 하며, 하자가 중대하고 명백한지 여부를 판별할 때에는 그 법규의 목적, 의미, 기능 등을 목적론적으로 고찰함과 동시에 구체적 사안 자체의 특수성에 관하여도 합리적으로 고찰함을 요한다. 행정청이 어느 법률관계나 사실관계에 대하여 어느 법률의 규정을 적용하여 행정처분을 한 경우에 그 법률관계나 사실관계에 대하여는 그 법률의 규정을 적용할 수 없다는 법리가 명백히 밝혀져 그 해석에 다툼의 여지가 없음에도 행정청이 위 규정을 적용하여 처분을 한 때에는 그 하자가 중대하고도 명백하다고 할 것이나, 그 법률관계나 사실관계에 대하여 그 법률의 규정을 적용할 수 없다는 법리가 명백히 밝혀지지 아니하여 그 해석에 다툼의 여지가 있는 때에는 행정관청이 이를 잘못 해석하여 행정처분을 하였더라도 이는 그 처분 요건사실을 오인한 것에 불과하여 그 하자가 명백하다고 할 수 없다 (대법원 2012. 11. 29. 선고 2012두3743 판결 등 참조).(대법원 2019. 3. 14. 선고 2018두56787 판결)

법원의 석명권 행사는 당사자의 주장에 모순된 점이 있거나 불완전·불명료한 점이 있을 때에 이를 지적하여 정정·보충할 수 있는 기회를 주고, 계쟁 사실에 대한 증거의 제출을 촉구하는 것을 그 내용으로 하는 것으로, 당사자가 주장하지도 아니한 법률효과에 관한 요건사실이나 독립된 공격방어방법을 시사하여 그 제출을 권유함과 같은 행위를 하는 것은 변론주의의 원칙에 위배되는 것으로 석명권 행사의 한계를 일탈하는 것이 된다 (대법원 2018. 11. 9. 선고 2015다75308 판결).

4. 주요사실과 변론주의

① 변론주의에서 일컫는 '사실'이라 함은 권리의 발생, 소멸이라는 법률효과의 판단에 직접 필요한 주요사실만을 가리키는 것이고, 그 존재를 확인함에 도움이 되는 데 지나지 않는 간접사실 따위는 포함하지 않는 것으로 보아야 한다.

② 따라서 명확한 소송지휘 내지 석명을 행하여야 할 재판장으로서는 요건사실을 명확히 이해하는 것이 중요한 일이며, 요건사실과 요건사실을 추인케 하는 데 쓰이는 간접사실의 양자를 각각 구별해서 당사자에게 충분하게 주장시키는 것이 필요하다.

③ 또한, 주요사실은 적어도 상대방이 자백한다면 그 사실을 기초로 하여 법률효과를 판단할 수 있을 정도로 구체적일 것을 요한다. 만약 그 주장이 불분명하면 법원은 석명권을 행사하여 이를 밝혀야 한다(민사소송법 제136조).

④ 당사자의 주요사실에 대한 주장은 직접적으로 명백히 한 경우뿐만 아니라 당사자가 법원에 서증을 제출하며 그 입증취지를 진술함으로써 서증에 기재된 사실을 주장하거나 당사자의 변론을 전체적으로 관찰하여 간접적으로 주장한 것으로 볼 수 있는 경우에도 주요사실의 주장이 있는 것으로 보아야 한다. 예를 들어 원고가 증인신문을 신청하여 대리 사실을 입증하고 있다면 변론에서 위 대리행위에 관한 명백한 진술을 한 흔적은 없다 하더라도 위 증인신청으로서 위 대리행위에 관한 간접적인 진술은 있었다고 보아야 할 것이다.

■ 대법원판례

주요사실에 대한 주장은 당사자가 이를 직접적으로 명백히 한 경우뿐만 아니라 당사자의 변론을 전체적으로 관찰하여 주장을 한 것으로 볼 수 있는 경우에도 주요사실의 주장이 있다고 보아야 한다. 건설근로자의 임금청구 소송을 심리하는 사실심법원은, 근로기준법 제44조의2가 건설근로자를 보호하기 위한 것으로 강행규정인 점, 사업이 여러 차례의 도급에 따라 행하여지는 경우가 많고, 필요에 따라 해당 공사현장에서 공사기간 동안만 일시적으로 근로관계가 맺어지는 건설사업의 특성상 건설근로자의 경우 누구와 근로계약관계를 맺은 것인지가 명확하지 않은 경우도 종종 발생하고 이에 따라 건설근로자로서는 보다 자력이 있는 직상 수급인 등을 자신과 고용관계를 맺은 사업주라고 주장할 여지가 상당한 점 등을 염두에 두어, 해당 건설근로자가 소송 상대방과의 고용관계를 주장하는 경우 그러한 주장 안에 설령 고용관계가 인정되지 않는다고 하더라도 근로기준법 제44조의2에 따른 직상 수급인으로서의 책임을 묻는 취지가 포함되어 있는지 여부 등을 신중하게 살펴보아야 하고, 그러한 취지가 포함되어 있는 것으로 볼 수 있는 사정이 충분함에도 섣불리 소송 상대방이 해당 건설근로자와의 고용관계가 인정되지 않는다는 이유만을 들어 임금청구를 배척하여서는 안 된다 (대법원 2021. 6. 10. 선고 2021다217370 판결).

민사소송절차에서 권리의 발생 · 변경 · 소멸이라는 법률효과를 판단하는 요건이 되는 주요사실에 대한 주장 · 증명에는 변론주의의 원칙이 적용된다 (대법원 2021. 1. 14. 선고 2020다261776 판결).

민사소송절차에서 심판 대상은 원고의 의사에 따라 특정되고 한정되므로, 법원은 당사자가 신청한 사항에 대하여 신청 범위 내에서만 판단하여야 한다. 또한 주요사실은 당사자가 변론에서 주장하지 않으면 판결의 기초로 삼을 수 없다 (대법원 1982. 4. 27. 선고 81다카550 판결, 대법원 2013. 5. 9. 선고 2011다61646 판결 등 참조).(대법원 2020. 12. 24. 선고 2018다256023 판결)

재판상 자백은 상대방의 동의가 없는 이상 자백을 한 당사자가 자백이 진실에 어긋난다는 사실과 자백이 착오로 말미암은 것이라는 사실을 증명해야 취소할 수 있다. 서증의 진정성립에 관한 자백은 보조사실에 관한 것이지만 자백의 취소에 관해서는 다른 간접사실에 관한 자백의 취소와 달리 주요사실에 관한 자백의 취소와 마찬가지로 취급해야 하므로, 서증의 진정성립을 자백한 당사자는 자유롭게 철회할 수 없다 (대법원 1988. 12. 20. 선고 88다카3083 판결, 대법원 1991. 1. 11. 선고 90다8244 판결, 대법원 2003. 1. 10. 선고 2002다57584 판결 등 참조).(대법원 2019. 7. 11. 선고 2015다47389 판결)

5. 요건사실의 내용

① 실체법은 어떤 권리의 발생 및 소멸에 대하여 각 요건사실을 규정하고 있는바, 요건사실이 무엇인가를 아는 것은 결국 실체법의 해석의 문제로서 용이한 것이 아니다. 실무에서는 법률요건분류설을 기본으로 하여 주장·입증책임을 분배하고 권리근거사실(청구원인사실)은 권리주장자가, 권리장애사실, 권리멸각사실, 권리행사저지사실(항변사실)은 그 상대방이 각각 입증책임을 부담한다.

② 그런데 법조항 자체에서 입증책임의 분배를 명시하고 있는 것은 적기 때문에 각개 법조항에 있어서 구성요건을 정한 방식과 법조항 적용의 논리적 순서로부터 당해 법률효과의 발생 또는 불발생을 위하여는 무엇이 요건사실이 되는가를 명확하게 하고, 이것에 의하여 입증책임이 어떻게 분배되고 있는가를 알아야 한다. 통상 그 법조항의 적용이 자기에게 유리한 당사자에게 입증책임이 있는 것이다.

③ 때로는 각개 법조항에 있어서 어떤 사실이 요건사실이 되는가가 명확하지 않거나 그 구성요건이 정해진 방식이 타당하지 않은 경우도 있다. 그러한 경우에는 당사자 사이의 공평, 사물의 성질, 개연성, 법률의 실질적 목적 등이 결정기준이 될 것이다.

6. 요건사실의 태양

① 요건사실은 사람의 정신작용을 요소로 하는 용태와 사람의 정신작용을 요소로 하지 않는 사건으로 나뉜다.

② 용태는 행위에 해당하는 외부적 용태와 내심의 상태에 해

당하는 내부적 용태로 나뉜다. 가령 매매계약에서 청약과 승낙의 의사표시는 외부적 용태에 해당한다. 매매계약 해제 사실에 대한 제3자의 인식은 내부적 용태에 해당한다.

7. 요건사실과 증명책임

① 요건사실의 존부가 불명한 경우 요건사실의 존재를 전제로 하는 법률효과의 발생이 인정되지 않을 때의 불이익 또는 위험을 객관적 증명책임이라고 한다.

② 요건사실의 존부가 불명해 불이익을 받게 되는 당사자가 그 불이익을 피하기 위해서 소송에서 증거를 제출할 행위책임을 주관적 증명책임이라고 한다.

■ 대법원판례

당사자의 주장이 법률적 관점에서 보아 현저한 모순이나 불명료한 부분이 있는 경우, 법원은 적극적으로 석명권을 행사하여 당사자에게 의견 진술의 기회를 주어야 하고, 이를 게을리한 경우에는 석명 또는 지적의무를 다하지 아니한 것으로서 위법한 평가를 받을 수 있다. 청구취지나 청구원인의 법적 근거에 따라 요건사실에 대한 증명책임이 달라지는 중대한 법률적 사항에 해당되는 경우라면 더욱 그러하다 (대법원 2022. 4. 28. 선고 2019다200843 판결).

근로자에게 이미 형성된 갱신에 대한 정당한 기대권이 있는데도 사용자가 이를 배제하고 근로계약의 갱신을 거절한 데에 합리적 이유가 있는지가 문제 될 때에는 사용자의 사업 목적과 성격, 사업장 여건, 근로자의 지위와 담당 직무의 내용, 근로계약 체결 경위, 근로계약의 갱신 요건이나 절차의 설정 여부와 운용 실태,

근로자에게 책임 있는 사유가 있는지 등 근로관계를 둘러싼 여러 사정을 종합하여 갱신 거부의 사유와 절차가 사회통념에 비추어 볼 때 객관적이고 합리적이며 공정한지를 기준으로 판단하여야 하고, 그러한 사정에 관한 <u>증명책임</u>은 사용자가 부담한다 (대법원 2021. 10. 28. 선고 2021두45114 판결).

8. 요건사실과 주장책임

① 변론주의가 지배하는 민사소송에서는 권리의 발생·소멸이라는 법률효과의 판단에 직접 필요한 요건사실 내지 주요사실은 당사자의 주장을 통하여 소송에 현출되어야 법원이 이를 재판의 기초로 삼을 수 있고, 만일 어떤 요건사실에 대한 주장이 없다면 그 요건사실이 증거로 인정된다 하여도 법원으로서는 그 요건사실을 인정하여 당해 법률효과의 판단의 기초로 삼을 수는 없다.

② 이와 같이 어떤 법률효과의 요건사실이 당사자의 주장을 통하여 소송에 현출되지 않은 결과 이에 기한 유리한 법률효과의 발생이 인정되지 않는 당사자의 불이익을 주장책임이라 한다.

■ 대법원판례

행정소송법 제26조에 "법원은 필요하다고 인정할 때에는 직권으로 증거조사를 할 수 있고, 당사자가 주장하지 아니한 사실에 대하여 판단할 수 있다."고 규정하여 변론주의의 일부 예외를 인정하고 있으므로, 행정소송에서는 법원이 필요하다고 인정할 때에는 당사자가 명백하게 주장하지 않은 사실이라 할지라도 기록에 나타난 자료를 기초로 하여 직권으로 심리조사하고 이를 토대로 판단할 수 있다 (대법원 1995. 2. 14. 선고 94누5069 판결 등 참조).

위 법리에 비추어 기록을 살펴보면, 원심이 이 사건 처분의 위법 여부를 판단함에 있어 기록에 나타난 자료에 터잡아, 근로기준법에 의하여 망 나귀동(이하 '망인'이라 한다)에 대한 평균임금은 통상임금에 의하여야 하므로 피고가 업무상 질병이환자에 대한 평균임금 산정특례에 의하여 산정한 금액이 위와 같이 산정한 평균임금에 미치지 못하는 경우라는 이유로 망인이 주장하지 아니한 사유를 들어 이 사건 처분이 위법하다고 판단한 것에 변론주의의 원칙을 위반하거나 <u>주장책임</u>의 법리를 오해한 잘못은 없다 (대법원 2012. 8. 23. 선고 2010두20690 판결).

제2장 공격방어방법으로서의 요건사실

1. 요건사실의 특징과 구체성

① 소송에서 주장·증명하여야 할 요건사실은 현실에서 발생한 역사적·사회적 사실인데, 그 태양은 인간의 내심에 있는 사실인 경우가 있는 반면, 아예 정신작용을 요소로 하지 않는 사실, 즉 사건인 경우도 있으며, 특정시점에서 이루어진 행위인 경우가 있는 반면, 일정기간 계속된 상태인 경우도 있다. 이러한 다양한 사실 중에서 요건사실로서 일정한 사실을 주장하기 위해서는 그 사실을 다른 유사한 사실로부터 식별할 수 있도록 특정하고 구체적으로 표시하여야 한다.

② 어느 정도까지 요건사실을 특정하고 구체적으로 주장해야 하는가는 그 소송에서 당해 요건사실이 행하는 역할을 고려하여 개별적·구체적으로 결정되어야 할 문제이다. 즉 그 소송에서 어떤 요건사실의 존재를 다툴 다른 사실이 존재할 가능성이 낮다면 요건사실의 특정·구체화 정도가 낮아도 무방하지만, 그 가능성이 높다면, 그만큼 특정·구체화 정도도 높아야 할 것이다. 또 요건사실의 특정·구체화 정도에 대하여 갖는 상대방의 이익과 특정·구체화의 난이도를 형량할 필요도 있다.

2. 요건사실의 시적 요소

① 어떤 법률효과의 발생을 위해서 필요한 요건사실은 그 효과 발생의 이전 시점에서 이미 존재하고 있어야 한다는 것이 원칙이다. 또 이행지체로 인한 해제에 있어서는 이행기의 경과 → 최고 → 상당기간의 경과 → 해제의 의사표시라는 각 사실 상호간의 시간적 순서가 요구된다. 이행기 경과 전에 한 최고는 해제권발생의 요건사실로서의 최고가 아니며, 최고 후 상당기간 경과 전에 한 해제의 의사표시는 해제의 효과를 발생시키지 못한다. 즉, 최고에 대하여는 이행기의 경과 후라는 점, 해제의 의사표시에 대하여는 최고로부터 상당기간 경과 후라는 점이 당해 요건사실의 요소인 것이다.

② 요건사실이 어떤 사실에 대하여 선의 또는 악의와 같은 사실상태인 경우에는 그 시적 요소를 명확히 드러낼 필요가 있다. 예컨대, 매도인의 하자담보책임은 매수인이 그 하자를 알았거나 과실로 알지 못하였을 경우 발생하지 않는 것인데(**민법 제580조**), 매수인의 악의 또는 과실은 매매계약 체결시를 기준으로 판단하기 때문이다.

③ 시적 요소가 문제되는 특별한 경우로서 물권적 방해배제청구권의 발생요건인 '방해상태'가 있다. 현점유설에 의할 경우 '변론종결 당시'라는 시적 요소는 방해상태라는 요건사실의 일부가 된다.

3. 공격방어방법의 내포관계

① 어떤 사실이 소송상 공격방어방법으로서 독자적으로 성립하는가는 그 실체법상 법률효과만으로 결정하여서는 아니 되고 그와 함께 당해 소송에서의 공격방어방법으로서의 기능을 검토할 필요가 있다.

② 이러한 공격방어방법의 내포관계는 요건사실 전부를 포함하고 있을 경우에 일어나는 것이고, 그 일부만을 포함하고 있을 뿐인 경우에는 그러하지 아니하다. 예컨대, 합의충당의 주장과 지정충당의 주장은 '타 채무의 존재'라는 요건사실을 공통으로 하면서도 '충당에 관한 합의' 또는 '충당지정'이라는 별개의 요건사실을 가지고 있으므로, 어느 한쪽이 다른 한쪽에 내포되는 관계에 있지 않다.

4. 공격방어방법의 불가피한 불이익진술

1개의 공격방어방법이 법률효과 A를 발생시키는 복수의 요건사실로 구성되어 있는 경우 그 중 어떤 요건사실이 별개의 법률효과 B를 발생시키는 요건사실로 되기도 하는데, 그럴 경우 이 공격방어방법을 주장하는 것은 반드시 다른 법률효과 발생의 요건사실까지도 주장하는 것이 된다. 이것은 법률효과 B가 당초 주장한 공격방어방법의 법률효과 A에 대하여 항변으로서의 작용으로 하는 경우에도 마찬가지이다.

제2편
요건사실로 살펴 본
분쟁유형별
소장 작성례와 판례

제1장 매매계약에 기한 청구

1. 매매대금지급청구

1-1. 개요

① 매매대금만을 청구하는 경우, 원고는 매매계약의 체결사실을 주장증명하면 된다.

② 매매계약의 특정을 위해서는 쌍방 당사자, 계약 일시, 목적물, 매매대금을 적시해야 한다.

③ 매매대금과 매매대금에 대한 지연손해금을 함께 청구하는 경우에는 매매계약의 체결사실, 원고로서는 자신의 채무인 소유권이전의무의 이행 또는 이행의 제공사실, 대금지급기한의 도래사실, 목적물의 인도사실, 손해의 발생 및 범위를 주장증명하면 된다.

1-2. 요건사실

① 매매대금만을 청구하는 경우

매매계약의 체결(매수인, 매매일자, 매도인, 목적물, 대금, 매수사실)

② 매매대금에 대한 지연손해금을 함께 청구하는 경우

　　1. 매매계약의 체결(소유권이전의무의 이행·이행의 제공)

　　2. 대금지급기한의 도래

　　3. 목적물의 인도(손해의 발생 및 범위)

1-3. 항변

해제

1-4. 매매대금 청구의 소

[작성례] 매매대금청구의 소(토지임차인의 건물철거소송 패소 후)

소　　장

원　　고　　○○○ (주민등록번호)

　　　　　　○○시 ○○구 ○○길 ○○(우편번호)

　　　　　　전화.휴대폰번호:

　　　　　　팩스번호, 전자우편(e-mail)주소:

피　　고　　◇◇◇ (주민등록번호)

　　　　　　○○시 ○○구 ○○길 ○○(우편번호)

　　　　　　전화.휴대폰번호:

　　　　　　팩스번호, 전자우편(e-mail)주소:

매매대금청구의 소

청 구 취 지

1. 피고는 원고에게 금 ○○○원 및 이에 대하여 이 사건 소장 부본 송달 다음날부터 판결선고일까지는 연 5%, 그 다음날부터 다 갚는 날까지는 연 12%의 각 비율에 의한 돈을 지급하라.
2. 소송비용은 피고가 부담한다.
3. 위 제1항은 가집행 할 수 있다.

라는 판결을 구합니다.

청 구 원 인

1. 원고는 피고로부터 별지1 목록기재 토지를 건물소유를 목적으로 임차료는 매월 금 ○○○원, 임차기한은 20○○. ○. ○.로 정하여 임차한 후, 별지1 목록기재 토지 위에 별지2 목록기재 건물을 건축하였습니다.

2. 그 후 피고는 20○○. ○. ○.로 위 임대차기간이 만료되기 1개월 전에 계약갱신거절의사를 내용증명우편으로 통고하였으며, 임대차기간이 만료되자 원고를 상대로 ○○지방법원 20○○가단○○○ 토지인도 및 건물철거소송을 제기하여 원고패소로 확정되었으며, 원고는 위 판결이 확정되었으므로 별지1 목록기재 토지 및 별지2 목록기재 건물을 피고에게 내주었는데, 피고는 별지2 목록기재 건물을 철거하지 않고 자기가 사용하고 있습니다.

3. 따라서 원고는 비록 ○○지방법원 20○○가단○○○ 토지인도 등 청구소송에서는 토지임차인으로서 민법 제643조 및 제283조에 따른 건물매수청구항변을 하지 못하고 패소하여 판결이 확정되었지만, 피고가 아직 별지2 목록기재 건물을 철거하지 않고 자기가 사용하고 있으므로, 이 사건 소장부본의 송달로써 별지2 목록기재 건물의 매수청구의사표시를 하고 청구취지와 같은 매매대금을 지급 받기 위하여 이 사건 소송제기에 이른 것입니다.

입 증 방 법

 1. 갑 제1호증   임대차계약서
 1. 갑 제2호증   부동산등기사항증명서

첨 부 서 류

1. 위 입증방법	각 1통	
1. 소장부본	1통	
1. 송달료납부서	1통	

20○○. ○. ○.

위 원고 이○○ (서명 또는 날인)

○○지방법원 귀중

[별 지]

부동산의 표시

○○시 ○○구 ○○동 ○○ 대 ○○○㎡. 끝.

■ **대법원판례**

계약이 성립하기 위해서는 당사자 사이에 의사의 합치가 있어야한다. 이러한 의사의 합치는 계약의 내용을 이루는 모든 사항에 관하여 있어야 하는 것은 아니지만, 그 본질적 사항이나 중요 사항에 관해서는 구체적으로 의사의 합치가 있거나 적어도 장래 구체적으로 특정할 수 있는 기준과 방법 등에 관한 합의는 있어야 한다. 한편 당사자가 의사의 합치가 이루어져야 한다고 표시한 사항에 대하여 합의가 이루어지지 않은 경우에는 특별한 사정이 없는 한 계약은 성립하지 않는다. 매매계약은 매도인이 재산권을 이전하는 것과 매수인이 대금을 지급하는 것에 관하여 쌍방 당사자가 합의함으로써 성립하므로 매매계약 체결 당시에 반드시 매매목적물과 대금을 구체적으로 특정할 필요는 없지만, 적어도 매매계약의 당사자인 매도인과 매수인이 누구인지는 구체적으로 특정되어 있어야만 매매계약이 성립할 수 있다 (대법원 2021. 1. 14. 선고 2018다223054 판결)

일정한 신임관계의 고의적 외면에 대한 형사적 징벌을 핵심으로 하는 배임의 관점에서 보면, 부동산매매에서 매수인이 대금을 지급하는 것에 대하여 매도인이 계약상 권리의 만족이라는 이익이 있다고 하여도 대금의 지급은 어디까지나 매수인의 법적 의무로서 행하여지는 것이고, 그 사무의 처리에 관하여 통상의 계약에서의 이익대립관계를 넘는 신임관계가 당사자 사이에 발생한다고 할 수 없다. 따라서 그 대금의 지급은 당사자 사이의 신임관계에 기하여 매수인에게 위탁된 매도인의 사무가 아니라 애초부터 매수인 자신의 사무라고 할 것이다. 또한 매도인이 대금을 모두 지급받지 못한 상태에서 매수인 앞으로 목적물에 관한 소유권이전등기를 경료하였다면, 이는 법이 동시이행의 항변권 등으로 마련한 대금 수령의 보장을 매도인이 자신의 의사에 기하여 포기한 것으로서, 다른 특별한 사정이 없는 한 대금을 받지 못하는 위험을 스스로 인수한 것으로 평가된다. 그리고 그와 같이 미리 부동산을 이전받은 매수인이 이를 담보로 제공하여 매매대금 지급을 위한 자금을 마련하고 이를 매도인에게 제공함으로써 잔금을 지급하기로 당사자 사이에 약정하였다고 하더라도, 이는 기본적으로 매수인이 매매대금의 재원을 마련하는 방편에 관한 것이고, 그 성실한 이행에 의하여 매도인이 대금을 모두 받게 되는 이익을 얻는다는 것만으로 매수인이 신임관계에 기하여 매도인의 사무를 처리하는 것이 된다고 할 수 없다 (대법원 2011. 4. 28. 선고 2011도3247 판결).

2. 매매대금 + 이자청구

2-1. 개요

① 일반적으로 매수인의 매매대금 지급과 매도인의 계약목적 부동산의 인도는 동시에 이행되므로 계약당사자 일방은 상대방이 채무를 이행할 때까지 자기의 채무이행을 거절할 수 있다(**민법 제536조제1항 및 제583조**).

② 계약목적 부동산의 인도와 동시에 매매대금을 지급하는 경우 그 인도장소에서 지급하게 된다(**민법 제586조**).

③ 매매대금의 지급에 대하여 기한이 없으면 매수인이 목적물의 인도를 받은 때까지 그 매매대금을 지급하지 않은 경우에는 목적물의 인도를 받은 날부터 대금의 이자를 지급해야 한다(**민법 제587조 후단**).

2-2. 요건사실

1. 매매계약의 체결
2. 목적물의 인도 및 인도시기

2-3. 매매대금 청구의 소

[작성례] 매매대금청구의 소(토지임차인의 매수청구, 건물철거 전)

소 장

원 고 이○○ (주민등록번호)
　　　　○○시 ○○구 ○○길 ○○(우편번호 ○○○○○)
　　　　전화.휴대폰번호:
　　　　팩스번호, 전자우편(e-mail)주소:
피 고 배◇◇ (주민등록번호)
　　　　○○시 ○○구 ○○길 ○○(우편번호 ○○○○○)
　　　　전화.휴대폰번호:
　　　　팩스번호, 전자우편(e-mail)주소:

매매대금청구의 소

청 구 취 지

1. 피고는 원고에게 금 14,030,800원을 지급하라.
2. 소송비용은 피고가 부담한다.
3. 위 제1항은 가집행 할 수 있다.
라는 판결을 구합니다.

청 구 원 인

1. 경기 ○○군 ○○면 ○○리 ○○ 대지 ○○○㎡는 원래 별지목
록 기재 주택 등의 신축 당시 그 실질적인 소유자이던 피고의
부친인 소외 망 배◆◆가 소유.관리해오던 밭(전)이었는데, 197
○년경 원고의 부친인 소외 망 이◉◉가 소외 배◆◆로부터 별

지목록 기재 주택 등을 짓기 위해 매년 쌀 7말씩(현재는 매년 두 가마니)을 임차료로 지급하기로 약정하고 임차한 후 온갖 정성과 비용을 들여 대지로 형질변경 하여 그 위에 별지목록 기재 주택 등을 신축한 것입니다.(증인 ◎◎◎의 증언 참조)

2. 그 후 원고의 부친인 소외 망 이◉◉와 원고는 피고측에서 요구하는 대로 인상된 임료를 지체함이 없이 지급해오면서 지금까지 약 24년 동안 별지목록 기재주택 등에서 살아 왔고, 199○. ○. ○경 원고의 부친인 소외 망 이◉◉의 사망 후 원고가 이를 상속받아 원고의 가족들이 거주하고 있습니다.

3. 그런데 최근에 피고가 원고 소유인 별지목록 기재 주택 등을 철거하고 대지를 인도하여 달라는 요청을 하는바, 원고로서는 생활의 터전인 별지목록 기재 주택 등에 그대로 살 수 있도록 요청(계약의 갱신청구)하였으나 피고는 두 차례에 걸쳐 내용증명우편으로 이를 명백히 거절한 바 있습니다.

4. 위 대지 위에는 현재 주택 1동, 창고 1동, 축사 1동 등 시가 약 14,030,800원 상당의 별지목록 기재 건물이 현존하고 있는바, 원고는 부득이 피고에게 20○○. ○. ○○. 이의 매수를 청구하였으므로 피고는 시가 상당인 위 금액으로 이를 매수할 의무가 있습니다.

5. 따라서 원고는 피고로부터 별지목록 기재 주택 등에 대한 매매대금 14,030,800원을 지급 받기 위하여 이 사건 소송제기에 이른 것입니다.

입 증 방 법

1. 갑 제1호증   시가감정서
1. 갑 제2호증   입증서(증인 ◎◎◎의 증언)
1. 갑 제3호증   통고서(내용증명우편)
1. 갑 제4호증   부동산등기사항증명서
1. 갑 제5호증   건축물대장등본

첨 부 서 류

1. 위 입증방법	각 1통
1. 소장부본	1통
1. 송달료납부서	1통

20○○. ○. ○.

위 원고   이○○ (서명 또는 날인)

○○지방법원 귀중

[별 지]

부동산의 표시

경기 ○○군 ○○면 ○○리 ○○ 대 ○○○㎡ 지상
철근콘크리트조 평슬래브지붕 단층주택 ○○㎡.
시멘블럭조 스레트지붕 창고 ○○㎡
시멘블럭조 스레트지붕 축사 ○○○㎡. 끝

3. 동산매매대금 + 지연손해금 청구

3-1. 개요

동산매매의 경우에서는 목적물의 인도가 소유권이전의무의 이행을 의미하므로 목적물 인도라는 요건사실과 별개로 증명하여야 할 요건사실이 없다.

3-2. 요건사실

1. 매매계약의 체결
2. 대금지급기한의 약정 및 도래
3. 목적물의 인도
4. 손해의 발생 및 범위

3-3. 동산매매대금 청구의 소

[작성례] 중고자동차 판매대금청구의 소

소　　　장

원　　고　　○○○ (주민등록번호)
　　　　　　○○시 ○○구 ○○로 ○○(우편번호)
　　　　　　전화.휴대폰번호:
　　　　　　팩스번호, 전자우편(e-mail)주소:
피　　고　　◇◇◇ (주민등록번호)
　　　　　　○○시 ○○구 ○○로 ○○(우편번호)
　　　　　　전화.휴대폰번호:
　　　　　　팩스번호, 전자우편(e-mail)주소:

중고자동차 판매대금청구의 소

청 구 취 지

1. 피고는 원고에게 금 2,700,000원 및 이에 대한 20○○. ○. ○.
부터 이 사건 소장부본 송달일까지는 연 6%의, 그 다음날부터
다 갚는 날까지는 연 12%의 각 비율로 계산한 돈을 지급하라.
2. 소송비용은 피고의 부담으로 한다.
3. 위 제1항은 가집행 할 수 있다.
라는 판결을 구합니다.

청 구 원 인

1. 원고는 ○○시 ○○구 ○○로 ○○○에서 '○○중고자동차매
매상사'를 운영하는 자이고, 피고는 20○○. ○. ○. 원고로부
터 199○년식 ○○승용차를 금 3,000,000원에 매수하기로 하

는 계약을 체결한 사람인데, 피고는 위 계약일자에 계약금으로 금 300,000원을 지급하면서, 나머지 잔금 2,700,000원은 같은 달 ○○일에 위 승용차를 인도 받으면서 지급하기로 약정하였으나, 20○○. ○. ○○. 피고의 사정으로 잔금은 그 다음날 지급 받기로 하고, 위 승용차를 인도한 사실이 있습니다.

2. 그러나 피고는 원고와의 위 약속을 어겼을 뿐만 아니라, 이후 원고의 여러 차례에 걸친 변제 독촉에도 불구하고 지금까지 이를 이행치 않고 있습니다.

3. 따라서 피고는 원고에게 금 2,700,000원 및 이에 대하여 잔금 지급 약정일의 다음날부터 이 사건 소장부본 송달일까지는 상법에서 정한 연 6%의, 그 다음날부터 다 갚는 날까지는 소송촉진등에관한특례법에서 정한 연 12%의 각 비율로 계산한 지연손해금을 지급할 의무가 있다 할 것이므로 그 지급을 구하고자 이 사건 청구에 이른 것입니다.

입 증 방 법

1. 갑 제1호증   매매계약서
1. 갑 제2호증   통고서(내용증명우편)

첨 부 서 류

1. 위 입증방법   각 2통
1. 소장부본   1통
1. 송달료납부서   1통

20○○. ○. ○.

위 원고   ○○○ (서명 또는 날인)

○○지방법원 귀중

■ 대법원판례

매매의 목적물이 동산일 경우, 매도인은 매수인에게 계약에 정한 바에 따라 그 목적물인 동산을 인도함으로써 계약의 이행을 완료하게 되고 그때 매수인은 매매목적물에 대한 권리를 취득하게 되는 것이므로, 매도인에게 자기의 사무인 동산인도채무 외에 별도로 매수인의 재산의 보호 내지 관리 행위에 협력할 의무가 있다고 할 수 없다. 동산매매계약에서의 매도인은 매수인에 대하여 그의 사무를 처리하는 지위에 있지 아니하므로, 매도인이 목적물을 매수인에게 인도하지 아니하고 이를 타에 처분하였다 하더라도 형법상 배임죄가 성립하는 것은 아니다 (대법원 2011. 1. 20. 선고 2008도10479 전원합의체 판결).

(가) 매매와 같이 당사자 일방이 재산권을 상대방에게 이전할 것을 약정하고 상대방이 그 대금을 지급할 것을 약정함으로써 그 효력이 생기는 계약의 경우(민법 제563조), 쌍방이 그 계약의 내용에 좇은 이행을 하여야 할 채무는 특별한 사정이 없는 한 '자기의 사무'에 해당하는 것이 원칙이다.

(나) 매매의 목적물이 동산일 경우, 매도인은 매수인에게 계약에 정한 바에 따라 그 목적물인 동산을 인도함으로써 계약의 이행을 완료하게 되고 그때 매수인은 매매목적물에 대한 권리를 취득하게 되는 것이므로, 매도인에게 자기의 사무인 동산인도채무 외에 별도로 매수인의 재산의 보호 내지 관리 행위에 협력할 의무가 있다고 할 수 없다. 동산매매계약에서의 매도인은 매수인에 대하여 그의 사무를 처리하는 지위에 있지 아니하므로, 매도인이 목적물을 매수인에게 인도하지 아니하고 이를 타에 처분하였다 하더라도 형법상 배임죄가 성립하는 것은 아니다 (대법원 2011. 1. 20. 선고 2008도10479 전원합의체 판결).

4. 부동산매매대금 + 지연손해금 청구

4-1. 개요

① 원고가 매매대금청구권의 발생사실로서 매매계약의 체결사실을 주장·증명하면, 매수인의 매매대금지급의무와 동시이행관계에 있는 매도인의 소유권이전의무의 발생에 대한 요건사실까지 함께 주장·증명하는 셈이 된다.

② 그런데 동시이행항변권의 본래적 효력인 이행거절권은 상대방으로부터 청구를 받은 자가 이를 행사하지 않으면 발생하지 않지만, 항변권의 존재 자체만으로도 이행지체책임의 발생을 막는 효력이 있으므로, 원고로서는 자신의 채무인 소유권이전의무의 이행 또는 이행의 제공사실을 마저 주장·증명하여야만 매수인의 매매대금지급채무가 비로소 이행지체에 빠질 수 있게 된다.

4-2. 요건사실

1. 매매계약의 체결
2. 대금지급기한의 약정 및 도래
3. 목적물의 인도
4. 손해의 발생 및 범위
5. 소유권이전의무의 이행 또는 이행의 제공

4-3. 부동산매매대금 청구의 소

[작성례] 매매대금반환청구의 소(매수토지의 실제면적이 부족한 경우)

소　　　장

원　　고　　○○○ (주민등록번호)
　　　　　　○○시 ○○구 ○○길 ○○(우편번호)
　　　　　　전화.휴대폰번호:
　　　　　　팩스번호, 전자우편(e-mail)주소:
피　　고　　◇◇◇ (주민등록번호)
　　　　　　○○시 ○○구 ○○길 ○○(우편번호)
　　　　　　전화.휴대폰번호:
　　　　　　팩스번호, 전자우편(e-mail)주소:

매매대금반환청구의 소

청　구　취　지

1. 피고는 원고에게 금 81,000,000원 및 이 사건 소장부본 송달된 다음날부터 다 갚을 때까지 연 12%의 비율에 의한 돈을 지급하라
2. 소송비용은 피고가 부담한다.
3. 위 제1항은 가집행 할 수 있다.
라는 판결을 구합니다.

청　구　원　인

1. 원고는 피고로부터 ○○시 ○○구 ○○동 ○○번지 소재 대지 1,650㎡를 ㎡당 30만원에 매입하기로 하는 계약을 20○○. ○○. ○○. 체결하고 그 대금 495,000,000원을 20○○. ○. ○○.까지

전액 지급하였으며, 이에 따라 소유권이전등기도 마쳤습니다. 그리고 위 계약당시 실제 측량에 의해 면적에 차이가 있을 경우에는 정산을 하기로 하였습니다.

2. 원고는 위 대지 위에 전원주택 2동을 짓기 위해 20○○. ○. ○. ○○시 ○○구 ○○동 ○○번지 소재 '◉◉◉건축사 사무소'에 설계를 위임하고 측량을 하였던 바, 실제 면적은 1,380 ㎡로 270㎡가 부족하였습니다.

3. 따라서 원고는 피고에 대하여 내용증명우편으로 위 부족면적에 대한 금액의 반환을 요구하였으나 피고는 이에 응하지 않고 있으므로 청구취지와 같은 판결을 받고자 이 사건 소송을 제기하게 되었습니다.

입 증 방 법

1. 갑 제1호증   계약서
1. 갑 제2호증   부동산등기사항증명서
1. 갑 제3호증   지적측량도면

첨 부 서 류

1. 위 입증방법   각 1통
1. 소장부본   1통
1. 송달료납부서   1통

20○○. ○. ○.

위 원고   ○○○ (서명 또는 날인)

○○지방법원 귀중

■ 대법원판례

쌍무계약에 있어서 당사자의 채무에 관하여 이행의 제공을 엄격하게 요구하면 불성실한 상대 당사자에게 구실을 주게 될 수도 있으므로 당사자가 하여야 할 제공의 정도는 그 시기와 구체적인 상황에 따라 신의성실의 원칙에 어긋나지 않게 합리적으로 정하여야 하는 것이며, 부동산매매계약에서 매도인의 소유권이전등기 절차 이행의무와 매수인의 매매잔대금 지급의무가 동시이행관계에 있는 한 쌍방이 이행을 제공하지 않는 상태에서는 이행지체로 되는 일이 없을 것인바, 매도인이 매수인을 이행지체로 되게 하기 위하여는 소유권이전등기에 필요한 서류 등을 현실적으로 제공하거나 그렇지 않더라도 그 서류 등을 준비하여 두고 매수인에게 그 뜻을 통지하고 수령하여 갈 것을 최고하면 된다 (대법원 2021. 10.28.선고 2020다278354, 278361판결).

부동산매매계약에서 매도인과 매수인은 서로 동시이행관계에 있는 일정한 의무를 부담하므로 이행과정에 신뢰관계가 따른다. 특히 매도인으로서는 매매대금 지급을 위한 매수인의 자력, 신용 등 매수인이 누구인지에 따라 계약유지 여부를 달리 생각할 여지가 있다. 이러한 이유로 매매로 인한 소유권이전등기청구권의 양도는 특별한 사정이 없는 이상 양도가 제한되고 양도에 채무자의 승낙이나 동의를 요한다고 할 것이므로 통상의 채권양도와 달리 양도인의 채무자에 대한 통지만으로는 채무자에 대한 대항력이 생기지 않으며 반드시 채무자의 동의나 승낙을 받아야 대항력이 생긴다. 그러나 취득시효완성으로 인한 소유권이전등기청구권은 채권자와 채무자 사이에 아무런 계약관계나 신뢰관계가 없고, 그에 따라 채권자가 채무자에게 반대급부로 부담하여야 하는 의무도 없다.
따라서 취득시효완성으로 인한 소유권이전등기청구권의 양도의 경우에는 매매로 인한 소유권이전등기청구권에 관한 양도제한의 법리가 적용되지 않는다 (대법원 2018. 7. 12. 선고 2015다36167 판결).

사해행위의 취소는 채권자와 수익자의 관계에서 상대적으로 채무자와 수익자 사이의 법률행위를 무효로 하는 데에 그치고 채무자와 수익자 사이의 법률관계에는 영향을 미치지 아니하므로, 채무자와 수익자 사이의 부동산매매계약이 사해행위로 취소되고 그에 따른 원상회복으로 수익자 명의의 소유권이전등기가 말소되어 채무자의 등기명의가 회복되더라도, 그 부동산은 취소채권자나 민법 제407조에 따라 사해행위 취소와 원상회복의 효력을 받는 채권자와 수익자 사이에서 채무자의 책임재산으로 취급될 뿐, 채무자가 직접 부동산을 취득하여 권리자가 되는 것은 아니다 (대법원 2017. 3. 9. 선고 2015다217980 판결).

5. 소유권이전등기청구

5-1. 개요

① "부동산소유권이전등기"란 부동산 소유자가 변동되는 경우에 이를 부동산등기부에 등기하는 것을 말한다.

② 부동산매매계약이 체결되면 매도인은 매수인에게 부동산 소유권을 이전할 의무를 지게 되고, 이에 따라 매도인과 매도인은 함께 등기소에 부동산소유권이전등기신청을 한다 (부동산등기법 제23조제1항 및 제24조제1항제1호 참조).

③ 매매대금을 청구하는 경우와 마찬가지로 매매계약의 체결사실을 주장·증명하면 된다.

④ 매매예약을 체결한 경우, 매도인과의 매매예약체결사실과 매매예약 완결의 의사표시를 한 사실을 주장·증명하여 매매계약체결사실을 대신할 수 있다.

5-2. 요건사실

매매계약의 체결

5-3. 기재례(청구원인)

소외 ○○○은 2020. 5. 10. 원고와의 사이에 별지 목록 기재 토지(이하 '이 사건 토지'라고 함)를 대금 100억원에 매수하기로 하는 매매계약을 체결하고, 위 계약 당일 계약금 10억 원을, 같은 해 6. 1. 중도금 60억 원을 지급하였습니다. 이에 원고는 소외 ○○○으로부터 잔대금 30억 원을 지급받음과 동시에, ○○○에게 이 사건 토지에 관하여 위 2020. 5. 10.자 매매를 원인으로 하는 소유권이전등기절차를 이행할 의무가 있습니다.

5-4. 소유권이전등기청구의 소

[작성례] 소유권이전등기청구의 소(대지·건물, 주위적 매매, 예비적 취득시효)

소 장

원 고 ○○○ (주민등록번호)
　　　○○시 ○○구 ○○길 ○○(우편번호 ○○○○○)
　　　전화·휴대폰번호:
　　　팩스번호, 전자우편(e-mail)주소:

피 고 ◇◇◇ (주민등록번호)
　　　○○시 ○○구 ○○길 ○○(우편번호 ○○○○○)
　　　전화·휴대폰번호:
　　　팩스번호, 전자우편(e-mail)주소:

소유권이전등기청구의 소

주위적 청구취지

1. 피고는 원고에게 별지목록 기재 각 부동산에 관하여 1978. 4. 1. 매매를 원인으로 한 소유권이전등기절차를 이행하라.
2. 소송비용은 피고의 부담으로 한다.
라는 판결을 구합니다.

예비적 청구취지

1. 피고는 원고에게 별지목록 기재 각 부동산에 관하여 1998. 5. 1. 취득시효완성을 원인으로 한 소유권이전등기절차를 이행하라.
2. 소송비용은 피고의 부담으로 한다.
라는 판결을 구합니다.

청 구 원 인

1. 원고는 1978. 4. 1. 피고로부터 별지목록 기재 각 부동산(다음부터 '이 사건 각 부동산'이라 함)을 대금 100,000,000원에 매수함에 있어 계약당일 계약금으로 10,000,000원을, 같은 해 5. 1. 중도금 및 잔금으로 90,000,000원을 지급하였습니다.
2. 그런데 피고는 1978. 5. 1. 위와 같이 중도금 및 잔금을 수령하고 이 사건 각 부동산의 인도를 이행하였으나, 지금까지 소유권이전등기절차는 이행하지 아니하고 있는바, 피고는 원고에게 위 매매계약을 원인으로 한 소유권이전등기절차를 이행할 의무가 있으므로 원고는 이 사건 각 부동산에 대하여 피고로부터 소유권이전등기절차를 이행 받고자 이 사건 청구에 이르게 되었습니다.
3. 또한, 가사 이 사건 매매사실이 인정되지 않는다 하더라도 원

고는 위 1978. 5. 1. 이후 현재까지 이 사건 각 토지를 소유의 의사로 계속하여 평온, 공연하게 점유사용하고 있으므로, 위 점유를 개시한 날로부터 20년이 되는 1998. 5. 1.이 경과함으로써 점유취득시효기간이 완성되었다 할 것입니다.

따라서, 피고는 예비적으로 점유취득시효완성 당시의 점유자인 원고에게 취득시효완성을 원인으로 한 소유권이전등기절차를 이행할 의무가 있으므로, 원고는 피고로부터 소유권이전등기절차를 이행 받고자 이 사건 청구에 이르게 되었습니다.

입 증 방 법

1. 갑 제1호증의 1, 2	각 부동산등기사항증명서
1. 갑 제2호증	부동산매매계약서
1. 갑 제3호증	인증서

첨 부 서 류

1. 위 입증방법	각 1통
1. 소장부본	1통
1. 송달료납부서	1통

20○○. ○. ○.

위 원고 ○○○ (서명 또는 날인)

○○지방법원 귀중

[별지]

부동산의 표시

1. ○○시 ○○구 ○○동 ○○ 대 296.6㎡
2. 위 지상 라멘조 및 조적조 슬래브지붕 3층 점포, 사무실 및

주택

1층 점포 115.25㎡ 주택 51㎡

2층 주택 166.25㎡

지하창고 59.25㎡

부속건물 조적조 슬래브지붕 단층부속 13.14㎡. 끝.

[작성례] 준비서면(소유권이전등기, 원고)

준 비 서 면

사　　건　　20○○가단○○○○ 소유권이전등기

원　　고　　○○○

피　　고　　◇◇◇

위 사건에 관하여 원고는 다음과 같이 변론을 준비합니다.

다　　　　　음

1. 부동산실권리자명의등기에관한법률의 적용범위(명의신탁약정의 개념)

　가. 부동산실권리자명의등기에관한법률의 대상이 되는 명의신탁약정은 '부동산에 관한 소유권 기타 물권(이하 부동산에 관한 물권이라 함)을 보유한 자 또는 사실상 취득하거나 취득하려고 하는 자가 타인과의 사이에 대내적으로는 실권리자가 부동산에 관한 물권을 보유하거나 보유하기로 하고 그에 관한 등기는 그 타인의 명의로 하기로 하는 약정'이라고 정의됩니다(부동산실권리자명의등기에관한법률 제2조 제1호).

나. 여기서 '물권을 보유한 자'는 소유권 기타 물권자로 등기되어 있는 자는 물론, 건물의 신축자와 같은 원시취득자와 민법 제187조에 의하여 물권을 취득하였으나 아직 등기를 마치지 아니한 자를 포함합니다.

한편 **'사실상 취득하거나 취득하려고 하는 자'란 예컨대 매매계약을 맺고 그 대금을 지급하는 등 소유권 기타 물권자로 등기할 지위에 있으나 아직 등기하지 않은 자를 말한다 할 것입니다**{부동산실명법해설, 재정경제원(1995), 23면; 목영준, 부동산실권리자명의등기에관한법률상 법률관계의 효력,사법연수원(1998), 4면(참고자료)}.

2. 이 사건 각 명의신탁약정의 효력

가. 별지목록 제1기재 부동산(○○도 임야)에 대한 명의신탁

(1) 원고는 (주)○○주택의 대표이사로 재직 중이던 19○○. ○. ○. (주)○○주택 소유의 ○○ ○○읍 ○○리 ○○ 소재 ○○빌라 3채(201호, 301호, 302호, 갑 제8호증의 1, 2, 3 각 부동산등기부등본)를 대표이사 자격으로 자신에게 증여를 함(증인 ◉●◉의 증언, (주)○○주택은 소규모 회사로서 사실상 원고의 개인기업과 같았음)과 동시에 개인자격으로 소외 ◎◎◎와 그 소유의 별지목록 제1기재 부동산(○○도 임야)과 교환하는 계약을 체결하였고(갑 제6호증 부동산물물교환계약서, 갑 제3호증의 1 부동산등기부등본, 등기원인은 매매로 기재되어 있으나 그 실질은 교환), 19○○. ○. ○. 별지목록 제1기재 부동산의 등기명의를 피고명의로 하였습니다(갑 제3호증의 1 부동산등기부등본).

즉, 신탁자(원고)가 별지목록 제1기재 부동산에 관해 수탁자(피고)와 명의신탁약정을 맺고, 신탁자가 교환계약의 당사자가 되어 소외 ◎◎◎와 교환계약을 체결하되 다만 등기를 소외 ◎◎◎로부터 수탁자(피고) 앞으로 직접 이전하는 명의신탁유형(**3자간등기명의신탁**)을 취하였던 것입

니다(증인 ◉◉◉의 증언 참조).

(2) 위 제1항에서 주장한 바와 같이 신탁자의 자격은 반드시 '물권을 현실적으로 보유한 자'만을 지칭하는 것이 아니고, '사실상 취득하거나 취득하려고 하는 자'도 포함하기 때문에 원고와 같이 **'증여를 받은 이후 소유권자로 등기할 지위에 있으나 아직 등기하지 않은 자'**도 신탁자의 자격을 갖추고 명의신탁약정을 맺을 자격이 있다 할 것이므로 피고 앞으로의 별지목록 제1기재 부동산에 대한 부부(夫婦)간의 명의신탁약정은 유효하다 할 것입니다.

나. 별지목록 제2기재 부동산(●●도 임야)에 대한 명의신탁

(1) 한편, 원고는 19○○. ○. ○. (주)○○주택의 대표이사 자격으로 소외 ■■■에게 (주)○○주택을 양도하였는바, (주)○○주택 소유의 ○○시 ○○구 ○○길 ○○ 소재 ○○빌라 3채(지하층 102호, 1층 101호, 2층 201호, 갑 제8호증의 4, 5, 6 각 부동산등기부등본)는 양도재산에서 제외시키고(갑 제9호증 법인양도양수계약서, 갑 제10호증 법인등기부등본), 원고 개인에게 증여하였습니다(증인 ◉◉◉의 증언 참조).

(2) 원고는 위 ○○빌라 3채를 증여 받은 이후 19○○. ○. ○. 개인자격{(주)○○주택이 이미 양도되었기 때문}으로 소외 ◎◎◎와 그 소유의 별지목록 제2기재 부동산(●●도 임야)과 교환하는 계약을 체결하였고(갑 제7호증 부동산교환계약서, 갑 제3호증의 2 부동산등기사항증명서, 등기원인은 매매로 기재되어 있으나 그 실질은 교환), 19○○. ○. ○. 별지목록 제2기재 부동산의 등기명의를 피고 명의로 하였습니다.

(3) 즉, 신탁자(원고)가 별지목록 제2기재 부동산에 관해 수탁자(피고)와 명의신탁약정을 맺고, 신탁자가 교환계약의 당사자가 되어 소외 ◎◎◎와 교환계약을 체결하되 다만 등기를 소외 ◎◎◎로부터 수탁자(피고) 앞으로 직접 이전하

는 명의신탁유형(3자간등기명의신탁)을 취하였던 것입니다 (증인 ◉◉◉의 증언 참조).

(4) 위 명의신탁도 위에서 주장한 바와 같이 부부간의 명의신탁으로서 유효하다 할 것입니다.

3. 결론

위와 같이 신탁자의 자격은 반드시 '물권을 현실적으로 보유한 자'만을 지칭하는 것이 아니고, '사실상 취득하거나 취득하려고 하는 자'도 포함하기 때문에 원고와 같이 **'위 ○○빌라 6채를 증여 받은 이후 소유권자로 등기할 지위에 있으나 아직 등기하지 않은 자'**도 신탁자의 자격을 갖추고 명의신탁약정을 맺을 적법한 자격이 있다 할 것이므로 피고 앞으로의 별지목록 기재 각 부동산에 대한 부부(夫婦)간의 명의신탁약정은 유효하다 할 것이고, **위 명의신탁약정이 적법하게 해지되었을 때에는 별지목록 기재 각 부동산은 당연히 신탁자인 원고(비록 물권을 현실적으로 보유한 등기명의자가 아니더라도)에게 귀속된다** 할 것이므로 원고의 청구는 인정되어야 할 것입니다.

첨 부 서 류

1. 참고자료   1통

20○○.   ○.   ○.

위 원고   ○○○ (서명 또는 날인)

○○지방법원 제○○민사단독   귀중

[작성례] 답변서(소유권이전등기청구에 대한 부인)

답 변 서

사　　건　20○○가단○○○○ 소유권이전등기
원　　고　○○○
피　　고　◇◇◇

위 사건에 관하여 피고는 다음과 같이 답변합니다.

청구취지에 대한 답변

1. 원고의 청구를 기각한다.
2. 소송비용은 원고의 부담으로 한다.
라는 판결을 구합니다.

청구원인에 대한 답변

원고 주장사실 중, 피고와 소외 망 ◉◉◉는 19○○. ○. ○. 혼인신고를 한 법률상 부부였던 사실, 소외 망 ◉◉◉가 20○○. ○. ○. 사망한 뒤 피고는 상속인으로서 이 사건 각 부동산들을 각 3/13지분으로 상속한 사실만 인정하고 나머지 사실은 모두 부인합니다.

20○○.　○.　○.
위 피고　◇◇◇ (서명 또는 날인)

○○지방법원 제○○민사단독　귀중

[작성례] 반소장(소유권이전등기청구)

반 소 장

사 건(본소)   20○○가합○○○ 토지인도 등
피고(반소원고)   ◇◇◇
      ○○ ○○군 ○○면 ○○길 (우편번호 ○○○○○)
      전화.휴대폰번호:
      팩스번호, 전자우편(e-mail)주소:
원고(반소피고)   1. ○①○ (주민등록번호)
      ○○시 ○○구 ○○길 (우편번호 ○○○○○)
      전화.휴대폰번호:
      팩스번호, 전자우편(e-mail)주소:
      2. ○②○ (주민등록번호)
      ○○시 ○○구 ○○길 ○(우편번호 ○○○○○)
      전화.휴대폰번호:
      팩스번호, 전자우편(e-mail)주소:
      3. ○③○ (주민등록번호)
      ○○시 ○○구 ○○길 ○(우편번호 ○○○○○)
      전화.휴대폰번호:
      팩스번호, 전자우편(e-mail)주소:
      4. ○④○ (주민등록번호)
      ○○시 ○○구 ○○길 ○(우편번호 ○○○○○)
      전화.휴대폰번호:
      팩스번호, 전자우편(e-mail)주소:
      5. ○⑤○ (주민등록번호)
      ○○시 ○○구 ○○길 ○(우편번호 ○○○○○)
      전화.휴대폰번호:
      팩스번호, 전자우편(e-mail)주소:

위 사건에 관하여 피고(반소원고)는 다음과 같이 반소를 제기합니다.

소유권이전등기청구의 소

반 소 청 구 취 지

1. 피고(반소원고)에게 별지목록 기재 각 부동산 중
   원고(반소피고) ○①○는 3/20 지분에 관하여,
   원고(반소피고) ○②○는 3/20 지분에 관하여,
   원고(반소피고) ○③○는 2/20 지분에 관하여,
   원고(반소피고) ○④○는 2/20 지분에 관하여,
   원고(반소피고) ○⑤○는 10/20 지분에 관하여,
   각 19○○. 2. 21. 취득시효완성을 원인으로 한 소유권이전등기
   절차를 이행하라.
2. 반소에 관한 소송비용은 원고(반소피고)들의 부담으로 한다.
라는 판결을 구합니다.

반 소 청 구 원 인

1. 별지목록 기재 부동산은 원래 ○○ ○○군 ○○면 ○○리 ○
   ○○의 1 토지에서 차례로 분할된 것인데, 피고(반소원고, 이
   하 '피고'라 함)의 아버지 소외 망 ◈◈◈(1959. 2. 28. 사망)
   는 1937년경부터 개간하여 경작하여 오던 중 소외 망 정◉◉
   가 별지목록 기재 부동산은 정씨 집안(소외 망 박◉◉의 시
   댁)의 땅이니 임대료를 쌀 2말 5되를 낼 것을 요구하여 1942
   년부터 해방 무렵까지 위와 같은 임대료를 지불하면서 경작하
   여 왔습니다. 그런데 해방이 되면서 경작인의 지위로서 5년 간
   상환완료하면 소외 망 ◈◈◈의 소유로 될 기회가 있었으나
   소외 망 정◉◉는 위 땅은 정씨 집안의 위토이니 면사무소에

신고하지 말 것을 요청하여 같은 동리에 사는 정으로 이를 수용하고, 대신 임대료를 쌀 1말로 내려서 계속하여 임대료를 지급하게 되었습니다.

그러다가 1951년경에는 소외 망 정◉◉가 아들이 없던 소외 망 박◉◉의 양자로 되어 소외 망 박◉◉의 남편과 시부모 3위의 제사를 모시게 되었습니다.

그러던 중 소외 망 정◉◉는 피고에게 피고가 경작하던 토지를 매도하겠다는 의사를 표시하여, 피고는 소외 조◇◇, 박◇◇, 최◇◇와 같이 매수하기로 하여, 매도증서(을 제1호증)를 작성하였습니다.

2. 매수경위 및 매수면적

가. 즉, 1965. 2. 21.에 소외 망 정◉◉는 피고가 경작하던 별지목록 기재 부동산에 해당하는 면적(600평)은 피고에게 매도하고, 별지목록 기재 부동산에 인접해있던 토지 등은 소외 조◇◇에게 한 마지기(200평), 소외 박◇◇에게 한 마지기(200평), 소외 최◇◇에게 세 마지기(600평)을 매도하는 내용이었습니다.

위 부동산은 당시 소외 망 박◉◉, 소외 망 정◉◉, 소외 유◉◉의 소유로 등기가 되어 있었으나, 소외 망 박◉◉에게는 집안의 제사를 모실 아들이 없어 소외 망 정◉◉가 실질적으로 양자로 들어와 제사를 모시고 농사를 지어오고 있어 재산을 관리하여 오고 있었습니다.

그래서 피고는 소외 망 정◉◉와 부동산에 대하여 매매계약을 체결하였던 것이고, 그 이후 지금까지 별지목록 기재 부동산에서 농사를 지으면서 위 토지를 점유하고 있습니다.

나. 위와 같이 피고를 포함한 소외 조◇◇, 박◇◇, 최◇◇가 면적을 정하여 매수한 것은 이들은 위 ○○○의 1의 토지를 개간하여 점유하고 있었는데, 그 개간한 위치 및 면적에 따라 매수한 것이고, 한편 피고는 위 매도증서를 작성한 당일 소외 조◇◇, 박◇◇로부터 이들이 매수한 부분을 다시 매수하였습니다.

다. 그리고 나서 피고는 1965. 6.경에 분할측량을 신청하였고, 그 결과 ○○○의 1번지는 ○○○의 6, 7, 8, 9, 10번지로 분할되었고, 그 중에서 ○○○의 6, 7, 8번지는 피고가 경작하였고, ○○○의 9, 10번지는 소외 최◇◇가 경작하였습니다.

3. 따라서 피고는 1965. 2. 21.매수를 원인으로 하여 소유의 의사로 평온, 공연하게 별지목록 기재 부동산을 20년 동안 계속하여 오고 있으므로 1985. 2 .21에는 점유취득시효가 완성되어, 그 당시의 토지소유자에 대하여 시효취득을 원인으로 한 소유권이전등기청구권을 가지고 있다고 할 것입니다.

4. 한편, 별지목록 기재 부동산은 원래 소외 망 박◆◆, 소외 망 정◆◆, 소외 망 정◆◆의 공유(각 1/3지분)로 되어 있다가, 소외 망 정◆◆가 1959. 11. 28. 사망하여 그 공유지분이 소외 망 유◆◆에게 상속(1/3지분)되었고, 다시 소외 망 박◆◆가 1966. 11. 28. 사망하여 그 공유지분이 원고(반소피고, 이하 '원고'라 함) ○⑤○와 소외 망 유◆◆에게 상속(각 1/2지분)이 되었습니다.

그 뒤 1986. 11. 3. 소외 망 유◆◆가 사망하였고 상속인으로는 처인 원고 ○①○(3/20지분), 장남인 원고 ○②○(3/20지분), 출가하지 아니한 딸인 원고 ○③○(2/20 지분), 차남 원고 ○④○(2/20 지분)가 있습니다.

한편, 소외 망 정◆◆의 공유지분은 모두 장남인 원고 ○⑤○(10/20지분)에게 상속되었습니다.

따라서 1985. 2. 21. 당시의 소유자인 소외 망 정◆◆와 소외 망 유◆◆의 상속인으로서 상속인의 권리의무를 포괄승계한 원고들은 피고의 소유권이전등기청구에 응할 의무가 있다고 할 것입니다.

5. 한편, 현재 원고들은 피고를 상대로 하여 토지인도 및 부당이득반환을 구하는 본소를 제기하여 진행 중에 있어, 이 사건 반소는 본소의 청구 및 방어 방법과 견련성을 가지고 있습니다.

6. 따라서 피고는 원고들에게 대하여 1985. 2. 21.자 점유취득시

효완성을 원인으로 하여 각 원고별 공유지분별로 공유지분이
전등기를 구하여 이 사건 반소를 제기합니다.

입 증 방 법

1. 을 제1호증   매도증서
1. 을 제2호증의 1 내지 3   각 제적등본
1. 을 제3호증의 1 내지 5   각 상속관계를 확인할 수
                               있는 제적등본
                           (또는, 가족관계등록사항에 관한
                               증명서)
1. 을 제4호증의 1 내지 3   각 부동산등기사항증명서
1. 을 제5호증의 1 내지 9   각 토지대장등본
1. 을 제6호증   확인서
1. 을 제7호증   지적도등본

첨 부 서 류

1. 위 입증방법   각 1통
1. 참고자료(가계도, 토지분할경위)   각 1통
1. 반소장부본   5통
1. 송달료납부서   1통

20○○. ○. ○.
위 피고 ◇◇◇ (서명 또는 날인)

○○지방법원 ○○지원 제○민사부 귀중

[별 지]

부동산의 표시

1. ○○ ○○군 ○○면 ○○리 ○○○의 6 전 798㎡
2. 같은 리 ○○○의 7 전 564㎡
3. 같은 리 ○○○의 8 전 1,203㎡. 끝.

■ 대법원판례

소유권이전등기청구권 보전의 가등기보다 후순위로 마쳐진 근저
당권의 실행을 위한 경매절차에서 매각허가결정에 따라 매각대금
이 완납된 경우에도, 선순위인 가등기는 소멸하지 않고 존속하는
것이 원칙이다. 다만 그 가등기보다 선순위로 기입된 가압류등기
는 근저당권의 실행을 위한 경매절차에서 매각으로 인하여 소멸
하고, 이러한 경우에는 가압류등기보다 후순위인 가등기 역시 민
사집행법 제144조 제1항 제2호에 따라 매수인이 인수하지 아니
한 부동산의 부담에 관한 기입에 해당하여 말소촉탁의 대상이 된
다 **(대법원 2022. 5. 12. 선고 2019다265376 판결).**

부동산 실권리자명의 등기에 관한 법률 제4조 제1항은 "명의신
탁약정은 무효로 한다.", 제2항은 "명의신탁약정에 따른 등기로
이루어진 부동산에 관한 물권변동은 무효로 한다. 다만 부동산에
관한 물권을 취득하기 위한 계약에서 명의수탁자가 어느 한쪽 당
사자가 되고 상대방 당사자는 명의신탁약정이 있다는 사실을 알
지 못한 경우에는 그러하지 아니하다."라고 규정한다. 따라서 명
의신탁자와 명의수탁자가 명의신탁약정을 맺고 그에 따라 명의수
탁자가 당사자가 되어 소유자와 부동산 매매계약을 체결하는 계
약명의신탁에서, 부동산의 소유자가 명의신탁약정을 알면서 매매
계약을 체결하고 명의수탁자 앞으로 부동산의 소유권이전등기를
마쳤다면 명의수탁자 명의의 소유권이전등기는 무효가 되고 부동
산의 소유권은 소유자에게 그대로 남아 있게 되므로 소유자와 매
매계약관계가 없는 명의신탁자는 소유자를 상대로 소유권이전등

기청구를 할 수 없다. 부동산의 소유자가 명의신탁약정을 알지 못한 채 매매계약을 체결하고 명의수탁자 앞으로 부동산의 소유권이전등기를 마쳤다면 명의신탁약정이 무효라도 소유권이전등기는 유효하고 명의수탁자는 완전한 소유권을 취득하게 된다 (대법원 2022. 5. 12. 선고 2019다249428 판결).

갑이 부동산을 매수하면서 아내 명의로 매매계약서를 작성하고, 계약금과 중도금을 매도인에게 지급하였는데, 이후 갑이 아들인 을로 매수인 명의를 변경하여 동일한 내용의 매매계약서를 다시 작성한 다음, 위 부동산에 관하여 을 명의로 소유권이전등기를 마친 사안에서, 을이 매매계약서 작성 및 소유권이전등기가 마쳐질 무렵 미국에 거주하고 있었고, 부동산의 매수과정에 관여하지 않았으며 매수대금도 따로 부담하지 않은 점, 을 스스로도 '갑부부가 위 부동산을 을에게 사주었다거나 증여해주었다.'라고 주장하고 있을 뿐이지 을이 매매계약 당사자로서 관여한 내용을 밝히지 않고 있는 점 등에 비추어, 갑이 매매계약 당사자로서 부동산을 매수하면서 등기명의만 을 앞으로 하였고, 매도인도 계약에 따른 법률효과는 갑에게 직접 귀속시킬 의도로 계약을 체결한 사정이 인정되므로, 매매계약의 당사자는 갑으로 보아야 하고, 갑과 을 사이의 명의신탁약정은 3자간 등기명의신탁인데도, 매매계약 당사자가 을이라고 단정하여 계약명의신탁에 해당한다고 본 원심판단에 법리오해의 잘못이 있다고 한 사례 (대법원 2022. 4. 28. 선고 2019다300422 판결).

6. 가능한 공격방어방법

6-1. 법정해제

① 이행지체를 이유로 한 법정해제의 경우, 원고가 채무의 이행을 지체한 사실, '원고에게 상당한 기간을 정하여 이행을 최고한 사실, 원고가 상당기간 내에 이행 또는 이행의 제공을 하지 않은 사실, 해제의 의사표시를 한 사실을 주장·증명해야 한다.

② 이행지체사실은 채무의 이행기의 종류에 따라 달라진다.

③ 이행기의 정함이 없는 경우, 원고에게 채무의 이행을 청구한 사실, 원고가 자기 채무를 이행 또는 이행제공을 하지 않은 사실, 피고에게 원고의 채무와 동시이행관계에 있는 채무가 있는 경우에는 피고가 자기 채무를 이행 또는 이행제공한 사실을 주장·증명해야 한다.

④ 이행기의 정함이 있는 경우 그 이행기가 확정기한이라면 확정기한의 약정사실 및 그 기한의 도래사실을, 이행기가 불확정기한이라면 불확정기한의 약정사실, 기한의 확정 및 확정된 기한의 도래사실, 원고가 기한의 도래를 안 사실을 함께 주장·증명해야 한다.

⑤ 이행불능을 원인으로 한 매매계약의 해제를 항변으로 주장할 경우, 매도인인 원고의 채무이행이 불가능한 사실, 해제의 의사표시를 한 사실을 주장·증명해야 한다.

⑥ 매수인이 민법 제580조의 하자담보책임에 의해 계약해제를 주장하려면, 매매계약 당시 목적물에 하자가 있는 사실, 하자로 인하여 계약의 목적을 달성할 수 없는 사실, 해제의 의사표시를 한 사실을 주장·증명해야 한다.

■ **대법원판례**

갑이 을과 지하 2층, 지상 8층인 집합건물 중 을이 소유한 지하 2층 및 지상 2층 내지 8층을 매수하되 매매대금의 일부는 이미 지급된 것으로 하고 나머지는 잔금지급일까지 지급하기로 하는 내용의 매매계약을 체결하면서 '위 건물 지하 1층 및 지상 1층 구분소유자들의 건축허가동의서 등이 잔금지급일까지 구비되지 않을 경우 매매계약은 특별한 절차나 통지 없이 전부 무효로 한다'는 내용의 합의를 하였는데, 잔금지급일까지 위 동의서 등이 구비되지 않자, 갑이 을의 채무불이행으로 매매계약이 해제되었음을 전제로 원상회복과 손해배상을 구한 사안에서, 갑에게 그의 주장이 매매계약의 법정해제에 따른 원상회복으로 매매대금 등의 반환과 손해배상의 청구가 인정되지 않는다면 매매계약이 위 합의에 따라 자동해제되었음을 이유로 매매대금 등의 반환을 구하는 취지인지 의견을 진술할 기회를 부여하고 그러한 취지라면 이에 관한 당부를 판단하여야 하는데도, 이러한 조치를 취하지 않은 채 매매계약이 을의 동의서 등 징구의무 불이행 때문에 해제된 것이 아니라 당사자 일방의 귀책사유 없이 위 합의서에서 정한 대로 동의서 등이 확보되지 못하였기 때문에 자동해제된 것이라는 이유로 갑의 청구를 배척한 원심판단에는 석명의무를 다하지 아니하여 필요한 심리를 제대로 하지 않은 잘못이 있다고 한 사례 (대법원 2019. 1. 17. 선고 2018다244013 판결).

6-2. 약정해제

① 당사자는 계약에 의해 당사자의 일방 또는 쌍방이 계약을 해제할 수 있는 권리를 유보할 수 있다. 이러한 권리를 약정해제권이라고 한다.

② 약정해제권을 행사해 계약을 해제하려면, 해제권유보의 약정을 한 사실, 약정상의 해제권발생요건에 해당하는 사실

이 일어난 사실, 해제의 의사표시를 한 사실을 주장·증명
해야 한다.

③ 대표적인 해제권유보약정이 계약금계약이다. 매도인이라면
계약금의 배액을 상환하여, 매수인이라면 계약금의 반환청
구권을 포기하여, 계약을 해제할 수 있다. 이 경우 매매계
약 체결시 계약금을 교부한 사실, 계약 해제의 목적으로
계약금 배액을 현실제공한 사실 또는 계약금 반환청구권
포기의 의사표시를 한 사실, 매매계약 해제의 의사표시를
한 사실을 주장·증명해야 한다.

6-2-1. 재항변

① 약정해제의 효력을 다투는 원고는 계약금을 해약금으로 하지
않기로 약정한 사실, 당사자 일방이 해제의 의사표시가 있기
전에 이행에 착수한 사실을 주장하며 재항변할 수 있다.

② 이행기 전에 이행에 착수하였다는 사실은 이행착수의 재항
변에 대한 유효한 재재항변이 될 수 없다. 그러나 이행기
전에는 이행에 착수하지 않기로 한 특약을 한 특별한 사정
이 있다면, 이행기 전에 이행에 착수하였다는 사실이 유효
한 재재항변이 될 수 있다.

■ **대법원판례**

공사대금채권이 시효로 소멸한 경우 도급인이 공사대금을 지급하
지 않는다고 하여 약정해제사유가 성립한다고 할 수 없고, 그 계
약상 도급인에게 수급인으로 하여금 공사를 이행할 수 있도록 협

력하여야 할 의무가 인정된다고 하더라도 이러한 협력의무는 계약에 따른 부수적 내지는 종된 채무로서 민법 제163조 제3호에 정한 '공사에 관한 채무'에 해당하고, 주된 채무인 공사대금채무가 시효로 소멸하였다는 도급인의 주장에는 종된 채무인 위 공사협력의무의 시효소멸 주장도 들어 있는 것으로 볼 수 있다고 한 사례 (대법원 2010. 11. 25. 선고 2010다56685 판결).

6-3. 정지조건부 해제

피고가 정지조건부 해제를 주장하려면, 원고의 채무이행을 최고한 사실, 최고 당시 최고기간 내에 원고의 채무가 이행되지 않을 것을 정지조건으로 해제 의사표시를 한 사실, 원고가 최고기간 내에 자기 채무를 이행하지 않은 사실, 피고에게 원고의 채무와 동시이행관계에 있는 자기 채무가 있으면 이를 이행했거나 이행의 제공을 한 사실을 주장·증명해야 한다.

6-4. 실권약관에 의한 해제

이행지체에 의한 법정해제권의 발생요건을 경감하는 특약은 원칙적으로 유효하므로, 최고 없이도 해제할 수 있게 하거나, 최고는 물론 해제의 의사표시조차도 필요 없이 자동적으로 해제된 것으로 간주하는 특약도 가능하다. 특히 후자의 특약은 협의의 실권약관에 해당하는데, 이러한 특약은 채무자에게 불리한 결과가 되므로 신의성실의 원칙에 따라 특약의 내용을 엄격히 해석하여야 한다.

6-5. 변제

① 피고는 변제의 효과를 주장하기 위해 채무의 내용에 좇은 급부가 현실 제공된 사실, 급부가 당해 채무에 관하여 행하여진 사실을 주장·증명해야 한다.

② 원고는 매매대금 변제의 효력을 다투기 위해서 당사자의 의사표시로 제3자의 변제를 허용하지 아니하기로 한 사실, 변제한 제3자의 이해관계가 없고 매수인의 반대의사가 있었던 사실을 주장·증명해야 한다.

■ **대법원판례**

민법 제425조 제1항은 "어느 연대채무자가 변제 기타 자기의 출재로 공동면책이 된 때에는 다른 연대채무자의 부담부분에 대하여 구상권을 행사할 수 있다."라고 정하고 있다. 조합채무는 모든 조합원에게 합유적으로 귀속되므로, 조합원 중 1인이 조합채무를 면책시킨 경우 그 조합원은 다른 조합원에 대하여 민법 제425조 제1항에 따라 구상권을 행사할 수 있다. 이러한 구상권은 조합의 해산이나 청산 시에 손실을 부담하는 것과 별개의 문제이므로 반드시 잔여재산분배 절차에서 행사해야 하는 것은 아니다 (대법원 2022. 5. 26. 선고 2022다211416 판결).

채무를 변제할 이익이 있는 자가 채무를 대위변제한 경우에 통상 채무자에 대하여 구상권을 가짐과 동시에 민법 제481조에 따라 당연히 채권자를 대위하게 되나, 이러한 '구상권'과 '변제자대위권'은 내용이 전혀 다른 별개의 권리이다. 이는 보험자가 제3자의 행위로 인하여 발생한 손해에 관하여 보험금을 지급한 경우에 그 지급금의 한도에서 피보험자 등의 제3자에 대한 권리를 그대로 취득함을 규정한 상법 제682조의 '보험자대위권'에 있어서도 마찬가지이다

(대법원 2022. 4. 28. 선고 2019다200843 판결).

6-6. 조건과 기한

① 매매대금청구권의 발생이 장래의 불확실한 사실의 발생에 달려있다면, 매수인인 피고는 정지조건의 약정사실을 항변으로 주장할 수 있다. 매도인인 원고는 정지조건의 성취사실을 재항변으로 주장할 수 있다.

② 매매대금청구권이 해제조건부로 발생한다면, 매수인인 피고는 해제조건의 약정사실 뿐만 아니라 해제조건의 성취사실까지 항변으로 주장·증명해야 한다.

6-7. 동시이행의 항변

① 동시이행의 항변은 권리항변이다. 항변권자의 행사를 요건으로 한다. 반대의무의 발생사실을 주장·증명해야 하나, 매매계약체결사실이 인정되어 있는 상황이라면 항변권자는 동시이행항변권을 행사한다는 의사표시만 하면 충분하다.

② 반대채무자인 원고는 반대채무의 이행기가 도래하지 않은 사실 또는 이행 또는 이행의 제공을 한 사실을 들어 재항변할 수 있다.

■ 대법원판례

동시이행의 항변권은 당사자 쌍방이 부담하는 각 채무가 고유의 대가관계에 있는 쌍무계약상 채무가 아니더라도 구체적 계약관계에서 당사자 쌍방이 부담하는 채무 사이에 대가적인 의미가 있어 이행상 견련관계를 인정하여야 할 사정이 있는 경우에는 이를 인정해야 한다. 이러한 법리는 민법 제536조 제1항뿐만 아니라 같은 조 제2항에서 정한 이른바 '불안의 항변권'의 경우에도 마찬가지로 적용된다 (대법원 2022. 5. 13. 선고 2019다215791 판결)

동시이행항변권은 당사자 쌍방이 부담하는 각 채무가 고유의 대가관계에 있는 쌍무계약상 채무가 아니더라도 구체적 계약관계에서 당사자 쌍방이 부담하는 채무 사이에 대가적인 의미가 있어 이행상 견련관계를 인정하여야 할 사정이 있는 경우에는 이를 인정하여야 한다 (대법원 2021. 2. 25. 선고 2018다265911 판결).

임대차계약이 종료되면 임차인은 목적물을 반환하고 임대인은 연체차임을 공제한 나머지 보증금을 반환해야 한다. 이러한 임차인의 목적물반환의무와 임대인의 보증금반환의무는 동시이행관계에 있으므로, 임대인이 임대차보증금의 반환의무를 이행하거나 적법하게 이행제공을 하는 등으로 임차인의 동시이행항변권을 상실시키지 않은 이상, 임대차계약 종료 후 임차인이 목적물을 계속 점유하더라도 그 점유를 불법점유라고 할 수 없고 임차인은 이에 대한 손해배상의무를 지지 않는다. 그러나 임차인이 그러한 동시이행항변권을 상실하였는데도 목적물의 반환을 계속 거부하면서 점유하고 있다면, 달리 점유에 관한 적법한 권원이 인정될 수 있는 특별한 사정이 없는 한 이러한 점유는 적어도 과실에 의한 점유로서 불법행위를 구성한다 (대법원 2020. 5. 14. 선고 2019다252042 판결).

제2장 대여금반환청구

대여금반환청구소송에서는 대여원금, 이자, 지연손해금이 함께 청구되는 경우가 많다. 그러나 소비대차계약에 기한 대여금반환청구권, 이자계약에 기한 이자지급청구권, 이행지체로 인한 손해배상청구권은 각각 다른 소송물이며, 법적 성질이 다른 별개의 청구다.

1. 대여금반환청구

1-1. 개요

① 금전소비대차계약의 경우 계약체결사실과 대여금 인도사실을 합하여 주장한다.

② 실무상 '원고는 피고에게 얼마를 대여한 사실'과 같이 적는 것이 일반적이다.

③ 소비대차계약의 성립을 위해서는 반환시기에 관한 주장증명이 있어야 한다. 반환시기가 대차형 계약의 불가결한 요소이기에 원고가 반환시기의 도래사실을 주장·증명해야 한다.

1-2. 요건사실

1. 소비대차계약의 체결 + 반환시기(변제기)의 약정
2. 목적물의 인도
3. 반환시기의 도래

1-3. 기재례

> 원고는 2015. 12. 12. 피고에게 10,000원을 변제기 같은 해
> 12.13.로 정하여 대여하였습니다.

1-4. 대여금반환청구의 소

[작성례] 대여금반환청구의 소(물품대금과 대여금)

소   장

원   고   ○○○ (주민등록번호)
            ○○시 ○○구 ○○로 ○○(우편번호)
            전화.휴대폰번호:
            팩스번호, 전자우편(e-mail)주소:
피   고   ◇◇◇ (주민등록번호)
            ○○시 ○○구 ○○로 ○○(우편번호)
            전화.휴대폰번호:
            팩스번호, 전자우편(e-mail)주소:

대여금반환청구의 소

청 구 취 지

1. 피고는 원고에게
   가. 1,000,000원 및 이에 대한 20○○. ○○. ○○.부터 이 사
       건 소장부본 송달일까지는 연 6%, 그 다음날부터 다 갚는
       날까지는 연 12%의 각 비율로 계산한 돈을,
   나. 5,000,000원 및 이에 대한 20○○. ○○. ○○.부터 이 사
       건 소장부본 송달일까지는 연 5%, 그 다음날부터 다 갚는

날까지는 연 12%의 각 비율로 계산한 돈을,
  각 지급하라.
2. 소송비용은 피고가 부담한다.
3. 위 제1항은 가집행 할 수 있다.
라는 판결을 구합니다.

청 구 원 인

1. 원고는 가구를 제작.판매하는 사람으로서 20○○. ○. ○. 피고에
   게 책상 1각 및 의자 1각을 판매하였으나, 그 물품대금
   1,000,000원을 지급 받지 못하고 있던 중 원고와 피고가 서로
   알고 지내던 사이였는데 피고의 요청으로 20○○. ○. ○.
   5,000,000원을 이자 및 변제기는 정함이 없이 대여하였습니다.
2. 그 뒤 원고는 피고로부터 위 물품대금 1,000,000원과 위 대여
   금 5,000,000원의 합계 6,000,000원을 20○○. ○○. ○○.까지
   지급하겠다는 지불각서를 교부받았으나, 피고는 지금까지도 위 물
   품대금 및 대여금을 지급하지 않고 있습니다.
3. 따라서 원고는 피고로부터 위 물품대금 1,000,000원 및 이에
   대한 20○○. ○○. ○○.부터 이 사건 소장부본 송달일까지는
   상법에서 정한 연 6%, 그 다음날부터 다 갚는 날까지는 소송촉
   진등에관한특례법에서 정한 연 12%의 각 비율로 계산한 돈을,
   위 대여금 5,000,000원 및 이에 대하여 20○○. ○○. ○○.
   부터 이 사건 소장부본 송달일까지는 민법에서 정한 연 5%,
   그 다음날부터 다 갚는 날까지는 소송촉진등에관한특례법에서
   정한 연 12%의 각 비율로 계산한 돈을 각 지급 받기 위하여
   이 사건 청구에 이른 것입니다.

입 증 방 법

  1. 갑 제1호증   물품인수증

1. 갑 제2호증   지불각서

첨 부 서 류

1. 위 입증방법   각 1통
1. 소장부본   1통
1. 송달료납부서   1통

20○○.   ○.   ○.

위 원고   ○○○   (서명 또는 날인)

○○지방법원   귀중

[작성례] 준비서면(대여금, 원고)

준 비 서 면

사   건   20○○가합○○○○○ 대여금
원   고   ○○○
피   고   ◇◇◇

위 사건에 관하여 원고는 다음과 같이 변론을 준비합니다.

다   음

1. 사실관계의 정리
 가. 대여금 액수에 대하여
     피고는 ○○구 ○○동에서 '○횟집'을 운영하였습니다. 그러던
     중, 피고는 원고로부터 19○○년경 금 2,500만원, 19○○년

경 금 3,500만원 합계 금 6,000만원을 빌렸습니다.

나. 다툼 없는 사실의 정리

피고는 19○○년경 금 2,500만원을 빌렸다는 것을 인정하고 있으나, 19○○년경 금 3,500만원을 빌렸다는 사실은 이를 부인하고 있으며, 피고가 오히려 원고에게 금 80,919,000원을 원금과 이자 조로 변제하였다고 주장하고 있습니다.

다. 따라서 이 사건의 쟁점은 피고가 19○○년경 금 3,500만원을 빌린 사실이 있는지, 피고가 원고에게 이자 및 원금의 상환조로 준 돈이 얼마인지라고 하겠습니다.

2. 금 3,500만원의 대여여부에 관하여

가. 피고의 주장

피고는 원고가 19○○년경 위 횟집의 전세보증금으로 투자한 금 2,800만원과 권리금 1,000만원을 합한 금액에서 금 300만원을 뺀 금 3,500만원에 이 사건 횟집을 인수하기로 피고와 합의하였으나 이를 이행하지 않았으므로, 결과적으로 피고는 채무를 지지 않고 있다는 것입니다.

나. 피고 주장의 부당성

원고는 피고가 먼저 빌려간 금 2,500만원의 원금은커녕 이자의 지급마저 게을리 하고 있자, 이를 독촉하던 차에 피고가 자신에게 금 3,500만원을 추가로 빌려준다면 소외 ◉◉◉에게 들고 있던 계금 5,400만원의 명의를 원고에게 이전시켜 주겠다고 기망하였습니다. 이에 원고는 소외 ◉◉◉로부터 피고가 위 계원으로 있는지 확인(수사기록 78면, 진술조서)을 하였고, 기존에 빌려주었던 금 2,500만원까지 확보하겠다는 욕심에 친구로부터 금 4,000만원을 차용하여 피고에게 금 3,500만원을 빌려 주었던 것입니다.

그러나 피고는 위 계금을 성실히 납부하지 않았고 원고는 빌려준 금 3,500만원을 위 계금으로 충당하지 못하게 된 것입니다.

3. 피고가 이자 및 원금상당의 금원을 변제하였는지

가. 피고의 주장

피고는 19○○. ○.경부터 19○○. ○.경까지 총액 금 80,919,000 원을 갚았고 이것으로 이자뿐만이 아니라 원금까지 변제되었다고 주장하고 있습니다.

나. 피고 주장의 부당성

그러나 피고는 증거로 장부를 제출하고도 도대체 어느 부분이 피고의 주장 사실에 부합하는지 특정도 하지 않았으며, 게다가 위 장부와 사실확인서는 객관성도 없습니다.

원고는 총액 금 1,500여만원 정도를 피고로부터 받은 사실은 있으나 이는 어디까지나 이자조로 받은 것이지 원금이 상환된 것도 아닙니다. 이것은 각서상으로도 분명히 인정되고 있습니다.

4. 결 론

결국 피고의 주장은 어느 것도 이를 인정할 만한 정도로 입증되지 않은 허위의 진술에 지나지 않습니다. 오히려 원고는 금 6,000만원이나 되는 거금을 빌려주고도 6년이 지난 현재까지 원금은커녕 이자도 제대로 받지 못하였습니다. 특히 원고가 빌려준 금 3,500만원은 원고가 친구인 소외 ◎◎◎로부터 차용한 돈입니다. 원고는 친구의 빚 독촉에 못 이겨 동생 소외 ▣▣▣의 집을 저당 잡혀 위 돈을 변제한 상태이며 생활고로 하루 하루 어려운 생활을 하던 중 자살까지 기도하였습니다. 따라서 원고의 권리회복을 위해 조속히 원고의 청구를 인용하여 주시기 바랍니다.

20○○. ○. ○.

위 원고 ○○○ (서명 또는 날인)

○○지방법원 제○○민사부 귀중

[작성례] 답변서(대여금청구에 대한 부인)

<h1 style="text-align:center">답 변 서</h1>

사　　건　20○○가단○○○○ 대여금
원　　고　○○○
피　　고　◇◇◇

　위 사건에 관하여 피고는 다음과 같이 답변합니다.

<h2 style="text-align:center">다　　　　　음</h2>

1. 기초적인 사실관계

　가. 원고는 20○○. ○. ○. 피고에게 금 30,000,000원을 대여
　　　하였다고 주장하며 그 돈의 지급을 구하고 있으나 이는 사
　　　실과 다릅니다.

　나. 원고와 피고는 평소 잘 알고 지내던 사이로서 소외 ◉◉◉
　　　는 피고의 매형입니다. 소외 ◉◉◉는 20○○. ○.경 사업
　　　문제로 인하여 급전이 필요하다고 하여 피고에게 돈을 빌
　　　릴 만한 사람이 없느냐고 물어왔고 피고는 잘 알고 있던
　　　원고에게 혹시 여유 있는 돈이 있느냐고 물었더니 가능하
　　　다고 하여 피고는 원고를 소외 ◉◉◉에게 소개하여 주었
　　　던 것입니다.

　다. 그 뒤 소외 ◉◉◉가 위 가항 일시에 원고로부터 금 30,000,000
　　　원을 차용한 것은 사실입니다.

2. 피고의 책임

　비록 원고가 피고의 소개로 인하여 소외 ◉◉◉를 알게 되어
　소외 ◉◉◉에게 돈을 대여하였다고는 하나 이는 피고와는 직
　접적인 관련은 없는 것으로서 피고가 위 대여금의 지급을 보

증한 적은 없습니다.

원고는 피고가 위 대여일시에 동석하였다는 이유만으로 피고가 책임을 져야 한다는 취지로 주장하나 이는 타당하다고 볼 수 없으며, 어떠한 형태로든 피고가 위 지급의 보증의사를 표시한 적이 없으므로 피고가 이를 책임질 이유는 없다 할 것입니다.

3. 결론

원고는 소외 ◉●◉로부터 대여금을 지급 받지 못하자 피고에게 소를 제기한 것으로서 위와 같이 원고의 청구는 타당하지 않으므로 이를 기각하여 주시기 바랍니다.

20○○.　○.　○.

위 피고　◇◇◇ (서명 또는 날인)

○○지방법원 제○○민사단독　귀중

[작성례] 지급명령신청서(대여금청구의 독촉사건)

지 급 명 령 신 청

채권자　○○○(주민등록번호)

　　　　○○시 ○○구 ○○길 ○○(우편번호 ○○○○○)

　　　　전화.휴대폰번호:

　　　　팩스번호, 전자우편(e-mail)주소:

채무자　◇◇◇(주민등록번호)

　　　　○○시 ○○구 ○○길 ○○(우편번호 ○○○○○)

　　　　전화.휴대폰번호:

　　　　팩스번호, 전자우편(e-mail)주소:

대여금청구의 독촉사건
청구금액 : 금 5,000,000원

신 청 취 지

　채무자는 채권자에게 금 5,000,000원 및 이에 대한 20○○. ○. ○.부터 이 사건 지급명령결정정본을 송달 받는 날까지는 연 12%, 그 다음날부터 다 갚는 날까지는 연 12%의 각 비율에 의한 금액 및 아래 독촉절차비용을 합한 금액을 지급하라는 지급명령을 구합니다.

아　　　래

　　금　　　　　원　　　　독촉절차비용

내　　　역

　　금　　　　　원　　　인　지　대
　　금　　　　　원　　　송　달　료

신 청 이 유

1. 채권자는 채무자에게 20○○. ○. ○. 금 5,000,000원을 대여 해주면서 변제기한은 같은 해 ○○. ○, 이자는 월 1%를 지급 받기로 한 사실이 있습니다.
2. 그런데 채무자는 위 변제기일이 지났음에도 불구하고 원금은 고사하고 약정한 이자까지도 채무이행을 하지 아니하므로 채권자는 채무자에게 위 원금 및 지연이자를 변제할 것을 여러 차례에 걸쳐 독촉하자 채무자는 원금 및 지연이자를 20○○. ○. ○○.까지 지급하겠다며 지불각서까지 작성하여 주고서도 이마저도 전혀 이행치 않고 있습니다.

3. 따라서 채권자는 채무자로부터 위 대여금 5,000,000원 및 이에 대한 20○○. ○. ○.부터 이 사건 지급명령결정정본을 송달 받는 날까지는 약정한 이자인 연 12%(계산의 편의상 월 1%를 연단위로 환산함), 그 다음날부터 다 갚는 날까지는 소송촉진등에관한특례법에서 정한 연 12%의 각 비율에 의한 이자, 지연손해금 및 독촉절차비용을 합한 금액의 지급을 받기 위하여 이 사건 신청을 하기에 이르게 된 것입니다.

첨 부 서 류

1. 지불각서   1통
1. 송달료납부서   1통

20○○.   ○○.   ○○.

위 채권자 ○○○ (서명 또는 날인)

○○지방법원   귀중

■ 대법원판례

민법 제2조 제1항은 신의성실의 원칙에 관하여 "권리의 행사와 의무의 이행은 신의에 좇아 성실히 하여야 한다."라고 정한다. 이 원칙은 법률관계의 당사자가 상대방의 이익을 배려하여 형평에 어긋나거나 신의를 저버리는 내용 또는 방법으로 권리를 행사하거나 의무를 이행해서는 안 된다는 추상적 규범으로서 법질서 전체를 관통하는 일반 원칙으로 작용하고 있다. 한편 민법 제536조 제2항에 정한 '선이행의무를 지고 있는 당사자가 상대방의 이행이 곤란한 현저한 사유가 있는 때에 자기의 채무이행을 거절할 수 있는 경우'란 선이행채무를 지게 된 채권자가 계약 성립 후

채무자의 신용불안이나 재산상태의 악화 등의 사정으로 반대급부를 이행받을 수 없는 사정변경이 생기고 이로 인하여 당초의 계약내용에 따른 선이행의무를 이행케 하는 것이 공평과 신의칙에 반하게 되는 경우를 말하는 것이고, 이와 같은 사유는 당사자 쌍방의 사정을 종합하여 판단하여야 한다. 나아가 민법 제599조는 "대주가 목적물을 차주에게 인도하기 전에 당사자 일방이 파산선고를 받은 때에는 소비대차는 그 효력을 잃는다."라고 정한다. 위 규정의 취지는 소비대차계약의 목적물이 인도되기 전에 당사자의 일방이 파산한 경우에는 당사자 사이의 신뢰관계가 깨어져 당초의 계약관계를 유지하는 것이 타당하지 아니한 사정변경을 반영한 것이다.

위와 같은 규정의 내용과 그 입법 취지에 비추어 보면, 금전소비대차계약이 성립된 이후에 차주의 신용불안이나 재산상태의 현저한 변경이 생겨 장차 대주의 대여금반환청구권 행사가 위태롭게 되는 등 사정변경이 생기고 이로 인하여 당초의 계약내용에 따른 대여의무를 이행케 하는 것이 공평과 신의칙에 반하게 되는 경우에 대주는 대여의무의 이행을 거절할 수 있다고 보아야 한다 (대법원 2021. 10. 28. 선고 2017다224302 판결).

2. 이자청구

2-1. 개요

① 이자는 원금의 존재를 전제하기에, 원금채권의 발생사실을 주장·증명해야 한다.

② 소비대차계약에서 이자약정은 수반될 수도 있고 아닐 수도 있기에 이자의 약정사실을 따로 증명해야 한다. 이자의 약정이 없더라도, 상인이 영업에 관하여 금전을 대여한 경우, 연 6%의 상사법정이자를 청구할 수 있다.

③ 원고는 대주로서 대여금을 인도한 사실 및 그 시기를 주장 증명하거나, 대여금의 이행을 제공한 사실 및 그 시기, 피고가 책임 있는 사유로 대여금의 수령을 지체한 사실을 주장·증명해야 한다.

2-2. 요건사실

1. 원금채권의 발생
2. 이자약정
3. 목적물의 인도 및 인도시기

2-3. 기재례

> 원고는 2015. 12. 12. 피고에게 10,000원을 이자 월 1%, 변제기 같은 해 12.13.로 정하여 대여하였습니다.

2-4. 이자청구의 소

[작성례] 대여금청구의 소(여러 차례 대여한 대여금의 이자가 다른 경우)

소　　　　장
원　　고　　○○○ (주민등록번호) 　　　　　　○○시 ○○구 ○○로 ○○(우편번호) 　　　　　　전화.휴대폰번호: 　　　　　　팩스번호, 전자우편(e-mail)주소: 피　　고　　◇◇◇ (주민등록번호) 　　　　　　○○시 ○○구 ○○로 ○○(우편번호) 　　　　　　전화.휴대폰번호:

팩스번호, 전자우편(e-mail)주소:

대여금청구의 소

청 구 취 지

1. 피고는 원고에게
   가. ○○○원 및 이에 대하여 20○○. ○. ○.부터 이 사건 소
      장부본을 송달일까지는 연 12%, 그 다음날부터 다 갚는 날
      까지는 연 12%의 각 비율로 계산한 돈을,
   나. ○○○원 및 이에 대하여 20○○. ○. ○.부터 다 갚는 날
      까지는 연 18%의 비율로 계산한 돈을 지급하라.
2. 소송비용은 피고가 부담한다.
3. 위 제1항은 가집행 할 수 있다.
라는 판결을 구합니다.

청 구 원 인

1. 원고는 피고로부터 돈을 빌려달라는 요청을 받고 아래와 같은 내
   역으로 합계 금 ○○○원을 피고에게 빌려준 사실이 있습니다.
   (1) 대 여 금 : 금 ○○○원
      대 여 일 : 20○○. ○. ○.
      변제기일 : 20○○. ○. ○.
      약정이자 : 월 1%.
   (2) 대 여 금 : 금 ○○○원
      대 여 일 : 20○○. ○. ○.
      변제기일 : 20○○. ○. ○.
      약정이자 : 월 1.5%.
   (3) 대 여 금 : 금 ○○○원
      대 여 일 : 20○○. ○. ○.

변제기일 : 20○○. ○. ○.

약정이자 : 월 2%.

2. 피고는 원고로부터 위 돈을 각각 빌려갈 때는 변제기일을 위와 같이 약정하였지만 가급적 빠른 시일 내에 갚아준다고 하며 빌려갔으나, 20○○. ○.경 이자가 제일 높은 위 세번째의 차용금만을 변제하고는 나머지 돈에 대해서는 이자는커녕 원금조차 갚을 생각을 하지 않고 있습니다.

3. 원고는 원고의 생활이 어려워져 피고에게 여러 차례 찾아가 빨리 돌려달라고 독촉도 하고, 또한 2회에 걸쳐 내용증명우편으로 통고서까지 발송하였으나 그때마다 피고는 "지금은 당장 돈이 없으니 조금만 기다리라."고 하기에 이를 믿고 지금까지 기다려 왔으나 더 이상은 피고를 믿을 수가 없는 상황에 이르렀습니다.

4. 따라서 원고는 피고로부터 위 청구취지와 같은 돈 및 이에 대한 지연손해금을 지급 받기 위하여 이 사건 청구에 이른 것입니다.

입 증 방 법

1. 갑 제1호증의 1내지 3　　　　　　　차용증
1. 갑 제2호증의 1, 2　　　　　　　통고서(내용증명서)

첨 부 서 류

1. 위 입증방법　　　　　　　　각 1통
1. 소장부본　　　　　　　　　1통
1. 송달료납부서　　　　　　　1통

20○○.　○.　○.

위 원고　○○○　(서명 또는 날인)

○○지방법원　귀중

3. 지연손해금청구

3-1. 개요

① 지연손해금도 원금의 존재를 전제하기에, 원금채권의 발생 사실을 주장·증명해야 한다.

② 원금채권의 발생사실 중에 반환시기에 관한 사실이 포함되어 있어 별도로 주장·증명할 필요는 없다.

③ 원고는 손해의 발생 및 범위를 주장·증명해야 한다.

3-2. 요건사실

1. 원금채권의 발생
2. 반환시기(변제기) 및 그 도과
3. 손해의 발생과 그 범위

3-3. 기재례

원고는 2015. 12. 12. 피고에게 10,000원을 이자 월 1%, 변제기 같은 해 12.13.로 정하여 대여하면서, 대여금 지체시에는 월 2%의 지연손해금을 지급받기로 약정하였습니다.

3-4. 지연손해금청구의 소

[작성례] 대여금청구의 소(변제기까지 이자면제, 지연손해금은 청구)

소　　　장

원　　고　　○○○ (주민등록번호)
　　　　　　○○시 ○○구 ○○로 ○○(우편번호)
　　　　　　전화.휴대폰번호:
　　　　　　팩스번호, 전자우편(e-mail)주소:
피　　고　　1. 김◇◇ (주민등록번호)
　　　　　　　○○시 ○○구 ○○로 ○○(우편번호)
　　　　　　　전화.휴대폰번호:
　　　　　　　팩스번호, 전자우편(e-mail)주소:
　　　　　　2. 박◇◇ (주민등록번호)
　　　　　　　○○시 ○○구 ○○로 ○○(우편번호)
　　　　　　　전화.휴대폰번호:
　　　　　　　팩스번호, 전자우편(e-mail)주소:

대여금 청구의 소

청　구　취　지

1. 피고들은 연대하여 원고에게 금 20,000,000원 및 이에 대하여 20○○. ○. ○.부터 이 사건 소장부본 송달일까지는 연 5%의, 그 다음날부터 다 갚을 때까지는 연 12%의 각 비율에 의한 돈을 지급하라.
2. 소송비용은 피고들의 부담으로 한다.
3. 위 제1항은 가집행 할 수 있다.
라는 판결을 구합니다.

청 구 원 인

1. 원고는 부부 사이인 피고 김◇◇, 피고 박◇◇를 연대채무자로 하여 20○○. ○. ○. 금 20,000,000원을 이자 월 3%, 변제기 20○○. ○. ○.로 정하여 대여하였습니다.

2. 그런데 피고들은 집안형편이 어렵다고 변제기를 1개월 연기해 달라고 하면서 연기된 변제기까지의 이자를 면제해줄 것을 요청하였습니다. 이에 원고도 원금이라도 연기된 변제기까지 지급 받는 것이 좋겠다고 판단하여 그렇게 하기로 하는 차용증서를 다시 작성하였으나, 피고들은 연기된 변제기인 20○○. ○○. ○○.이 지난 지금까지 위 대여금 20,000,000원을 지급하지 않고 있습니다.

3. 따라서 원고는 피고들로부터 연대하여 위 대여원금 20,000,000원 및 이에 대한 연기된 변제기인 20○○. ○○. ○○.부터 이 사건 소장부본 송달일까지는 민법에서 정한 연 5%의, 그 다음날부터 다 갚을 때까지는 소송촉진등에관한특례법에서 정한 연 12%의 각 비율에 의한 돈을 지급 받고자 이 사건 청구에 이른 것입니다.

입 증 방 법

1. 갑 제1호증	차용증서(최초)
1. 갑 제2호증	차용증서(이자면제, 변제기연장)

첨 부 서 류

1. 위 입증방법	각 3통
1. 소장부본	2통
1. 송달료납부서	1통

```
                    20○○.    ○.    ○.
                  위 원고    ○○○   (서명 또는 날인)

○○지방법원    귀중
```

■ **대법원판례**

금전채무의 지연손해금채무는 금전채무의 이행지체로 인한 손해배상채무로서 이행기의 정함이 없는 채무에 해당하므로, 채무자는 확정된 지연손해금채무에 대하여 채권자로부터 이행청구를 받은 때부터 지체책임을 부담하게 된다. 한편 원금채권과 금전채무 불이행의 경우에 발생하는 지연손해금채권은 별개의 소송물이다. 따라서 판결이 확정된 채권자가 시효중단을 위한 신소를 제기하면서 확정판결에 따른 원금과 함께 원금에 대한 확정 지연손해금 및 이에 대한 지연손해금을 청구하는 경우, 확정 지연손해금에 대한 지연손해금채권은 채권자가 신소로써 확정 지연손해금을 청구함에 따라 비로소 발생하는 채권으로서 전소의 소송물인 원금채권이나 확정 지연손해금채권과는 별개의 소송물이므로, 채무자는 확정 지연손해금에 대하여도 이행청구를 받은 다음 날부터 지연손해금을 별도로 지급하여야 하되 그 이율은 신소에 적용되는 법률이 정한 이율을 적용하여야 한다 (**대법원 2022. 4. 14. 선고 2020다268760 판결**).

금전채무에 관하여 이행지체에 대비한 지연손해금 비율을 따로 약정한 경우에 이는 일종의 손해배상액의 예정으로서 민법 제398조에 의한 감액의 대상이 된다 (**대법원 2000. 7. 28. 선고 99다38637 판결**).

지연손해금은 금전채무의 이행지체에 따른 손해배상으로서 기한이 없는 채무에 해당하므로, 확정된 지연손해금에 대하여 채권자가 이행청구를 하면 채무자는 그에 대한 지체책임을 부담하게 된다. 판결에 의해 권리의 실체적인 내용이 바뀌는 것은 아니므로, 이행판결이 확정된 지연손해금의 경우에도 채권자의 이행청구에 의해 지체책임이 생긴다 (대법원 2022. 3. 11. 선고 2021다232331 판결).

4. 가능한 공격방어방법

4-1. 변제공탁

① 공탁원인사실이 있으면 변제공탁을 할 수 있다. 공탁원인사실에는, 수령거절, 수령불능, 채권자불확지의 3가지가 있다(민법 제487조).

② 변제공탁이 유효하려면 채무 전부에 대한 변제의 제공 및 채무 전부에 대한 공탁이 있어야 한다. 변제공탁을 주장하는 피고는 공탁원인사실 외에 공탁금이 채무의 전부를 변제함에 충분한 사실을 주장·증명해야 한다.

③ 피고는 채무 전액임을 공탁원인 중에 밝히고 공탁한 사실과 채권자인 원고가 그와 같은 공탁원인을 수락하고 공탁금을 수령한 사실을 증명하여 전액공탁사실에 대한 증명을 대신할 수 있다.

4-1-1. 수령거절

수령거절을 공탁원인응로 주장하려면 변제자가 변제의 제공을 한 사실, 채권자가 이를 수령하지 않은 사실을 증명해야 한다.

4-1-2. 수령불능

수령불능사유에는 사실상불능과 법률상불능이 모두 포함된다.

4-1-3. 채권자불확지

채권자불확지란 객관적으로 채권자가 존재하고 있으나, 채무자가 선량한 관리자의 주의를 다하여도, 주관적으로 채권자가 누구인지 알 수 없는 경우를 말한다. 채권자를 확지할 수 없는 데에 변제자의 과실이 없어야 한다.

■ 대법원판례

> 변제공탁사유와 집행공탁사유가 함께 발생한 경우 채무자는 혼합공탁을 할 수 있다. 혼합공탁은 변제공탁에 관련된 새로운 채권자에 대해서는 변제공탁으로서 효력이 있고 집행공탁에 관련된 압류채권자 등에 대해서는 집행공탁으로서 효력이 있으며, 이 경우에도 적법한 공탁으로 채무자의 채무는 소멸한다 (대법원 2018. 10. 12. 선고 2017다221501 판결).

4-2. 면제

피고는 채권자인 원고가 채무자인 피고에게 채무면제의 의사표시를 한 사실을 주장하여 원고의 청구에 대항할 수 있다.

4-3. 변제와 변제충당

피고는 대주인 원고에게 일정금원을 지급한 사실과 그 급부가 채무의 변제를 위하여 지급된 사실을 주장·증명하여 항변사유로 변제를 주장할 수 있다.

4-3-1. 변제충당의 재항변

원고는 피고가 원고에 대하여 별개의 동종채무를 부담하고 있는 사실, 피고가 지급한 급부가 총 채무를 소멸하기에 부족한 사실, 피고가 제공한 급부의 전부나 일부가 합의충당, 지정충당, 법정충당 등의 방식으로 다른 채무에 충당된 사실을 주장해 변제충당의 재항변을 할 수 있다.

4-3-2. 재재항변

피고는 원고가 주장하는 동종채무의 발생원인이 무효사유에 해당하여 그 채무가 아예 발생하지 않은 사실, '급부 이전에 이미 변제하여 소멸한 사실 등을 주장해 재재항변을 할 수 있다.

4-4. 시효소멸

① 피고는 대주가 특정 시점에서 당해 권리를 행사할 수 있었던 사실, 그 때부터 소멸시효기간이 도과한 사실을 주장·증명해야 한다.
② '권리를 행사할 수 있는 때'란 법률상의 장애가 없어진 때를 의미한다.

4-4-1. 재항변

① 시효소멸의 항변에 대해 원고는 민법 제186조의 사유를 들어 시효중단의 재항변을 할 수 있다. 시효중단의 사유 중 하나는 재판상 청구다. 권리자가 원고로서 시효를 주장하는 자를 피고로 하여 소송물인 권리를 소의 형식으로 주장하는 경우(소제기) 뿐만 아니라, 시효를 주장하는 자가 원고가 되어 소를 제기한 데 대하여 피고로서 응소하여 그

소송에서 적극적으로 권리를 주장하고 그 주장이 받아들여진 경우(응소)도 포함한다.

② 채권자가 채무자의 제3채무자에 대한 채권을 압류 또는 가압류한 경우에 채권자의 채무자에 대한 채권에 관하여 시효중단의 효력이 생긴다. 그러나 압류 또는 가압류된 채무자의 제3채무자에 대한 채권에 대하여는 시효중단의 효력이 생기지 않는다.

③ 소멸시효 중단사유로서 승인이 있다. 승인은 시효이익을 받을 채무자가, 소멸시효의 완성으로 권리를 상실하게 될 자에 대하여, 그 권리가 존재함을 인식하고 있다는 뜻을 표시하여 성립한다.

④ 시효완성 후의 승인은 시효이익의 포기다.

■ 대법원판례

보증채무에 대한 소멸시효가 중단되는 등의 사유로 완성되지 아니하였다고 하더라도 주채무에 대한 소멸시효가 완성된 경우에는 시효완성 사실로써 주채무가 당연히 소멸되므로 보증채무의 부종성에 따라 보증채무 역시 당연히 소멸된다. 그리고 주채무에 대한 소멸시효가 완성되어 보증채무가 소멸된 상태에서 보증인이 보증채무를 이행하거나 승인하였다고 하더라도, 주채무자가 아닌 보증인의 행위에 의하여 주채무에 대한 소멸시효 이익의 포기 효과가 발생된다고 할 수 없으며, 주채무의 시효소멸에도 불구하고 보증채무를 이행하겠다는 의사를 표시한 경우 등과 같이 부종성을 부정하여야 할 다른 특별한 사정이 없는 한 보증인은 여전히 주채무의 시효소멸을 이유로 보증채무의 소멸을 주장할 수 있다고 보아야 한다 (대법원 2012. 7. 12. 선고 2010다51192 판결).

4-5. 상계

① 상계항변의 요건사실은 자동채권의 발생사실, 자동채권과 수동채권이 상계적상에 있는 사실, 피고가 원고에게 수동채권과의 상계의 의사표시를 한 사실이 있다.

② 상계적상의 요건으로 쌍방이 서로 같은 종류를 목적으로 하는 채무를 부담하고, 그 쌍방의 채무의 이행기가 도래할 것을 요구한다(민법 제492조).

③ 자동채권의 발생원인이 매매형 계약인 경우 계약의 체결과 동시에 이행기가 도래하는 것이 원칙이기에, 이행기에 관한 약정사실은 상대방이 재항변으로 주장해야 한다. 반면 자동채권의 발생원인이 대차형 계약인 경우 이행기가 계약의 불가결한 요소이기에 상계를 주장하는 피고가 자동채권의 이행기가 도래한 사실을 주장·증명해야 한다.

4-5-1. 재항변

① 채무의 성질상 상계가 허용되지 않는다는 것은 상계항변에 대한 재항변사유다. 원고는 상계의 효과를 다투기 위해 자동채권에 동시이행항변권이 붙어 있는 사실을 주장·증명할 수 있다.

② 상계의 의사표시에 조건 또는 기한이 붙어 있는 사실은 상계항변에 대한 재항변사유가 될 수 있다.

③ 상계자와 상대방 사이에 상계가 없었던 것으로 하기로 하는 약정의 체결사실은 상계에 대한 재항변사유가 될 수 있다.

■ 대법원판례

상계의 항변을 제출할 당시 이미 자동채권과 동일한 채권에 기한 소송을 별도로 제기하여 계속 중인 경우, 사실심의 담당재판부로서는 전소와 후소를 같은 기회에 심리·판단하기 위하여 이부, 이송 또는 변론병합 등을 시도함으로써 기판력의 저촉·모순을 방지함과 아울러 소송경제를 도모함이 바람직하나, 그렇다고 하여 특별한 사정이 없는 한 별소로 계속 중인 채권을 자동채권으로 하는 소송상 상계의 주장이 허용되지 않는다고 볼 수는 없다. 마찬가지로 먼저 제기된 소송에서 상계 항변을 제출한 다음 그 소송 계속 중에 자동채권과 동일한 채권에 기한 소송을 별도의 소나 반소로 제기하는 것도 가능하다 (대법원 2022. 2. 17. 선고 2021다275741 판결).

5. 보증채무이행청구

5-1. 개요

① 보증채무이행청구의 요건사실은 주채무의 발생사실과 보증계약의 체결사실이다. 보증채무는 주채무를 전제하므로, 주채무의 발생사실이 주장·증명되어야 한다.

② 보증인에 대하여 주채무자와의 연대책임을 묻는 경우라면 원고는 피고의 연대보증사실을 주장·증명해야 한다. 그러나 원고는 피고가 최고 검색의 항변을 하기를 기다렸다가 재항변으로 피고의 연대보증사실을 주장·증명할 수도 있다.

5-2. 요건사실

1. 주채무(대여금반환채무, 이자채무, 지연손해금채무)의 발생
2. 보증계약의 체결

5-3. 기재례(청구원인)

원고는 지난 2016. 1. 5.에 소외 위기백에게 금 10억원을 변제기
2017. 1. 4.로 하여 대여하면서 연 6%의 약정이자를 변제기에
원금과 함께 지급받기로 하였습니다. 그리고 소외 위기백은 자신
의 위 차용금 채무를 담보하기 위해서 발행일이 2015. 12. 5.이
고 지급일이 2016. 1. 5.인 액면금 10억 원의 약속어음을 발행하
여 원고에게 제공까지 하여 주었습니다. 또한 이러한 소외 문영
수의 위 대여금채무에 대해서 피고 회사는 원고와 위 당일인
20016. 1. 5.에 연대하여 지급할 것을 보증하는 연대보증계약을
체결하고 당일에 각서를 작성하여 주었습니다.

5-4. 항변

1. 보증계약이 무효
2. 소멸시효 완성

5-5. 보증채무이행청구의 소

[작성례] 보증채무금청구의 소(약정이율 월 1.5%)

소   장

원   고   ○○○ (주민등록번호)
           ○○시 ○○구 ○○길 ○○(우편번호)
           전화.휴대폰번호:
           팩스번호, 전자우편(e-mail)주소:
피   고   ◇◇◇ (주민등록번호)
           ○○시 ○○구 ○○길 ○○(우편번호)
           전화.휴대폰번호:

팩스번호, 전자우편(e-mail)주소:

보증채무금청구의 소

청 구 취 지

1. 피고는 원고에게 금 10,000,000원 및 이에 대하여 20○○.
   ○. ○.부터 다 갚는 날까지 연 18%의 비율로 계산한 돈을
   지급하라.
2. 소송비용은 피고의 부담으로 한다.
3. 위 제1항은 가집행 할 수 있다.
라는 판결을 구합니다.

청 구 원 인

1. 원고는 20○○. ○. ○. 소외 ◈◈◈로부터 돈을 빌려 달라는
   부탁을 받고 이율 월 1.5%(매월 지급), 갚을 날짜는 20○○. ○.
   ○. ○.로 정하여 금 10,000,000원을 빌려 주었으며, 피고는
   소외 ◈◈◈의 원고에 대한 위 대여금채무의 연대보증인이 되
   기로 하고 차용증서상에 연대보증인으로 서명·날인하였습니다.
2. 그런데 소외 ◈◈◈는 위 돈을 빌려간 뒤 지금까지 단 한 번
   의 이자도 지급하지 않았을 뿐만 아니라 갚을 날짜가 지났음
   에도 위 돈을 갚지 않고 있습니다. 그러므로 원고는 채무자인
   소외 ◈◈◈ 및 연대보증인인 피고에게 여러 차례에 걸쳐 위
   돈의 원리금을 갚도록 요구하였으나 지금까지 위 채무를 이행
   하지 않고 있습니다.
3. 따라서 원고는 소외 ◈◈◈의 연대보증인인 피고에 대하여 금
   10,000,000원 및 이에 대하여 위 돈을 빌려간 날의 다음날인
   20○○. ○. ○○.부터 이 사건 소장부본 송달일까지는 약정이
   율인 연 18%의 비율로 계산한 돈을 지급 받기 위하여 이 사
   건 청구에 이른 것입니다.

입 증 방 법

1. 갑 제1호증   차용증
1. 갑 제2호증의 1, 2   각 최고서

첨 부 서 류

1. 위 입증방법   각 2통
1. 소장부본   1통
1. 송달료납부서   1통

20○○. ○. ○.
위 원고 ○○○ (서명 또는 날인)

○○지방법원 귀중

[작성례] 답변서(보증채무금 청구에서 주채무와 관련된 항변(주채무 감
축의 항변))

답 변 서

사   건   20○○가단○○○○ 보증채무금
원   고   ○○○
피   고   ◇◇◇

위 사건에 관하여 피고는 다음과 같이 답변합니다.

청구취지에 대한 답변

1. 원고의 청구를 기각한다.
2. 소송비용은 원고의 부담으로 한다.
라는 판결을 구합니다.

청구원인에 대한 답변

1. 원고는 20○○. ○. ○. 소외 김◉◉에게 금 XXX원을 빌려주는 차용금 계약을 하였고, 피고는 보증인으로서 원고와 소외 김◉◉사이의 위 차용금 계약에 대하여 보증계약을 체결하였는바, 원고는 주채무자인 소외 김◉◉이 차용금 계약에서 정한 변제기가 지나도록 이를 변제하지 아니하고 있다는 이유로 이 사건에서 보증인인 피고에게 보증채무금을 청구하고 있습니다.
2. 소외 김◉◉이 원고로부터 금원을 차용한 사실, 피고가 보증인으로서 위 금원에 관하여 원고와 보증계약을 한 사실은 인정합니다.
3. 한편 주채무자인 소외 김◉◉은 위 차용금 계약 이후인 20○○. △. △. 원고에게 A브랜드 노트북 컴퓨터 30대를 YYY원에 매도하였는데, 같은 날 위 소외 김◉◉은 원고에게 위 노트북 컴퓨터를 모두 인도하였고, 물품대금 정산과 관련하여 소외 김◉◉은 원고로부터 지급받을 위 노트북 컴퓨터 대금 상당액 YYY원에서 위 차용금 채무액 XXX원을 상계한 후 나머지 ZZZ원(= 노트북 대금 YYY원 – 차용금 XXX원)만을 노트북 컴퓨터 대금으로 지급받기로 원고와 합의를 한 사실이 있습니다.
4. 원고와 주채무자인 소외 김◉◉사이의 노트북 컴퓨터 매매계약의 이행과정에서 주채무인 차용금 계약의 채무는 상계되었는바, 피고는 위 상계로 감축된 범위에서는 주채무자 김◉◉의 원고에 대한 상계를 원용하여 이 범위에서 이행을 거절할 수 있다고 할 것입니다.

5. 따라서 이 사건 원고의 청구는 타당하지 않다고 할 것이므로, 원고의 청구는 기각되어야 할 것입니다.

<h2 align="center">입 증 방 법</h2>

1. 을 제1호증　　　진술서(소외 김◉◉)
1. 을 제2호증　　　A브랜드 노트북 컴퓨터 매매계약서 사본

<h2 align="center">첨 부 서 류</h2>

1. 위 입증방법　　　　　　　　　　　　각 1통
1. 답변서 부본　　　　　　　　　　　　1통

　　　　　　　　20○○.　○.　○.
　　　　　　　　위 피고　◇◇◇ (서명 또는 날인)

○○지방법원 제○민사부　귀중

6. 가능한 공격방어방법

6-1. 주채무에 관한 항변

① 보증인인 피고는 주채무의 시효소멸을 항변으로 주장할 수 있다.

② 원고는 주채무에 대한 시효중단사유를 재항변으로 주장할 수 있다. 보증채무에 대한 시효중단사유를 주장하는 것은 주채무의 시효소멸을 막을 수 없어 주장 자체로 이유 없다.

③ 보증인은 자신의 채권자에 대한 채권이나 주채무자의 채권자에 대한 채권으로 채권자의 보증채권과 상계할 수 있다(민법 제434조).

6-2. 보증채무에 특유한 항변

6-2-1. 최고·검색의 항변

① 보증인은 주채무자의 변제자력이 있는 사실과 그 집행이 용이한 사실을 증명하여 최고·검색의 항변권을 행사할 수 있다(**민법 제437조**).

② 채권자는 주채무자에 대해 이미 권리행사를 하였던 사실이나, 당해 보증이 연대보증인 사실을 들어 재항변할 수 있다.

6-2-2. 이행거절권

① 보증인은 주채무자가 채권자에 대하여 취소권 또는 해재권 등이 있는 동안 이행거절권을 행사할 수 있다(민법 제435조).

② 위 최고·검색의 항변권이나 이행거절권은 모두 연기적 항변권으로서 항변권자가 이를 행사하는 의사표시를 하여야만 법원이 고려하게 되는 권리항변으로서의 성격을 갖는다.

제3장 부동산에 대한 청구

1. 인도청구

1-1. 개요

① 인도청구의 요건사실은 원고의 목적물 소유와 피고의 목적물 점유다.

② 원고의 목적물 소유사실은 원고가 목적물의 소유권을 취득한 구체적 사실을 의미한다.

③ 피고의 점유 사실은 원고의 소유권을 현실적으로 방해하는 직접 점유사실을 의미한다.

④ 피고에게 정당한 점유권원이 있다는 사실은 피고의 항변사유다.

1-2. 요건사실

1. 원고의 목적물 소유
2. 피고의 목적물 점유

1-3. 기재례

① 청구취지

> 원고 송○○으로부터 금 700,000원에서 2012. 11. 23.부터 서울 서초구 ○○동 671 대 430㎡ 토지를 인도할 때까지 매월 5,000원의 비율에 의한 금원 공제한 나머지를 금원을 받음과 동시에 위 토지를 인도하라.

② 청구원인

피고는 적법한 권원 없이 원고 소유의 이 사건 토지를 점유하고 있는 것이므로 원고는 피고 회사에게 이 사건 토지의 소유권에 기해서 이 사건 토지의 반환을 청구하는 바이므로 피고 회사는 원고에게 이 사건 토지를 인도할 의무가 있습니다.

1-4. 인도청구의 소

[작성례] 토지인도청구의 소(임료미지급을 이유로 한 임대차해지)

소　　　장

원　　고　　○○○ (주민등록번호)
　　　　　　○○시 ○○구 ○○길 ○○(우편번호 ○○○○○)
　　　　　　전화.휴대폰번호:
　　　　　　팩스번호, 전자우편(e-mail)주소:
피　　고　　◇◇◇ (주민등록번호)
　　　　　　○○시 ○○구 ○○길 ○○(우편번호 ○○○○○)
　　　　　　전화.휴대폰번호:
　　　　　　팩스번호, 전자우편(e-mail)주소:

토지인도청구의 소

청 구 취 지

1. 피고는 원고에게 ○○시 ○○구 ○○동 ○○ 대지 ○○○㎡를 인도하고, 20○○. ○. ○.부터 위 토지의 인도에 이르기까지 매월 ○○○원을 지급하라.
2. 소송비용은 피고의 부담으로 한다.

3. 위 제1항은 가집행 할 수 있다.
라는 판결을 구합니다.

청 구 원 인

1. 토지임대차계약

   원고는 피고에게 20○○. ○. ○. 원고 소유의 ○○시 ○○구 ○
   ○동 ○○ 대지 ○○○㎡를 피고가 운영하는 상가의 부지로서
   임료 월 ○○○원, 지급기일은 매월 말일, 임차기간 10년으로
   약정하여 임대한 사실이 있습니다.

2. 임료미지급으로 인한 계약해지

   그런데 피고는 20○○. ○.월분부터 같은 해 ○월분까지 7개
   월간의 임료 합계 ○○○원을 연체하였으므로, 원고는 피고에
   대하여 20○○. ○. ○.자 서면으로 위 연체임료금액을 위 서
   면 송달일로부터 10일 이내에 지급할 것과, 만일 위 기간내에
   지급하지 않을 때는 이 사건 토지의 임대차계약을 해지한다는
   취지의 최고 및 조건부계약해지의 의사표시를 하였습니다. 그
   러나 피고는 위 서면을 송달 받고 난 뒤 10일이 경과하였음
   에도 연체임료의 지급을 이행하지 않고 있으므로 위 계약은
   같은 달 ○일을 기하여 해지되었다고 볼 것입니다.

3. 따라서 원고는 피고에 대하여 위 임대차계약의 종료를 이유로
   이 사건 토지의 인도를 구함과 동시에 20○○. ○. ○.부터 같
   은 해 ○. ○.까지는 임료로서, 같은 해 ○. ○.부터 토지인도
   일까지는 임료상당의 손해금으로서 각 월 ○○○원을 지급 받
   고자 이 사건 청구에 이르렀습니다.

입 증 방 법

1. 갑 제1호증   부동산등기사항증명서
1. 갑 제2호증   임대차계약서

1. 갑 제3호증   통고서(내용증명우편)

첨 부 서 류

1. 위 입증방법   각 1통
1. 토지대장등본   1통
1. 소장부본   1통
1. 송달료납부서   1통

20○○. ○. ○.
위 원고   ○○○   (서명 또는 날인)

○○지방법원 귀중

[작성례] 건물인도 등 청구의 소(원상회복과 인도청구)

소   장

원 고   ○○○ (주민등록번호)
          ○○시 ○○구 ○○길 ○○(우편번호 ○○○○○)
          전화.휴대폰번호:
          팩스번호, 전자우편(e-mail)주소:
피 고   ◇◇◇ (주민등록번호)
          ○○시 ○○구 ○○길 ○○(우편번호 ○○○○○)
          전화.휴대폰번호:
          팩스번호, 전자우편(e-mail)주소:

건물인도 등 청구의 소

청 구 취 지

1. 피고는 원고에게 별지목록 기재 건물 중 별지도면 표시 1, 2, 5, 4, 1,의 각 점을 차례로 연결하는 선내 (ㄱ)부분 ○○㎡를 원상회복하고, 별지목록 기재 건물을 인도하라.
2. 소송비용은 피고가 부담한다.
3. 위 제1항은 가집행 할 수 있다
라는 판결을 구합니다.

청 구 원 인

1. 원고는 20○○. ○. ○. 피고에게 별지목록 기재 건물(단층주택)을 임차보증금 30,000,000원, 임대차기간을 12개월로 하여 임대한 사실이 있습니다.
2. 그런데 피고는 20○○. ○. ○. 원고의 동의 없이 임의로 별지목록 기재 주택 중 별지도면 표시 (ㄱ)부분 ○○㎡를 오락실로 개조하여 오락실 영업을 하고 있으며, 위 임대차계약은 20○○. ○. ○.자로 계약기간이 만료되었습니다.
3. 따라서 원고는 피고에게 별지목록 기재 주택 중 별지도면 표시 (ㄱ)부분 ○○㎡의 원상회복 및 별지목록 기재 주택의 인도를 청구하기 위하여 이 사건 소송제기에 이르렀습니다.

입 증 방 법

1. 갑 제1호증	건물등기사항증명서
1. 갑 제2호증	건축물대장
1. 갑 제3호증	임대차계약서
1. 갑 제4호증	내용증명통고서

첨 부 서 류

1. 위 입증방법   각 1통
1. 토지대장등본   1통
1. 소장부본   1통
1. 송달료납부서   1통

　　　　　　　　　　　20○○.　○.　○.

　　　　　　　　　　위 원고　○○○ (서명 또는 날인)

○○지방법원 ○○지원 귀중

[별 지]

부동산의 표시

 ○○시 ○○구 ○○동 ○○
[도로명주소] ○○시 ○○구 ○○길 ○○ 지상 철근콘크리트조
평스라브지붕 단층 주택
 ○○㎡. 끝

[작성례] 준비서면(건물인도, 피고)

준 비 서 면

사　건　　20○○가단○○○○ 건물인도
원　고　　○○○
피　고　　◇◇◇

위 사건에 관하여 피고는 다음과 같이 변론을 준비합니다.

다   음

1. 이 사건의 쟁점
   원고가 이 사건 건물의 인도를 구하는 이 사건에서 피고가 점유하고 있는 임대차목적물의 용도가 주거용인지 비주거용인지가 쟁점이라 할 것입니다.
2. 피고는 이 사건 임대차목적물을 주거용으로 사용하고 있습니다.
 가. 피고가 이 사건 임대차목적물을 임차한 목적
   피고는 19○○. ○. ○. 당시 이 사건 건물의 소유자였던 소외 이◉◉와 이 사건 임대차목적물에 관하여 임대차계약을 체결하였는바, 그 계약서상에 임차목적물이 '점포, 방'으로 기재되어 있을 뿐만 아니라 임대인은 준공검사 후 부엌을 해주기로 하는 약정이 있습니다{을 제1호증의 1(부동산전세계약서) 참조}. 위와 같은 약정은 이 사건 임대차목적물이 주거용으로 사용하기 위하여 임차된 것이라는 것을 입증하는 것이라 할 것입니다.
   또한, 피고는 현재 이 사건 임대차목적물에서 문방구를 운영하고 있지만 위 문방구를 개업한 시기는 19○○. ○. ○.이고{을 제5호증(사업자등록증) 참조}, 피고가 이 사건 임대차목적물을 처음 임차한 시기는 19○○. ○. ○.입니다{을 제1호증의 1(부동산전세계약서) 참조}. 이는 피고가 문방구를 운영하기 위하여 이 사건 임대차목적물을 임차한 것이 아니고 위에서 본 바와 같이 주거용으로 사용하기 위하여 임차하였다가 부업으로 문방구를 운영하게 된 것이라는 것을 입증하는 것이라 할 것이므로, 피고가 현재 문방구를 운영하고 있다는 사실만으로 이 사건 임대차목적물이 주거용 건물이 아니라고 볼 수는 없을 것입니다.
 나. 이 사건 건물의 공부상의 용도

이 사건 건물의 용도는 공부상 지층, 1층의 일부는 근린생활시설이고, 1층의 일부와 2층, 3층은 다가구주택으로 되어 있습니다{갑 제2호증(건축물대장등본) 참조}. 즉, 피고가 임차하고 있는 부분은 이 사건 건물의 1층 부분인바, 피고가 임차하고 있는 부분의 용도는 일부는 근린생활시설이고 일부는 다가구주택이라고 할 것이므로 공부상의 용도만을 보더라도 이 사건 건물의 전체적인 용도는 주거용이라 할 것이고 이 사건 임대차목적물은 단지 일반 상가로 사용되기 위하여 건축된 것이라고는 볼 수 없다 할 것입니다.

다. 이 사건 임대차목적물의 구조 및 이용관계

원고가 준비서면에 첨부한 현황측량도를 보면 이 사건 임대차목적물이 점포와 방만으로 구성되어 있는 것으로 되어 있으나, 실제로는 이 사건 임대차목적물의 방 뒷편으로는 주거생활에 필요한 부엌과 피고 가족이 사용하는 화장실이 설치되어 있을 뿐만 아니라 문방구로 사용하는 면적과 주거생활을 하는 방과 부엌을 합한 면적은 비슷합니다(증인 ◎◎◎의 증언 참조).

또한, 피고는 이 사건 임대차목적물 이외에는 다른 거처가 없어 그 곳에서 피고의 유일한 가족인 딸과 함께 주거생활을 영위한 지가 약 8년 정도 되었고 이 사건 임대차 목적물의 일부인 살림방에는 TV, 피고의 딸이 사용하는 학생용 책상, 장롱 등 일상생활에 필요한 가구들이 비치되어 있으며 피고의 딸도 이 사건 임대차목적물이 위치하고 있는 곳과 가까운 ○○초등학교에 다니고 있습니다(위 증인의 증언 참조).

라. 이 사건 건물의 주변상황

이 사건 건물의 주변상황은 노면을 따라 한산한 상권이 이루어져 있고 후면은 학교 및 주택지역이며{을 제7호증의 7(감정평가서) 참조}, 이 사건 건물이 위치하고 있는 지역의 용도는 일반주거지역{갑 제4호증(토지이용계획확인원) 참조}

인 점에 비추어 보더라도 이 사건 임대차목적물이 주거용으로 사용되었음을 알 수 있을 것입니다.

마. 경매절차에서의 피고의 임대차관계에 대한 평가

이 사건 건물 및 대지는 귀원 20○○타경○○호 부동산경매 사건으로 경매신청되어 감정가 금 278,195,000원으로 평가되었고 소외 ◆◆◆가 20○○. ○. ○. 금 195,550,000원에 매수하여 같은 날 원고에게 그 소유권을 이전해주었습니다.

이 사건 건물 및 대지에 관하여 경매절차가 진행될 당시 경매지에서는 피고를 이 사건 건물의 대항력 있는 임차인으로 평가하고 있고{을 제6호증의 1, 2(경매지 표지 및 내용) 참조}, 귀원에서 작성한 이해관계인표에서도 피고가 주민등록 전입신고는 19○○. ○. ○.에, 확정일자는 19○○. ○. ○.에 받아 피고에게 배당을 할 수는 없으나 대항력 있는 임차인에 해당한다는 표시를 하고 있습니다{을 제7호증의 9(이해관계인표) 참조}.

바. 원고가 제출한 참조판례에 관하여

원고는 원고의 주장을 뒷받침하기 위하여 대법원 1996. 3. 12. 선고 95다51953 판결을 참조판례로 제출하고 있는바, 위 판결의 사실관계는 임대차계약서상에 용도 다방, 유익비 청구 포기 등의 약정이 있고 위 사건의 임차인은 사건 건물에 항시 거주하였던 것이 아니었다는 것인바, 이는 이 사건의 사실관계와 현격히 다른 점이 있다 할 것이므로 이 사건에 적용할 만한 판례가 아니라 할 것입니다.

오히려 대법원 1988. 12. 27. 선고 87다카2024 판결에 의하면, 임차목적물의 용도가 공부상 근린생활시설 및 주택용 4층 건물이고 주거 및 상업 목적으로 사용하기 위하여 자녀를 데리고 입주하였으며 사건 건물의 소유자는 건물의 뒷편에 가건물로 부엌을 설치하여 주었고 장독대와 공동으로 사용하고 있는 화장실이 있는 경우 임차인이 임차하고 있는 건물은 주거용 건물에 해당한다고 판시하고 있습니다. 위

판례는 이 사건 사실관계와 아주 흡사한 경우로서 이 사건 에 있어서도 적용될 수 있다고 할 것입니다.

3. 결   어

위에서 본 바와 같이 피고는 이 사건 임대차목적물을 주거용 으로 사용하고 있어 주택임대차보호법상의 대항력 있는 임차 인이라 할 것이므로, 피고는 임차보증금 33,000,000원(피고가 지급한 임차보증금은 금 36,000,000원이지만 금 3,000,000원 은 이 사건 건물에 대한 경매절차를 통하여 배당 받은 제1순 위 근저당권이 설정된 뒤에 증액된 것이어서 금 33,000,000원 만이 대항력을 가진 임차보증금이라 할 것입니다)을 반환 받 지 않는 이상 피고가 임차하고 있는 이 사건 임대차목적물을 원고에게 인도 할 의무가 없다 할 것입니다.

첨 부 서 류

1. 참고판례(대법원 1988. 12. 27. 선고 87다카2024 판결)

20○○.   ○.   ○.

위 피고   ◇◇◇ (서명 또는 날인)

○○지방법원 제○민사단독   귀중

[작성례] 답변서(건물인도청구에 대한 항변)

답 변 서

사　　건　20○○가단○○○○ 건물인도
원　　고　○○○
피　　고　◇◇◇

　　위 사건에 관하여 피고는 아래와 같이 답변합니다.

청구취지에 대한 답변

1. 원고의 청구를 기각한다.
2. 소송비용은 원고의 부담으로 한다.
라는 판결을 구합니다.

청구원인에 대한 답변

1. 원고의 주장
　　원고는 ○○시 ○○구 ○○길 ○○ 지상 주택(다음부터 '이 사건 주택'이라 함)의 소유자로서, 피고가 이 사건 주택 중 2층을 무단점유하고 있으므로 인도 해줄 것을 주장하고 있습니다.
2. 주택임대차계약의 체결
　　그러나 아래와 같이 피고는 이 사건 주택을 점유할 권원이 있습니다.
　　즉, 피고는 20○○. ○. ○. 소외 ◉◉◉와의 사이에 소외인의 소유인 이 사건 주택 중 2층 전부에 관하여 임차보증금 4,500만원으로, 임차기간은 인도일로부터 2년으로 하는 주택임대차계약을 체결하고, 20○○. ○. ○○. 보증금 4,500만원을 지급하고 입주하면서 주민등록전입신고를 하고 지금까지 거주하고 있습니다.

3. 임대인 지위 승계

　가. 원고는 위 소외인으로부터 이 사건 주택을 매수하여 ○○지방법원 등기과 20○○. ○○. ○. 접수 제12345호 소유권이전등기를 마침으로써 이 사건 주택의 소유권을 취득하였습니다.

　나. 피고는 위 제1항의 기재와 같이 주택임대차보호법 제3조 제1항 소정의 대항력을 취득한 주택임차인이고 원고는 같은 법 제3조 제3항 소정의 임차주택 양수인으로 위 소외인이 가지는 임대인의 지위를 승계한 자입니다.

4. 따라서 피고는 임대차기간 만료일까지는 적법한 임차인으로서 이 사건 주택 2층을 점유할 수 있으므로 무단점유임을 전제로 한 원고의 이 사건 청구는 기각되어야 할 것입니다.

20○○.　○.　○.

위 피고　◇◇◇ (서명 또는 날인)

○○지방법원 제○○민사단독　귀중

[작성례] 반소장(건물인도청구에 대한 임차보증금반환)

반　소　장

사　　　　건　　20○○가단○○○○ 건물인도

피고(반소원고)　　◇◇◇ (주민등록번호)

　　　　　　　　○○시 ○○구 ○○길 ○(우편번호 ○○○○○)

　　　　　　　　전화.휴대폰번호:

팩스번호, 전자우편(e-mail)주소:

원고(반소피고)　　○○○ (주민등록번호)

　　　　　　　　○○시 ○○구 ○○길 ○(우편번호 ○○○○○)

　　　　　　　　전화.휴대폰번호:

　　　　　　　　팩스번호, 전자우편(e-mail)주소:

위 사건에 관하여 피고(반소원고)는 다음과 같이 반소를 제기합니다.

임차보증금반환청구의 소

반 소 청 구 취 지

1. 원고(반소피고)는 피고(반소원고)에게 금 30,000,000원 및 이에 대한 건물인도 일부터 다 갚는 날까지 연 5%의 비율에 의한 돈을 지급하라.
2. 소송비용은 원고(반소피고)가 부담한다.
3. 위 제1항은 가집행 할 수 있다.

라는 판결을 구합니다

반 소 청 구 원 인

1. 원고가 이 사건 건물을 경매절차에서 매수하여 소유권을 취득한 사실은 인정합니다.
2. 피고가 이 사건 건물의 인도를 거절하고 있는 사실도 인정합니다.
3. 그러나 피고는 소외 ◆◆◆와 이 사건 건물에 관하여 채권적 전세계약을 체결하여 20○○. 5. 5. 입주 및 전입신고를 마쳤고, 소외 ◆◆◆는 20○○. 5. 11. 근저당설정등기를 마친 뒤 현재까지 거주하고 있습니다. 따라서 피고는 입주 및 전입신고 다음날인 20○○. 5. 8. 이후에 설정된 근저당권에 의하여 진행된 근저당권실행을 위한 경매절차에서 이 사건 건물을 매

수한 원고에 대하여 대항할 수 있다고 할 것입니다.

4. 그러므로 피고는 주택임대차법보호상의 대항력이 인정되므로 원고는 피고에게 임차보증금 30,000,000원을 지급할 의무가 있고 그것은 본소의 목적인 청구 및 방어 방법과 견련관계를 갖고 있다 할 것이므로 이에 반소를 제기합니다.

입 증 방 법

1. 을 제1호증　　　　　　　임대차계약서
1. 을 제2호증　　　　　　　부동산등기사항증명서
1. 을 제3호증　　　　　　　주민등록표등본

첨 부 서 류

1. 위 입증방법　　　　　　　각 1통
1. 반소장부본　　　　　　　　1통
1. 송달료납부서　　　　　　　1통

20○○.　　○.　　○.

위 반소원고(본소피고)　◇◇◇(서명 또는 날인)

○○지방법원 ○○지원 제○민사단독　귀중

■ **대법원판례**

근저당권자가 담보로 제공된 건물에 대한 담보가치를 조사할 당시 대항력을 갖춘 임차인이 임대차 사실을 부인하고 건물에 관하여 임차인으로서의 권리를 주장하지 않겠다는 내용의 무상임대차 확인서를 작성해 주었고, 그 후 개시된 경매절차에 무상임대차

확인서가 제출되어 매수인이 확인서의 내용을 신뢰하여 매수신청 금액을 결정하는 경우와 같이, 임차인이 작성한 무상임대차 확인서에서 비롯된 매수인의 신뢰가 매각절차에 반영되었다고 볼 수 있는 사정이 존재하는 경우에는, 비록 매각물건명세서 등에 건물에 대항력 있는 임대차 관계가 존재한다는 취지로 기재되었더라도 임차인이 제3자인 매수인의 건물인도청구에 대하여 대항력 있는 임대차를 주장하여 임차보증금반환과의 동시이행의 항변을 하는 것은 금반언 또는 신의성실의 원칙에 반하여 허용될 수 없다 **(대법원 2016. 12. 1. 선고 2016다228215 판결).**

2. 건물철거 및 퇴거청구

2-1. 개요

① 소유 토지상에 타인이 건물을 소유하고 있는 경우 그 토지를 인도받기 위해서는 그 전제로 지상건물의 철거를 구하여야 한다. 물론 건물 철거를 구하지 않은 채 토지인도만 구하더라도 그 청구가 인용되겠지만, 토지 인도를 명하는 판결의 효력이 건물 철거에 미치지 않으므로 따로 건물 철거의 집행권원을 얻기 전에는 토지의 인도집행이 불가능하다.

② 지상건물의 소유자는 지상건물의 소유를 통하여 그 대지를 점유하는 것이므로, 원고는 피고가 지상건물을 소유한 사실을 증명하면 피고의 대지점유사실까지 증명하는 셈이 된다.

2-2. 요건사실

1. 원고의 토지소유
2. 피고의 지상건물소유(건물 철거의 경우)
3. 피고의 제3자 소유건물점유(건물 퇴거의 경우)

2-3. 기재례

> 1. 원고에게
> 가. 피고 A(건물점유자)는 서울시 ○○구 ○○동 111-2 대 100㎡
>   지상 철근콘크리트조 슬래브지붕 단층주택 50㎡에서 퇴거하고,
> 나. 피고 B(건물소유자)는 위 건물을 철거하고, 위 토지를 인도하라.
> 라는 판결을 구합니다.

2-4. 건물철거청구의 소
[작성례] 건물철거 및 대지인도청구의 소

소   장

원   고   ○○○ (주민등록번호)
           ○○시 ○○구 ○○길 ○○(우편번호 ○○○○○)
           전화.휴대폰번호:
           팩스번호, 전자우편(e-mail)주소:
피   고   ◇◇◇ (주민등록번호)
           ○○시 ○○구 ○○길 ○○(우편번호 ○○○○○)
           전화.휴대폰번호:
           팩스번호, 전자우편(e-mail)주소:

건물철거 및 대지인도청구의 소

청 구 취 지

1. 피고는 원고에게 별지 제1목록 기재의 건물을 철거하고 별지
   제2목록 기재의 토지를 인도하라.
2. 소송비용은 피고가 부담한다.

---

3. 위 제1항은 가집행 할 수 있다.
라는 판결을 구합니다.

청 구 원 인

1. 당사자의 지위
   원고는 별지 제2목록 기재의 토지소유자이며 피고는 별지 제1목록 기재의 건물소유자입니다.
2. 피고의 원고소유토지에 대한 불법점유
   그런데 피고는 원고가 소유하는 별지 제2목록 기재 토지의 지상에 별지 제1목록 기재 건물을 소유하고 원고에게 대항할 아무런 정당한 권원없이 별지 제2목록 기재 토지를 점유하여 원고의 소유권행사를 방해하고 있습니다.
3. 그러므로 원고는 피고에게 별지 제1목록 기재의 건물을 철거하고 별지 제2목록 기재의 토지를 인도 받고자 이 사건 청구에 이른 것입니다.

입 증 방 법

1. 갑 제1호증   토지등기사항증명서
1. 갑 제2호증   건물등기사항증명서

첨 부 서 류

1. 위 입증방법   각 1통
1. 토지대장등본   1통
1. 건축물대장등본   1통
1. 소장부본   1통
1. 송달료납부서   1통

$$20\bigcirc\bigcirc. \quad \bigcirc. \quad \bigcirc.$$

위 원고   ○○○   (서명 또는 날인)

○○지방법원   귀중

[별   지1]

부동산의 표시

○○시 ○○구 ○○동 ○○

[도로명주소] ○○시 ○○구 ○○길 ○○ 지상 철근콘크리트조 평
슬래브지붕 단층주택 ○○㎡. 끝.

■ **대법원판례**

행정청이 행정대집행의 방법으로 건물철거의무의 이행을 실현할
수 있는 경우에는 건물철거 대집행 과정에서 부수적으로 건물의
점유자들에 대한 퇴거 조치를 할 수 있고, 점유자들이 적법한 행
정대집행을 위력을 행사하여 방해하는 경우 형법상 공무집행방해
죄가 성립하므로, 필요한 경우에는 '경찰관 직무집행법'에 근거한
위험발생 방지조치 또는 형법상 공무집행방해죄의 범행방지 내지
현행범체포의 차원에서 경찰의 도움을 받을 수도 있다 (**대법원
2017. 4. 28. 선고 2016다213916 판결**).

2-5. 퇴거청구의 소

[작성례] 건물퇴거청구의 소(무단전대, 주택)

소 장

원 고　　　○○○ (주민등록번호)
　　　　　○○시 ○○구 ○○길 ○○(우편번호 ○○○○○)
　　　　　전화.휴대폰번호:
　　　　　팩스번호, 전자우편(e-mail)주소:

피 고　　1. 김◇◇ (주민등록번호)
　　　　　　○○시 ○○구 ○○길 ○○(우편번호 ○○○○○)
　　　　　　전화.휴대폰번호:
　　　　　　팩스번호, 전자우편(e-mail)주소:
　　　　2. 이◇◇ (주민등록번호)
　　　　　　○○시 ○○구 ○○길 ○○(우편번호 ○○○○○)
　　　　　　전화.휴대폰번호:
　　　　　　팩스번호, 전자우편(e-mail)주소:
　　　　3. 박◇◇ (주민등록번호)
　　　　　　○○시 ○○구 ○○길 ○○(우편번호 ○○○○○)
　　　　　　전화.휴대폰번호:
　　　　　　팩스번호, 전자우편(e-mail)주소:

건물퇴거청구의 소

청 구 취 지

1. 가. 피고 김◇◇은 원고로부터 95,000,000원을 지급 받음과 동시에 원고에게 별지목록 기재 건물을 인도하라.
　　나. 피고 이◇◇은 원고에게 별지목록 기재 건물 1층 ○○○㎡ 중

별지도면 표시 1, 2, 5, 4, 1의 각 점을 차례로 연결하는 선
내 (가)부분 ○○.○㎡에서 퇴거하라.

다. 피고 박◇◇은 원고에게 별지목록 기재 건물 1층 ○○○㎡
중 별지도면 표시 2, 3, 6, 5. 2의 각 점을 차례로 연결
하는 선내 (나)부분 ○○.○㎡에서 퇴거하라.

2. 소송비용은 피고들이 부담한다.

3. 위 제1항은 가집행 할 수 있다.

라는 판결을 구합니다.

청 구 원 인

1. 원고는 피고 김◇◇에게 20○○. ○. ○. 별지목록 기재 건물
을 전세보증금 95,000,000원, 임차기간 24개월로 정하여 임
대하였습니다.

2. 위 건물은 지하 1층, 지상 2층의 주거용 건물로서 원고가 거주
하다가 지방에 전근을 가게 되어 피고 김◇◇에게 이를 임대하
였던 것이며, 원고는 위 임차기간이 만료되는 시점에 다시 서
울로 올라올 예정이어서 이러한 사실을 피고 김◇◇에게도 알
려주면서 절대로 별지목록 기재 건물을 다른 사람에게 전대하
거나 임차권양도를 하지 말 것을 계약내용에 명시하였습니다.

3. 그런데 피고 김◇◇는 이를 임차한 후 2개월도 채 안되어 별
지목록 기재 건물 1층의 (가)부분을 피고 이◇◇에게 임차보
증금 20,000,000원에 월세 200,000원, 별지목록 기재 건물 1층
의 (나)부분을 피고 박◇◇에게 임차보증금 10,000,000원에
월세 150,000원에 세를 내주었고, 그러한 사실을 알게 된 원
고가 피고 김◇◇에게는 민법 제629조 제2항에 따라 위 임대
차계약의 해지를 통지하고 별지목록 기재 건물의 인도를, 피
고 이◇◇에게는 별지목록 기재 건물 1층 (가)부분에서의 퇴거를,
피고 박◇◇에게는 별지목록 기재 건물 (나)부분에서의 퇴거를
요구하였으나, 피고들은 모두 원고의 위와 같은 요구를 거부

하고 있습니다.

4. 따라서 원고는 피고 김◇◇로부터는 별지목록 기재 건물을 인도 받고, 피고 이◇◇를 별지목록 기재 건물 1층 ○○○㎡ 중 별지도면 표시 1, 2, 5, 4, 1의 각 점을 차례로 연결하는 선내 (가)부분 ○○.○㎡에서 퇴거시키고, 피고 박◇◇를 별지목록 기재 건물 1층 ○○○㎡ 중 별지도면 표시 2, 3, 6, 5. 2의 각 점을 차례로 연결하는 선내 (나)부분 ○○.○㎡에서 퇴거시키고자 이 사건 소송제기에 이른 것입니다.

입 증 방 법

1. 갑 제1호증   전세계약서
1. 갑 제2호증   부동산등기사항증명서
1. 갑 제3호증   건축물대장등본
1. 갑 제4호증의 1, 2, 3   각 통고서

첨 부 서 류

1. 위 입증방법   각 1통
1. 토지대장등본   1통
1. 소장부본   3통
1. 송달료납부서   1통

20○○.   ○.   ○.
위 원고   ○○○ (서명 또는 날인)

○○**지방법원 귀중**

[별 지]

부동산의 표시

○○시 ○○구 ○○동 ○○-○○
[도로명주소] ○○시 ○○구 ○○길 ○○ 지상 벽돌조 평슬래브
지붕 2층 주택
　　1층 ○○○㎡
　　2층 ○○○㎡
　　지층 ○○㎡. 끝.

■ 대법원판례

건물이 그 존립을 위한 토지사용권을 갖추지 못하여 토지의 소유
자가 건물의 소유자에 대하여 당해 건물의 철거 및 그 대지의 인
도를 청구할 수 있는 경우에라도 건물소유자가 아닌 사람이 건물
을 점유하고 있다면 토지소유자는 그 건물 점유를 제거하지 아니
하는 한 위의 건물 철거 등을 실행할 수 없다. 따라서 그때 토지
소유권은 위와 같은 점유에 의하여 그 원만한 실현을 방해당하고
있다고 할 것이므로, 토지소유자는 자신의 소유권에 기한 방해배
제로서 건물점유자에 대하여 건물로부터의 퇴출을 청구할 수 있
다. 그리고 이는 건물점유자가 건물소유자로부터의 임차인으로서
그 건물임차권이 이른바 대항력을 가진다고 해서 달라지지 아니
한다. 건물임차권의 대항력은 기본적으로 건물에 관한 것이고 토
지를 목적으로 하는 것이 아니므로 이로써 토지소유권을 제약할
수 없고, 토지에 있는 건물에 대하여 대항력 있는 임차권이 존재
한다고 하여도 이를 토지소유자에 대하여 대항할 수 있는 토지사
용권이라고 할 수는 없다. 바꾸어 말하면, 건물에 관한 임차권이
대항력을 갖춘 후에 그 대지의 소유권을 취득한 사람은 민법 제
622조 제1항이나 주택임대차보호법 제3조 제1항 등에서 그 임차
권의 대항을 받는 것으로 정하여진 '제3자'에 해당한다고 할 수
없다 (대법원 2010. 8. 19. 선고 2010다43801 판결).

2-6. 공격방어방법

2-6-1. 정당한 점유 권원의 존재

① 지상권, 전세권, 유치권과 같이 점유를 권리내용으로 하는 제한물권, 임차권처럼 물건의 점유를 내용으로 하는 채권적 권리, 점유자가 인도의무 이행을 거절할 권능이 생기게 하는 동시이행항변권 등의 권리의 발생사실이 정당한 점유권원의 요건사실이다.

② 부동산을 매수하고 이를 인도받아 점유하고 있는 매수인은 그 권리 범위 내에서는 부동산에 대해 법률상 사실상 점유하고 처분할 권한이 있으며, 매도인인 원고에 대해 위 사유를 주장해 인도를 거부할 수 있다.

③ 목적물에 대하여 취득시효가 완성하여 소유자에 대해 이전등기청구권을 갖는 경우도 인도를 거부할 정당한 권원을 가진 경우다.

④ 법정지상권 역시 정당한 점유권원의 하나다.

⑤ 민법 제366조의 법정지상권의 요건사실로 저당권설정 당시 토지 상에 건물이 존재한 사실, 저당권설정 당시 토지와 건물의 소유자가 동일한 사실, 토지나 건물에 설정된 저당권의 실행으로 토지와 건물의 소유권이 각 분리된 사실을 주장·증명해야 한다.

⑥ 민법 제366조의 법정지상권에 대해 당사자 간의 특약을 들어 재항변하는 것은 유효하지 않다.

⑦ 관습법상 법정지상권의 요건사실로 토지와 건물이 동일인의 소유에 속하였던 사실, 매매 기타 적법한 원인으로 소유자가 달라진 사실을 주장·증명해야 한다.

⑧ 원고는 피고가 대지상의 건물만 매수하면서 대지소유자와의 사이에 건물소유를 위한 임대차계약을 체결한 사실, 건물을 철거하기로 합의한 사실 등을 주장하며 재항변할 수 있다.

2-6-2. 신의성실의 원칙, 권리남용

신의성실의 원칙, 권리남용의 위배 여부는 당사자의 주장이 없더라도 법원이 직권으로 판단할 수 있으므로 엄격한 의미에서는 주장책임이 적용되는 공격방어방법이라 할 수 없으나, 그렇다고 하여 당사자의 주장이 있음에도 법원이 이에 대하여 판단하지 않아도 무방한 것은 아니므로 당사자가 이러한 사유를 들어 항변하고 있는 이상 독립한 공격방어방법으로 취급하여야 한다.

■ **대법원판례**

계약의 일방 당사자는 신의성실의 원칙상 상대방에게 계약의 효력에 영향을 미치거나 상대방의 권리 확보에 위험을 가져올 수 있는 사정 등을 미리 고지할 의무가 있다. 이러한 의무는 계약을 체결할 때뿐만 아니라 계약 체결 이후 이를 이행하는 과정에서도 유지된다. 당사자 상호 간의 신뢰관계를 기초로 하는 계속적 계약의 일방 당사자가 계약을 이행하는 과정에서 상대방의 생명, 신체, 건강 등의 안전에 위해가 발생할 위험이 있고 계약 당사자에게 그 위험의 발생 방지 등을 위하여 합리적 조치를 할 의무가 있는 경우, 계약 당사자는 그러한 위험이 있음을 상대방에게 미리 고지하여 상대방으로 하여금 그 위험을 회피할 적절한 방법을 선택할 수 있게 하거나 계약 당사자가 위험 발생 방지를 위한 합리적 조치를 함으로써 그 위험을 제거하였는지를 확인할 수 있게 할 의무가 있다. 특히 계속적 계약의 일방 당사자가 고도의 기술이 집약된 제품을 대량으로 생산하는 제조업자이고 상대방이 소비자라면 정보 불균형으로 인한 부작용을 해소하기 위해 제조업자에 대하여 위와 같은 고지의무를 인정할 필요가 더욱 크다 (대법원 2022. 5. 26. 선고 2020다215124 판결).

3. 부당이득반환청구

3-1. 개요

① 부당이득반환청구의 요건사실로 피고의 수익, 원고의 손해, 인과관계의 존재, 법률상 원인의 흠결, 이득액을 주장·증명해야 한다.

② 점유사용으로 인한 부당이득반환청구에서는 피고가 법류랑 원인 있음을 항변으로 주장·증명해야 한다.

3-2. 요건사실

1. 피고의 수익
2. 원고의 손해
3. 인과관계의 존재
4. 법률상 원인 흠결
5. 이득액

3-3. 기재례(청구원인)

임대차가 종료하였으므로 피고 회사는 임대목적물인 이 사건 토지를 즉시로 원에게 반환하여야 원상회복할 의무가 있음에도 불구하고 계속해서 지금까지 이 사건 토지에 피고 회사 소유의 건물을 소유하면서 이 사건 토지를 반환하지 않고 사용수익을 하고 있으므로 피고 회사는 원고 김갑동에게 매월 500만원의 임대료 상당의 부당이득금을 반환할 의무가 있습니다.

3-4. 부당이득반환청구의 소

[작성례] 부당이득반환청구의 소(배당받지 못한 주택임차인)

소   장

원   고   ○○○ (주민등록번호)
              ○○시 ○○구 ○○로 ○○(우편번호)
              전화.휴대폰번호:
              팩스번호, 전자우편(e-mail)주소:
피   고   ◇◇◇ (주민등록번호)
              ○○시 ○○구 ○○로 ○○(우편번호)
              전화.휴대폰번호:
              팩스번호, 전자우편(e-mail)주소:

부당이득반환청구의 소

청 구 취 지

1. 피고는 원고에게 금 63,000,000원 및 이에 대한 20○○. ○.
   ○.부터 이 사건 소장부본 송달일까지는 연 5%의, 그 다음날

부터 다 갚을 때까지는 연 12%의 각 비율에 의한 돈을 지급
하라.
2. 소송비용은 피고의 부담으로 한다.
3. 위 제1항은 가집행 할 수 있다.
라는 판결을 구합니다.

청 구 원 인

1. 원고는 19○○. ○. ○. 소외 ◉◉◉로부터 그의 소유인 서울
   ○○구 ○○로 ○○○ ○○아파트 ○동 ○○○호를 임차보증
   금 67,00,000원에 임차하여 거주하여 왔으며, 같은 날짜에 주
   민등록전입신고를 마치고 확정일자를 받았습니다. 그 뒤 소외
   ◉◉◉는 피고로부터 금 50,000,000원을 차용하면서 피고에
   게 채권최고액 금 65,000,000원인 ○○지방법원 ○○등기소
   20○○. ○. ○. 접수 제○○○호 근저당권설정등기를 해주었
   습니다.

2. 원고는 위 아파트의 임대차기간이 끝난 뒤 소외 ◉◉◉에게
   위 임차보증금의 반환을 요청하였으나 위 임차보증금을 반환
   받지 못한 상태에서 어머니의 병간호를 위하여 위 아파트 내
   에 가재도구 일부를 남겨둔 채 문을 잠그고 어머니가 거주하
   는 곳으로 이사를 하였는데, 그 후 관할 동사무소에서 주민등
   록일제정리계획에 따라서 주민등록법에서 정한 절차에 따라
   공고를 한 후 원고의 주민등록을 직권말소 하였고, 원고가 그
   러한 사실을 뒤늦게 알고 이의를 제기하여 위 아파트로 주민
   등록이 회복되었습니다.

3. 그런데 원고는 피고가 위 근저당권에 기하여 신청한 ○○지방
   법원 20○○타경○○○○ 경매절차에서 배당요구의 종기 이
   전에 배당요구를 하였으나, 위와 같은 주민등록의 직권말소로
   인하여 제1순위 우선변제권을 상실하였다가 재등록시에 제2
   순위 우선변제권을 확보하였을 뿐이라는 이유로 위 아파트의

매각대금 가운데 집행비용을 공제한 63,000,000원에서 단 한 푼도 배당을 받지 못하였고, 어머니의 병간호를 하느라 배당기일에 출석하여 이의를 제기하지도 못하였습니다.

4. 그러나 주택임대차에 있어서 주택의 인도 및 주민등록이라는 대항요건은 그 대항력을 취득할 때에만 구비하면 족한 것이 아니고 그 대항력을 유지하기 위하여서도 계속 존속하고 있어야 하므로 주택임차인의 의사에 의하지 아니하고 주민등록법 및 주민등록법시행령에 따라 시장, 군수 또는 구청장에 의하여 직권조치로 주민등록이 말소된 경우에도 원칙적으로 그 대항력은 상실된다고 할 것이지만, 주민등록법상의 직권말소제도는 거주관계 등 인구의 동태를 상시로 명확히 파악하여 주민생활의 편익을 증진시키고 행정사무의 적정한 처리를 도모하기 위한 것이고, 주택임대차보호법에서 주민등록을 대항력의 요건으로 규정하고 있는 것은 거래의 안전을 위하여 임대차의 존재를 제3자가 명백히 인식할 수 있게 하기 위한 것으로서 그 취지가 다르므로, 직권말소 후 주민등록법에서 정한 이의절차에 따라 그 말소된 주민등록이 회복되거나 주민등록법시행령 제29조에 의하여 재등록이 이루어짐으로써 주택임차인에게 주민등록을 유지할 의사가 있었다는 것이 명백히 드러난 경우에는 소급하여 그 대항력이 유지된다고 할 것이므로(대법원 2002. 10. 11. 선고 2002다20957 판결), 원고의 주민등록이 일시 직권말소 되었으나, 주민등록법에서 정한 이의절차에 따라 그 말소된 주민등록이 회복되었으므로 원고의 위 아파트에 대한 주택임차권은 피고의 위 근저당권보다 우선하여 보호되어야 할 것이고, 위 아파트에 대한 경매절차에서의 매각대금 63,000,000원은 모두 원고에게 배당되어야 마땅할 것임에도 피고에게 배당되어 피고가 그 배당금을 수령하였으므로 피고는 금 63,000,000원의 부당이득을 하였다고 할 것입니다.

5. 따라서 원고는 피고에 대하여 위와 같은 부당이득금 63,000,000원 및 이에 대하여 위 돈을 배당금으로 수령한 날의 다음날인 20

○○. ○. ○.부터 이 사건 소장부본 송달일까지는 민법에서 정한 연 5%의, 그 다음날부터 다 갚을 때까지는 소송촉진등에관한특례법에서 정한 연 12%의 각 비율에 의한 지연손해금을 지급 받기 위하여 이 사건 소송제기에 이르렀습니다.

입 증 방 법

1. 갑 제1호증   주민등록등본
1. 갑 제2호증   진단서
1. 갑 제3호증   사실확인서
1. 갑 제4호증   배당표사본

첨 부 서 류

1. 위 입증방법   각 1통
1. 소장부본   1통
1. 송달료납부서   1통

20○○. ○. ○.

위 원고   ○○○ (서명 또는 날인)

○○지방법원 귀중

[작성례] 반소장(부당이득금반환청구)

반 소 장

사   건   20○○가단○○○○ 소유권이전등기
피고(반소원고)   ◇◇◇ (주민등록번호)
                      ○○시 ○○구 ○○길 ○○(우편번호)
                      전화.휴대폰번호:
                      팩스번호, 전자우편(e-mail)주소:
원고(반소피고)   ○○○ (주민등록번호)
                      ○○시 ○○구 ○○길 ○○(우편번호)
                      전화.휴대폰번호:
                      팩스번호, 전자우편(e-mail)주소:

위 사건에 관하여 피고(반소원고)는 다음과 같이 반소를 제기합니다.

부당이득금반환청구의 소

반 소 청 구 취 지

1. 원고(반소피고)는 피고(반소원고)에게 금 15,000,000원 및 이
   에 대한 20○○. ○. ○○.부터 이 사건 소장부본 송달일까지는
   연 5%의, 그 다음날부터 다 갚는 날까지는 연 12%의 각 비율
   에 의한 돈을 지급하라.
2. 소송비용은 원고(반소피고)가 부담한다.
3. 위 제1항은 가집행 할 수 있다.
라는 판결을 구합니다.

청 구 원 인

1. 원고(반소피고)의 피고(반소원고)에 대한 채무

 가. 피고(반소원고, 다음부터 피고라고만 함) ◇◇◇는 20○○.
    ○. ○.경 남편인 소외 망 ◈◈◈가 사망한 뒤, 여자 혼자의
    힘으로는 거친 농사일을 계속할 수 없어, 유산인 포도원을
    금 23,000,000원에 소외 ◆◆◆에게 매도하고 그 대금 중
    금 22,500,000원을 원고(반소피고, 다음부터 원고라고만 함)
    ○○○에게 주면서 ○○시내의 적당한 대지를 매수하여 달
    라고 부탁하였습니다.

 나. 이에 원고는 피고로부터 위 돈을 수령하여 이 돈으로 소외
    ◎◎◎로부터 ○○시 ○○구 ○○동 ○○ 대 100㎡를 소외
    ◉●◉와 함께 매수하였습니다. 이때 원고가 피고에게는 아
    무런 상의도 없이 자신의 명의로 매매계약을 체결하였음을
    나중에 알게 된 피고가 원고에게 항의하자, 소유권이전등기
    시에는 이를 피고명의로 이전하여 줄 것이니 아무 걱정하지
    말라고 하였습니다.

 다. 그런데 원고는 20○○. ○. ○.경 위 ○○시 ○○구 ○○동
    ○○ 대 100㎡를 피고 몰래 금 27,000,000원에 매도하고
    는 그 대금을 피고에게 지급하지 않아 피고가 원고를 횡령
    등의 피의사실로 고소하기에 이르렀습니다.

 라. 그 뒤 위 고소사건을 수사하는 과정에서 원고는 자신의 횡
    령행위를 모두 시인하고, 위 대지의 매매대금 중 일부인 금
    12,000,000원을 지급하면서 위 매매대금 중 나머지 금
    15,000,000원은 추후에 지급하기로 하여 피고가 고소를 취
    소하여 주었으나, 원고는 나머지 금액을 아직껏 피고에게
    지급하지 않고 있습니다.

2. 그렇다면 원고는 피고에게 대지매매대금 중 나머지인 금 15,000,000
    원을 지급할 의무가 있다고 할 것이므로, 피고는 원고로부터
    금 15,000,000원 및 이에 대한 위 대지를 매도한 날의 다음
    날인 20○○. ○. ○○.부터 이 사건 소장부본 송달일까지는 민
    법에서 정한 연 5%의, 그 다음날부터 다 갚는 날까지는 소송촉

진등에관한특례법에서 정한 연 12%의 각 비율에 의한 돈을 지급 받고자 이 사건 반소에 이른 것입니다.

첨 부 서 류

1. 반소장부본   1통
1. 송달료납부서   1통

20○○. ○. ○.

위 반소원고(본소피고) ◇◇◇(서명 또는 날인)

○○지방법원 ○○지원 제○민사단독   귀중

■ **대법원판례**

계약 당시 일방의 책임으로 계약이 해지되면 계약이행보증금이 상대방에게 귀속된다고 정한 경우 계약이행보증금은 위약금으로서 민법 제398조 제4항에 따라 손해배상액의 예정으로 추정된다. 손해배상액을 예정한 경우 다른 특약이 없는 한 채무불이행으로 발생할 수 있는 모든 손해가 예정액에 포함된다. 그 계약과 관련하여 손해배상액을 예정한 채무불이행과 별도의 행위를 원인으로 손해가 발생하여 불법행위 또는 부당이득이 성립한 경우 그 손해는 예정액에서 제외되지만, 계약 당시 채무불이행으로 인한 손해로 예정한 것이라면 특별한 사정이 없는 한 손해를 발생시킨 원인행위의 법적 성격과 상관없이 그 손해는 예정액에 포함되므로 예정액과 별도로 배상 또는 반환을 청구할 수 없다 (**대법원 2018. 12. 27. 선고 2016다274270, 274287 판결**).

3-5. 공격방어방법

3-5-1. 법률상 원인의 존재

① 피고는 수익자의 이득에 법률상 원인이 있었음을 항변할 수 있다.

② 피고가 토지에 대한 법정지상권을 취득한 사실을 주장·증명해 항변할 수 있다.

③ 선의의 점유자는 과실수취권을 갖기에, 이익 현존의 여부와는 상관없이 점유사용으로 인한 이득을 반환할 필요가 없다. 이 때 선의라 함은 과실수취권을 포함하는 권원이 있다고 오신하였을 뿐만 아니라 오신할 만한 정당한 근거가 있는 경우를 말한다. 권원에 대한 오신사실, 즉 선의는 민법 제197조 제1항에 의해 추정되나, 오신할 만한 정당한 근거의 존재사실의 증명책임은 피고가 부담한다.

④ 원고는 피고가 점유 개시 후 악의로 전환되었음을 주장해 재항변할 수 있다. 또한 선의의 점유자도 본권에 관한 소에서 패소한 때에는 그 소가 제기된 때부터 악의의 점유자였던 것으로 간주된다(**민법 제197조 제2항**)

3-5-2. 사용수익권의 포기

국가나 지방자치단체가 개인의 토지를 도로로 사용함으로써 이를 점유·관리하는 경우 일반적으로 토지소유자에게 부당이득반환청구권이 인정되나, 토지소유자가 그 사용수익권을 포기한 사실 또는 도로사용을 승인한 사실을 항변으로 주장·증명하면 부당이득은 인정되지 아니한다.

■ 대법원판례

공유물의 관리에 관한 사항은 공유자의 지분의 과반수로써 결정하고, 공유자간의 공유물에 대한 사용수익·관리에 관한 특약은 공유자의 특정승계인에 대하여도 당연히 승계된다고 할 것이나, 공유물에 관한 특약이 지분권자로서의 사용수익권을 사실상 포기하는 등으로 공유지분권의 본질적 부분을 침해한다고 볼 수 있는 경우에는 특정승계인이 그러한 사실을 알고도 공유지분권을 취득하였다는 등의 특별한 사정이 없는 한 특정승계인에게 당연히 승계되는 것으로 볼 수는 없다 (대법원 2009. 12. 10. 선고 2009다54294 판결).

4. 점유이전(인도, 명도)청구

4-1. 요건사실

1. 소유권에 기한 경우 - 청구인이 소유자인 사실, 상대방이 점유하고 있는 사실
2. 임대차종료에 기한 경우 - 임대차계약종료사실
3. 매매에 기한 경우 - 매매계약성립사실

4-2. 점유이전(인도, 명도)청구의 소

[작성례] 부동산 명도(인도) 청구의 소(단독주택, 층 일부)

소　　　장

원　　　고　　○○○ (주민등록번호)
　　　　　　　○○시 ○○구 ○○길 ○○(우편번호 ○○○○○)
　　　　　　　전화.휴대폰번호:
　　　　　　　팩스번호, 전자우편(e-mail)주소:

피   고   ◇◇◇ (주민등록번호)

　　　　　　○○시 ○○구 ○○길 ○○(우편번호 ○○○○○)

　　　　　　전화.휴대폰번호:

　　　　　　팩스번호, 전자우편(e-mail)주소:

건물명도(인도) 청구의 소

청 구 취 지

1. 피고는 원고에게 별지 목록 기재 건물 2층 중 별지 도면 표시 ①, ②, ⑦, ⑧, ①의 각 점을 순차 연결한 선내 ㉮부분 64.08㎡를 인도하라.
2. 소송비용은 피고가 부담한다.
3. 위 제1항은 가집행 할 수 있다.

라는 판결을 원합니다.

청 구 원 인

1. 원고는 20○○. ○. ○○. 피고와 사이에 별지목록 기재 건물 2층 중 별지 도면 표시 ①, ②, ⑦, ⑧, ①의 각 점을 순차 연결한 선내 ㉮부분 64.08㎡(이하 '임대차목적물'이라고 합니다)에 대하여 아래와 같은 내용으로 임대차계약을 체결하였습니다.
  (1) 임대차보증금 : 2,000,000원
  (2) 임대차기간 : 2017. 1. 1. ~ 2018. 12. 31. (24개월)
  (3) 월세 : 20만원 (공과금 별도)
2. 그런데 임차인인 피고는 2017. 1. 1.부터 현재까지 위 임대차목적물에서 거주하고 있으나 2017년 3월부터 월세를 지급하지 않고 있으며, 이에 원고는 피고에게 수차례 월세 납부를 독촉하였으나 피고는 곧 해결해주겠다는 말만 한 체 현재까지 10개월치의 월세를 지급하지 않고 있습니다. 이에 밀린 월세

2,000,000원은 임대차보증금에 공제되어 남은 보증금도 조차 없는 상황입니다.

3. 원고는 2018. ○○.경 2기 이상의 차임 연체를 이유로 임대차 계약을 해지한다는 의사표시가 담긴 내용증명을 보냈으며, 2018. ○○. ○○.경 위 내용증명은 피고에게 도달하였으므로 원고와 피고 사이의 위 임대차계약은 위 해지 통지에 의하여 적법하게 해지되어 종료되었다고 할 것입니다.

4. 따라서 피고는 원고에게 임대차목적물을 인도할 의무가 있는 바 원고는 이를 인도받고자 이 사건 청구에 이른 것입니다.

입 증 방 법

1. 갑 제1호증   임대차계약서
1. 갑 제2호증   통고서(내용증명우편)
1. 갑 제3호증   등기사항전부증명서

첨 부 서 류

1. 위 입증방법   각 1통
1. 소장부본   1통
1. 송달료납부서   1통

20○○.   ○.   ○.
위 원고   ○○○   (서명 또는 날인)

○○지방법원 귀중

[별 지]

목   록

○○시 ○○구 ○○동 ○○-○○
[도로명주소] ○○시 ○○구 ○○길 ○○ 지상 벽돌조 평슬래브

지붕 2층 주택
  1층 ○○○㎡
  2층 ○○○㎡.
[별 지] 도면(생략) 끝.

[서식 예] 제소전화해신청서(건물명도관련)

제 소 전 화 해 신 청

신 청 인   ○○○ (○○○○○○-○○○○○○○)
              서울 ○○구 ○○동 ○○번지
              위 신청인 대리인 변호사 ○○○
              서울 서울 ○○구 ○○동 ○○번지
피신청인   한○○ (○○○○○○-○○○○○○○)
              서울 ○○구 ○○동 ○○4-10
              ○○○아파트 ○○○동 603호

건물명도 등 청구의 화해

신 청 취 지

신청인과 피신청인은 다음 화해조항기재 취지의 제소전화해를 신청합니다.

신 청 원 인

1. 신청인과 피신청인은 ○○○○. 1. 23. 신청인 소유 별지목록기재 건물 지하1층 ○○5㎡(등기면적 : ○○3.57㎡)을 ○○방 용도

로 계약기간 3년, 임차보증금 5,000만원, 월 임대료 350만원(부가가치세 별도), 관리비 매월 금 76만원(부가가치세 별도)을 지급하는 조건 등 특약사항을 포함한 제 18조항 내용의 임대차계약을 체결한바 있습니다.

2. 따라서 신청인과 피신청인은 위 계약에 관한 모든 사항을 상호 성실히 이행키로 약속하였으며, 당사자간 아래 사항에 대해 화해성립이 가능하므로 이건 신청에 이르게 된 것입니다.

화 해 조 항

1. 피신청인과 신청인간 체결한 이 사건 건물 임대차계약에 따라 피신청인은 임차권 및 임차보증금을 타인에게 양도, 전대, 담보할 수 없으며, 위 계약종료 및 계약해지 사유 등으로 인한 계약해지시에는 피신청인이 설치한 시설물, 장비 등 일체를 피신청인 비용으로 철거한 후 목적물을 원상복구한 상태로 신청인에게 즉시 명도한다.

2. 피신청인은 신청인에 대해 이 사건 임차건물에 대한 권리금, 영업권, 유익비 등을 일체 청구하지 아니한다.

3. 피신청인이 제1항에 따른 명도를 이행하지 아니할 경우 신청인이 강제집행을 실시할 수 있으며, 그 비용은 피신청인의 부담으로 하고 임차보증금 잔액에서 공제할 수 있다.

4. 화해비용은 각자의 부담으로 한다.

첨 부 서 류

1. 부동산목록		1통
2. 임대차계약서		1통
3. 건물등기부등본		1통
4. 일반건축물대장		1통
5. 토지대장(개별공시지가 확인서)		1통
6. 소송위임장(신청인, 피신청인)		각 1통

7. 인감증명서(신청인, 피신청인)   각 1통
8. 주민등록등본(신청인)   1통

2000. 00. 00.
위 신청인의 대리인
변호사 OOO(서명 또는 날인)

OO지방법원   귀중

[별지]

부 동 산 목 록

서울 서초구 OOO 철근콘크리트조 스라브지붕
7층 근린생활시설, 업무시설 건물
지하1층 273.57평방미터 끝.

■ 대법원판례

임대차는 당사자 일방이 상대방에게 목적물을 사용·수익하게 할 것을 약정하고 상대방이 이에 대하여 차임을 지급할 것을 약정하면 되는 것으로서 나아가 임대인이 그 목적물에 대한 소유권 기타 이를 임대할 권한이 있을 것을 성립요건으로 하고 있지 아니하므로, 임대차가 종료된 경우 임대목적물이 타인 소유라고 하더라도 그 타인이 목적물의 반환청구나 차임 내지 그 해당액의 지급을 요구하는 등 특별한 사정이 없는 한 임차인은 임대인에게 그 부동산을 명도하고 임대차 종료일까지의 연체 차임을 지급할 의무가 있음은 물론, 임대차 종료일 이후부터 부동산 명도 완료일까지 그 부동산을 점유·사용함에 따른 차임 상당의 부당이득금을 반환할 의무도 있다. 이와 같은 법리는 임차인이 임차물을 전대하였다가 임대차 및 전대차가 모두 종료된 경우의 전차인에 대하여도 특별한 사정이 없는 한 그대로 적용된다 (대법원 2001. 6. 29. 선고 2000다68290 판결, 대법원 2007. 8. 23. 선고 2007다21856, 21863 판결 등 참조).

또한 임차인이 임차물을 전대한 후 임대차계약이 종료되고 전차인이 임대인으로부터 목적물의 반환청구나 차임 내지 그 해당액의 지급요구를 받는 등의 이유로 임차인이 전차인으로 하여금 목적물을 사용·수익하게 할 수가 없게 되면, 임차인의 전대차계약에 기한 채무는 이행불능으로 되고 전차인은 이행불능으로 인한 계약 종료를 이유로 그 이후의 차임지급 및 부당이득반환 의무를 부담하지 않는다 (대법원 2009. 9. 24. 선고 2008다38325 판결 등 참조)(대법원 2019. 5. 30. 선고 2019다202573 판결).

5. 원상회복청구

5-1. 요건사실

계약해제사실

5-2. 원상회복청구의 소

[작성례] 원상회복 및 건물인도청구의 소

소   장

원   고   ○○○ (주민등록번호)
            ○○시 ○○구 ○○로 ○○(우편번호 ○○○○○)
            전화.휴대폰번호:
            팩스번호, 전자우편(e-mail)주소:
피   고   ◇◇◇ (주민등록번호)
            ○○시 ○○구 ○○로 ○○(우편번호 ○○○○○)

전화.휴대폰번호:

팩스번호, 전자우편(e-mail)주소:

원상회복 및 건물인도청구의 소

청 구 취 지

1. 피고는 원고에게 별지목록 기재 부동산 중 별지도면 표시 1, 2, 5, 4, 1의 각 점을 차례로 연결하는 (ㄱ)부분의 방 1칸 9.9㎡를 원상회복하고 별지목록 기재 부동산을 인도하라.
2. 소송비용은 피고가 부담한다.
3. 위 제1항은 가집행 할 수 있다
라는 판결을 원합니다.

청 구 원 인

1. 원고는 20○○. ○. ○. 피고에게 별지목록 기재 부동산을 임차보증금 20,000,000원, 기한은 24개월로 하는 임대차계약을 체결하고 별지목록 기재 부동산을 임대한 사실이 있습니다(갑제3호증 참조).
2. 그런데 피고는 20○○. ○. ○○. 임대인인 원고의 승낙도 받지 않고 임의로 별지도면 표시 1, 2, 5, 4, 1의 각 점을 차례로 연결하는 (ㄱ)부분 방 1칸 9.9㎡를 식당으로 개조하여 분식점영업을 하고 있습니다.
3. 그 뒤 20○○. ○○. ○○. 위 임대차계약기간이 만료되었으므로 원고가 피고에게 위 개조된 방의 원상회복과 별지목록 기재 부동산의 인도를 요구하였으나, 피고는 지금까지도 이를 이행하지 않고 있습니다.
4. 따라서 원고는 피고에 대하여 별지목록 기재 부동산 중 별지도면 표시 1, 2, 5, 4, 1의 각 점을 차례로 연결하는 (ㄱ)부분의

방 1칸 9.9㎡의 원상회복 및 별지목록 기재 부동산의 인도를 구하기 위하여 이 사건 청구에 이른 것입니다.

입 증 방 법

1. 갑 제1호증   건물등기사항증명서
1. 갑 제2호증   건축물대장등본
1. 갑 제3호증   임대차계약서
1. 갑 제4호증   내용증명통고서

첨 부 서 류

1. 위 입증방법   각 1통
1. 토지대장등본   1통
1. 소장부본   1통
1. 송달료납부서   1통

20○○.　○.　○.

위 원고　○○○　(서명 또는 날인)

○○지방법원 ○○지원　귀중

[별 지]

부동산의 표시

○○시 ○○구 ○○동 ○○
[도로명주소] ○○시 ○○구 ○○로 ○○ 지상
블록조 목조지붕 단층주택 60㎡.
[별 지] 도면(생략)　　끝.

■ 대법원판례

민법 제548조 제1항은 "당사자 일방이 계약을 해제한 때에는 각 당사자는 그 상대방에 대하여 원상회복의 의무가 있다. 그러나 제3자의 권리를 해하지 못한다."라고 규정함으로써 해제된 계약으로부터 생긴 법률효과를 기초로 하여 해제 전에 새로운 이해관계를 가지고 등기 등으로 권리를 취득한 제3자, 계약해제로 인한 원상회복등기 등이 이루어지기 전에 계약당사자와 양립하지 않는 법률관계를 가지게 된 선의의 제3자에 대하여는 계약해제를 주장할 수 없다.

그러나 구 농지법(1994. 12. 22. 법률 제4817호로 제정되어 1996. 1. 1.부터 시행된 것), 구 농지개혁법(1994. 12. 22. 법률 제4817호 농지법 부칙 제2조 제1호로 폐지) 및 구 농지개혁사업 정리에 관한 특별조치법(1994. 12. 22. 법률 제4817호 농지법 부칙 제2조 제2호로 폐지)에 따라 분배되지 않기로 확정되어 원 소유자에게 농지의 소유권이 환원되는 경우에는 원인무효인 국가 명의의 소유권이전등기에 근거하여 제3자가 소유권이전등기를 마쳤다고 하더라도 민법 제548조 제1항 단서가 적용 또는 유추적용되지 않는다 (대법원 2022. 4. 14. 선고 2021다294186 판결).

갑 학교법인이 을 주식회사와 체결한 식당 임대차계약의 기간 만료 전 을 회사에 임대차계약이 종료할 예정이라며 임대차계약에 따른 원상회복을 이행할 것을 통지하였고, 기간 만료 후 을 회사를 피공탁자로 하여 임대차보증금에서 연체차임 등을 공제한 돈을 변제공탁하였는데, 을 회사가 갑 법인을 상대로 식당에 지출한 비용의 상환을 구하는 소를 제기하면서 임대차기간이 만료된 후에도 식탁, 집기류 등 장비를 둔 상태로 식당을 점유하다가 갑 법인에 식당을 인도하였고, 그 후 을 회사의 위 청구를 기각하는 판결이 선고·확정된 사안에서, 갑 법인이 임대차계약이 종료한 다음 연체차임 등을 공제한 임대차보증금을 적법하게 변제공탁하였다면 을 회사가 식당을 인도할 의무에 대해 임대차보증금의 반환과 동시이행을 주장할 수 없고, 을 회사는 위 소송에서 식당에 지출한 비용의 상환을 청구하였으나 청구를 기각하는 판결이 확정되었으며, 달리 을 회사가 식당을 점유할 적법한 권원이 없는 한 을 회사가 변제공탁의 통지를 받은 다음부터 식당을 갑 법인에 인도할 때까지 적어도 과실에 의한 불법점유를 한 것으로 볼 수 있는데도, 갑 법인의 적법한 변제공탁으로 을 회사가 동시이행항변권을 상실하였는지, 변제공탁이 을 회사에 통지된 때가 언제인지, 을 회사가 식당을 점유할 적법한 권원이 있는지 등 필요한 심리를 다하지 아니한 채 을 회사가 식당을 점유한 것이 고의나 과실에 의한 불법점유라고 보기 어렵다고 한 원심판단에 심리미진 등의 잘못이 있다고 한 사례 (**대법원 2020. 5. 14. 선고 2019다252042 판결**).

6. 방해제거청구

6-1. 개요

① 이웃 간 분쟁으로 손해를 입은 경우 고의 또는 과실로 인한 위법행위로 해당 손해를 발생시킨 가해자에게 불법행위에 따른 손해배상을 청구할 수 있다(**민법 제750조 참조**).

② 즉, 이웃 간 분쟁으로 재산상, 신체적, 정신적 고통 등을 겪는 피해자는 해당 가해자에게 불법행위에 따른 배상책임을 물을 수 있다.

③ 소유권을 방해하는 이웃 간 분쟁이 발생한 경우에는 소유권을 방해하는 자에게 방해의 제거를 청구할 수 있다(**민법 제214조 전단**).

6-2. 요건사실

1. 청구인이 소유자인 사실
2. 상대방의 방해사실

6-3. 방해제거청구의 소

[작성례] 손해배상(기) 등 청구의 소(소유권방해제거 등)

소　　　　장

원　　고　　○○○ (주민등록번호)
　　　　　　○○시 ○○구 ○○로 ○○(우편번호 ○○○○○)
　　　　　　전화.휴대폰번호:
　　　　　　팩스번호, 전자우편(e-mail)주소:
피　　고　　◇◇◇ (주민등록번호)
　　　　　　○○시 ○○구 ○○로 ○○(우편번호 ○○○○○)
　　　　　　전화.휴대폰번호:
　　　　　　팩스번호, 전자우편(e-mail)주소:

손해배상(기) 등 청구의 소

청 구 취 지

1. 피고는 원고에 대하여 ○○시 ○○구 ○○동 ○○ 대 ○○○ ㎡중 별지도면 표시 1, 2, 3, 4, 1의 각 점을 차례로 연결한 선내 (가)부분 ○○㎡ 지상의 담장을 철거하여 위의 (가)부분 ○○㎡를 인도하라.
2. 피고는 원고에게 20○○. ○. ○.부터 이 사건 토지의 인도일까지 월 금 500,000원의 비율에 의한 돈을 지급하라.

---

3. 소송비용은 피고가 부담한다.
4. 위 제1항 및 제2항은 가집행 할 수 있다.
라는 판결을 구합니다.

청 구 원 인

1. 원고의 소유권
   ○○시 ○○구 ○○동 ○○ 대 ○○○㎡는 원고가 19○○.
   ○. ○. 소외 ◉◉◉로부터 매수하여 소유권이전등기를 마친
   원고 소유의 토지입니다.
2. 피고의 원고 소유권에 대한 방해사실
   피고는 이 사건 토지 중 별지도면 표시 1, 2, 3, 4, 1의 각 점
   을 차례로 연결한 선내 (가)부분을 자신의 소유라고 하면서 원
   고의 저지를 물리치고 일방적으로 20○○. ○. ○.부터 불법으로
   점유하여 이 부분에 담장을 축조하였습니다.
3. 결론
   따라서 원고는 이 사건 토지의 소유권에 기한 방해제거로서 피고
   에 대하여 이 사건 토지 중 별지도면 표시 1, 2, 3, 4, 1의 각
   점을 차례로 연결한 선내 (가)부분 ○○㎡ 지상 담장의 철거
   및 위의 (가)부분 ○○㎡의 인도를 구하고, 20○○. ○. ○.부
   터 이 사건 토지의 인도일까지 위의 (가)부분 ○○㎡의 임차
   료 상당인 월 금 500,000원의 비율에 의한 돈의 지급을 구하
   기 위하여 이 사건 청구에 이른 것입니다.

증 명 방 법

   1. 갑 제1호증   토지등기사항증명서
   1. 갑 제2호증   현장사진

첨 부 서 류

```
        1. 위 증명방법                         각 1통
        1. 소장부본                              1통
        1. 송달료납부서                          1통


                    20○○.   ○.   ○.
                    위 원고   ○○○  (서명 또는 날인)


   ○○지방법원   귀중

   [별    지]
                        도        면(생략)
            (○○시 ○○구 ○○동 ○○ 대 ○○○㎡) 끝.
```

■ 대법원판례

미등기 무허가건물의 양수인이라도 소유권이전등기를 마치지 않는 한 건물의 소유권을 취득할 수 없고, 소유권에 준하는 관습상의 물권이 있다고도 할 수 없으므로, 미등기 무허가건물의 양수인은 소유권에 기한 방해제거청구를 할 수 없다 (**대법원 2016. 7. 29. 선고 2016다214483, 214490 판결**).

민법 제214조의 규정에 의하면, 소유자는 소유권을 방해하는 자에 대하여 그 방해제거 행위를 청구할 수 있고, 소유권을 방해할 염려가 있는 행위를 하는 자에 대하여 그 방해예방 행위를 청구하거나 소유권을 방해할 염려가 있는 행위로 인하여 발생하리라고 예상되는 손해의 배상에 대한 담보를 지급할 것을 청구할 수 있으나, 소유자가 침해자에 대하여 방해제거 행위 또는 방해예방 행위를 하는 데 드는 비용을 청구할 수 있는 권리는 위 규정에 포함되어 있지 않으므로, 소유자가 민법 제214조에 기하여 방해

배제 비용 또는 방해예방 비용을 청구할 수는 없다 (대법원 2014. 11. 27. 선고 2014다52612 판결).

7. 유치권인도청구

7-1. 개요

"유치권"이란 타인의 물건 또는 유가증권을 점유한 자가 그 물건이나 유가증권에 관하여 생긴 채권이 변제기에 있는 경우에 변제를 받을 때까지 그 물건 또는 유가증권을 유치할 권리를 말한다(민법 제320조제1항).

7-2. 요건사실

1. 권리행사자의 비용지출사실(피담보채권존재사실)
2. 피담보채권이 목적물에 관한 채권인 사실
3. 피담보채권의 변제기가 도래한 사실
4. 권리행사자가 목적물을 점유하고 있는 사실

7-3. 유치권인도청구의 소

[작성례] 유치물인도청구의 소(유치권 소멸)

소   장

원   고   ○○○ (주민등록번호)
           ○○시 ○○구 ○○길 ○○(우편번호 ○○○○○)
           전화.휴대폰번호:
           팩스번호, 전자우편(e-mail)주소:

피   고   ◇◇◇ (주민등록번호)

　　　　　○○시 ○○구 ○○길 ○○(우편번호 ○○○○○)

　　　　　전화.휴대폰번호:

　　　　　팩스번호, 전자우편(e-mail)주소:

유치물인도청구의 소

청　구　취　지

1. 피고는 원고에게 별지목록 기재 동산을 인도하고, 그 인도집행이 불능일 경우에는 금 5,000,000원을 지급하라.
2. 소송비용은 피고의 부담으로 한다.
3. 위 제1항은 가집행 할 수 있다

라는 판결을 원합니다.

청　구　원　인

1. 별지목록 기재 동산은 원고의 소유입니다. 그런데 원고는 별지목록 기재 동산의 고장으로 인하여 20○○. ○. ○. 피고에게 수리를 의뢰하였습니다. 그리고 현재 별지목록 기재 동산의 시가는 금 5,000,000원 상당입니다.
2. 한편, 피고는 20○○. ○. ○○. 별지목록 기재 동산의 수리를 완료하고 수리비 금 1,500,000원을 청구한 사실이 있습니다. 이에 원고는 당일 수리비를 지급하지 못하고 있던 중 20○○. ○○. ○○. 수리비 및 지연손해금을 피고에게 현실제공하고 별지목록 기재 동산의 인도를 요구하였으나 피고는 이를 거절하며 이미 소외 ◆◆◆에게 임대하였다고 하며 유치권을 주장하고 있습니다.
3. 따라서 원고는 수리비 및 지연손해금 일체를 변제공탁하고 피고에 대하여 별지목록 기재 동산의 인도를 청구하고, 만약 그 인

도집행이 불능일 경우에는 이행불능을 원인으로 하여 대상으로 별지목록 기재 동산의 시가 금 5,000,000원을 청구하여 이 사건 소를 제기합니다.

입 증 방 법

1. 갑 제1호증　　　　　　　　물품수리견적서
1. 갑 제2호증　　　　　　　　변제공탁서

첨 부 서 류

1. 위 입증방법　　　　　　　각 1통
1. 소장부본　　　　　　　　　1통
1. 납부서　　　　　　　　　　1통

20○○.　○.　○.

위 원고　○○○　(서명 또는 날인)

○○지방법원 ○○지원　귀중

[별 지]

동산의 표시

콤푸레샤 1개

물건소재지 : ○○ ○○군 ○○면 ○○길 ○○ ◎◎공업사 공장 내. 끝.

[작성례] 답변서(임대차목적물 반환청구에서 유치권항변)

답 변 서

사건번호   20○○가소○○○○ 건물명도
원   고   ○○○
피   고   ◇◇◇

위 사건에 관하여 피고는 다음과 같이 답변합니다.

청구취지에 대한 답변

1. 원고의 청구를 기각한다.
2. 소송비용은 원고의 부담으로 한다.
라는 판결을 구합니다.

청구원인에 대한 답변

1. 기초사실관계
   원고와 피고 사이에 임대차계약체결사실 및 임대차계약이 종료된 사실은 인정하고 나머지는 모두 부인합니다.
2. 비용상환청구권의 행사와 유치권 항변
   피고는 본건 건물을 점유하는 동안 금 0,000,000원 상당을 들여 제시설을 하였으며, 그 시설등의 현재 가치는 금 0,000,000원 상당으로서 이는 유익비에 해당하고, 임대차계약상 유익비를 포기하기로 하는 약정이 없으므로 그 반환을 받을 때까지 본 건 건물을 유치할 권한이 있다고 할 것입니다.

입 증 방 법

<pre>
1. 을 제1호증   시설비영수증
1. 을 제2호증   유익비가액산정서
</pre>

첨 부 서 류

<pre>
1. 위 입증방법   1통
</pre>

20○○. ○. ○.

위 피고   ◇◇◇ (서명 또는 날인)

○○지방법원 ○○지원 제○민사단독   귀중

■ **대법원판례**

민법 제324조는 '유치권자에게 유치물에 대한 선량한 관리자의 주의의무를 부여하고, 유치권자가 이를 위반하여 채무자의 승낙 없이 유치물을 사용, 대여, 담보 제공한 경우에 채무자는 유치권의 소멸을 청구할 수 있다.'고 정한다. 하나의 채권을 피담보채권으로 하여 여러 필지의 토지에 대하여 유치권을 취득한 유치권자가 그중 일부 필지의 토지에 대하여 선량한 관리자의 주의의무를 위반하였다면 특별한 사정이 없는 한 위반행위가 있었던 필지의 토지에 대하여만 유치권 소멸청구가 가능하다고 해석하는 것이 타당하다. 구체적인 이유는 다음과 같다.

① 여러 필지의 토지에 대하여 유치권이 성립한 경우 유치권의 불가분성으로 인하여 각 필지의 토지는 다른 필지의 토지와 관계 없이 피담보채권의 전부를 담보한다. 이때 일부 필지 토지에 대한 점유를 상실하여도 나머지 필지 토지에 대하여 피담보채권의 담보를 위한 유치권이 존속한다. 같은 취지에서 일부 필

지 토지에 대한 유치권자의 선량한 관리자의 주의의무 위반을 이유로 유치권 소멸청구가 있는 경우에도 그 위반 필지 토지에 대하여만 소멸청구가 허용된다고 해석함이 타당하다.

② 민법 제321조에서 '유치권의 불가분성'을 정한 취지는 담보물권인 유치권의 효력을 강화하여 유치권자의 이익을 위한 것으로서 이를 근거로 오히려 유치권자에게 불이익하게 선량한 관리자의 주의의무 위반이 문제 되지 않는 유치물에 대한 유치권까지 소멸한다고 해석하는 것은 상당하지 않다.

③ 유치권은 점유하는 물건으로써 유치권자의 피담보채권에 대한 우선적 만족을 확보하여 주는 법정담보물권이다(민법 제320조 제1항, 상법 제58조). 한편 민법 제324조에서 정한 유치권 소멸청구는 유치권자의 선량한 관리자의 주의의무 위반에 대한 제재로서 채무자 또는 유치물의 소유자를 보호하기 위한 규정이다. 유치권자가 선량한 관리자의 주의의무를 위반한 정도에 비례하여 유치권소멸의 효과를 인정하는 것이 유치권자와 채무자 또는 소유자 사이의 이익균형을 고려한 합리적인 해석이다 (대법원 2022. 6. 16. 선고 2018다301350 판결).

채무자는 상당한 담보를 제공하고 유치권의 소멸을 청구할 수 있다(민법 제327조). 유치권 소멸청구는 민법 제327조에 규정된 채무자뿐만 아니라 유치물의 소유자도 할 수 있다. 민법 제327조에 따라 채무자나 소유자가 제공하는 담보가 상당한지는 담보 가치가 채권 담보로서 상당한지, 유치물에 의한 담보력을 저하시키지 않는지를 종합하여 판단해야 한다. 따라서 유치물 가액이 피담보채권액보다 많을 경우에는 피담보채권액에 해당하는 담보를 제공하면 되고, 유치물 가액이 피담보채권액보다 적을 경우에는 유치물 가액에 해당하는 담보를 제공하면 된다 (대법원 2021. 7. 29. 선고 2019다216077 판결).

8. 법정지상권 청구

8-1. 개요

"법정지상권"이란 토지와 건물이 동일인에 속하는 상태에서 건물에만 제한물권이 설정되었다가 나중에 토지와 건물의 소유자가 달라진 경우에 건물소유자를 보호하기 위하여 법률로 인정하는 지상권을 말한다.

8-2. 요건사실

1. 처분 당시 토지와 건물의 소유권이 동일인에게 속할 것
2. 매매 기타 원인에 의해 소유자가 달라질 것
3. 건물의 유지·사용을 위하여 일반적으로 필요한 범위 내일 것
4. 건물 철거특약이 없을 것

8-3. 항변

1. 당사자 사이에 건물을 철거한다는 특약이 있다는 항변
2. 법정지상권의 포기
3. 2년분 이상의 지료지체로 인한 소멸청구
4. 소멸시효 완성

8-4. 법정지상권 청구의 소

[작성례] 법정지상권 존속기간확인 청구의 소

소　　장

원　　고　　○○○ (주민등록번호)
　　　　　　○○시 ○○구 ○○길 ○○(우편번호 ○○○○○)
　　　　　　전화.휴대폰번호:
　　　　　　팩스번호, 전자우편(e-mail)주소:
피　　고　　◇◇◇ (주민등록번호)
　　　　　　○○시 ○○구 ○○길 ○○(우편번호 ○○○○○)
　　　　　　전화.휴대폰번호:
　　　　　　팩스번호, 전자우편(e-mail)주소:

지상권존속기간확인청구의 소

청 구 취 지

1. 피고소유의 별지1 부동산목록 제1기재 토지에 관하여 별지2 도면표시 "1, 2, 3, 4, 1"의 각 점을 차례로 연결한 선내의 (가)부분 107.6㎡ 지상에 건축된 별지1 부동산목록 제2기재 건물의 이용을 위한 법정지상권의 지상권존속기간은 30년임을 확인한다.
2. 소송비용은 피고의 부담으로 한다.
라는 판결을 구합니다.

청 구 원 인

1. 원고는 20○○. ○. ○. 소외 ◉◉◉로부터 별지1 부동산목록 제1기

재 토지(이하 '이 사건 토지'라고 함)를 매수한 뒤 같은 해 7. 5. 매매를 원인으로 한 소유권이전등기를 마친 사실이 있습니다. 그 뒤 원고는 20○○. ○. ○○. 이 사건 토지 지상에 별지2 도면표시 "1, 2, 3, 4, 1"의 각 점을 차례로 연결한 선내의 (가)부분 107.6㎡ 지상에 별지1 부동산목록 제2기재 건물(이하 '이 사건 건물'이라고 함)을 건축하여 원고의 가족들과 생활하여 왔습니다.

2. 원고는 20○○. ○○. ○. 소외 ◆◆◆로부터 80,000,000원을 차용하면서 이 사건 토지를 소외 ◆◆◆에게 담보제공 하였고, 같은 달 16일 제1순위 근저당권을 설정하여준 사실이 있습니다. 그런데 원고는 위 차용금을 변제기한인 20○○. ○○. ○○.까지 소외 ◆◆◆에게 변제하지 못하여, 소외 ◆◆◆는 같은 해 6. 5. 위 토지에 대하여 근저당권실행을 위한 경매를 신청하여 같은 해 12. 5. 피고에게 매각되었습니다.

3. 그런데 피고는 이 사건 토지에 대한 이 사건 건물의 이용을 위한 법정지상권을 인정하면서도 그 존속기간은 5년만 인정하겠다고 하면서 5년 뒤에는 위 건물을 철거하여야 한다고 주장합니다. 그러므로 원고는 피고에게 이 사건 건물의 이용을 위한 법정지상권의 존속기간은 이 사건 건물이 민법 제280조 제1항 제1호의 견고한 건물에 해당되어 30년이라고 주장하였으나 피고는 전혀 원고의 주장을 받아들이지 않고 있습니다.

4. 따라서 원고는 피고를 상대로 이 사건 토지에 관하여 별지2 도면표시 "1, 2, 3, 4, 1"의 각 점을 차례로 연결한 선내의 (가)부분 107.6㎡ 지상에 건축된 이 사건 건물의 이용을 위한 법정지상권존속기간은 30년임을 확인하여 줄 것을 청구하게 된 것입니다.

입 증 방 법

1. 갑 제1호증   토지등기사항증명서

1. 갑 제2호증   건물등기사항증명서
1. 갑 제3호증   토지대장등본
1. 갑 제4호증   건축물대장등본

첨 부 서 류

1. 위 입증방법   각 1통
1. 소장부본   1통
1. 송달료납부서   1통

20○○. ○. ○.
위 원고   ○○○ (서명 또는 날인)

○○지방법원 귀중

[별 지1]

부동산의 표시

1. ○○시 ○○구 ○○동 ○○○
   대 151㎡.
2. 위 지상
   철근콘크리트조 슬래브지붕 단층주택
   107.6㎡.

[별 지2] 도면(생략) 끝.

답 변 서

사건번호   20○○가소○○○○ 건물철거
원   고   ○○○
피   고   ◇◇◇ 외 1

 위 사건에 관하여 피고 1은 다음과 같이 답변합니다.

청구취지에 대한 답변

1. 원고의 청구를 기각한다.
2. 소송비용은 원고의 부담으로 한다.
라는 판결을 구합니다.

청구원인에 대한 답변

1. 기초사실관계
  원고는 ○○시 ○○동 ○○○의 ○ 대 600㎡(이하 '이 사건
  토지'라 합니다)의 소유자이고, 피고 1은 피고 2와 함께 이 사
  건 토지 지상의 건물(이하 '이 사건 건물'이라 합니다)을 공동
  으로 소유하고 있습니다.
  피고 1은 20○○. ○. ○.경 피고 2로부터 당시 피고 2가 소
  유하고 있던 이 사건 토지 위에 공동으로 건물을 짓자는 제안
  을 받아 20○○. ○. ○.경 이 사건 토지 지상에 건물을 신축
  하기 위한 건축허가를 받았고, 다시 20○○. ○. ○.경 건축주
  를 피고 1과 피고 2로 변경하는 건축관계자 변경신고를 마쳤

습니다.

이후 이 사건 건물 중 요사채 부분의 지하 1층 슬라브 및 벽면 등 골조공사가 마무리 되었고 피고들은 소외 박◉◉와 나머지 공사에 대한 공사도급계약을 체결하게 되었으며, 피고 2는 20○○. ○. ○.경 소외 박◉◉에 대한 공사대금채무를 담보하기 위하여 이 사건 토지에 관하여 채권최고액 3억 원의 근저당권 (이하 이 사건 근저당권이라 합니다)을 설정하여 주었습니다.

이 사건 근저당권은 20○○. ○. ○.경 ◆◆은행 주식회사로 이전되었다가 건물이 거의 완공된 시점에 임의경매절차가 개시되었고, 그 경매절차에서 원고가 20○○. ○. ○.경 매각대금을 납부하고 소유권을 취득하였습니다.

2. 법정지상권의 취득

민법 제366조의 법정지상권은 저당권설정 당시 동일인의 소유에 속하던 토지와 건물이 경매로 인하여 양자의 소유자가 다르게 된 때에 건물의 소유자를 위하여 발생하는 것으로, 토지에 관하여 저당권이 설정될 당시 토지 소유자에 의하여 그 지상에 건물이 건축 중이었던 경우 그것이 사회관념상 독립된 건물로 볼 수 있는 정도에 이르지 않았다 하더라도 건물의 규모,종류가 외형상 예상할 수 있는 정도까지 건축이 진전되어 있었고,그 후 경매절차에서 매수인이 매각대금을 다 낸 때까지 최소한의 기둥과 지붕 그리고 주벽이 이루어지는 등 독립된 부동산으로서 건물의 요건을 갖춘 경우에는 법정지상권이 성립합니다 (대법원 1992.6.12.선고 92다7221판결, 대법원 2004.2.13.선고 2003다29043판결 등 참조).

한편, 건물공유자의 1인이 그 건물의 부지인 토지를 단독으로 소유하면서 그 토지에 관하여만 저당권을 설정하였다가 위 저당권에 의한 경매로 인하여 토지의 소유자가 달라진 경우에도, 위 토지 소유자는 자기뿐만 아니라 다른 건물공유자들을 위하여도 위 토지의 이용을 인정하고 있었다고 볼 수 있는 점, 저당권자로서도 저당권 설정 당시 법정지상권의 부담을 예상할 수 있었으므로 불측의 손해를 입는 것이 아닌 점, 건물의 철거로 인한 사회경제적 손실을 방지할 공익상의 필요성도 인정되는 점 등에 비추어 위 건물공유자들은 민법 제366조에 의하여 토지 전부에 관하여 건물의 존속을 위한 법정지상권을 취득한다고 봄이 상당합니다 (대법원 1977.7.26.선고 76다388판결 참조).

이 사건의 사실관계를 살피면 피고들이 소외 박◉◉와 나머지 공사에 대한 공사도급을 체결할 당시 이 사건 건물 요사채와 지하 1층 슬라브 및 벽면 등 골조공사가 마무리되어 있었다는 점은 피고들과 소외 박◉◉사이의 공사도급계약의 내용을 통해 확인되며 따라서 이 사건 근저당권이 설정될 당시 이 사건 건물의 규모, 종류가 외형상 예상될 수 있을 정도까지 건축이 진정되어 있었다고 봄이 상당하므로, 이 사건 건물의 공유자인 피고들은 이 사건 토지에 관하여 민법 제366조의 법정지상권을 취득하였다 할 것입니다.

3. 따라서 피고 1은 법정지상권자로서 원고의 철거 요구에 응할 의무가 없으므로 건물의 철거를 구하는 원고 청구의 기각을 구하고자 합니다.

입 증 방 법

1. 을 제1호증   공사도급계약서 사본

첨 부 서 류

1. 위 입증방법   1통

20○○.   ○.   ○.

위 피고 1   ◇◇◇ (서명 또는 날인)

○○지방법원 ○○지원 제○민사단독   귀중

■ 대법원판례

[1] **[다수의견]** 동일인의 소유에 속하는 토지 및 그 지상 건물에 관하여 공동저당권이 설정된 후 그 지상 건물이 철거되고 새로 건물이 신축된 경우에는 그 신축건물의 소유자가 토지의 소유자와 동일하고 토지의 저당권자에게 신축건물에 관하여 토지의 저당권과 동일한 순위의 공동저당권을 설정해 주는 등 특별한 사정이 없는 한 저당물의 경매로 인하여 토지와 그 신축건물이 다른 소유자에 속하게 되더라도 그 신축건물을 위한 법정지상권은 성립하지 않는다고 해석하여야 하는바, 그 이유는 동일인의 소유에 속하는 토지 및 그 지상 건물에 관하여 공동저당권이 설정된 경우에는, 처음부터 지상 건물로 인하여 토지의 이용이 제한 받는 것을 용인하고 토지에 대하여만 저당권을 설정하여 법정지상권의 가치만큼 감소된 토지의 교환가치를 담보로 취득한 경우와는 달리, 공동저당권자는 토지 및 건물 각각의 교환가치 전부를 담보로 취득한 것으로서, 저당권의 목적이 된 건물이 그대로 존속하는 이상은 건물을 위한 법정지상권이 성립해도 그로 인하여 토지의 교환가치에서 제외된 법정지상권의 가액 상당 가치는 법정지상권이 성립하는 건물의 교환가치에서 되찾을 수 있어 궁극적으로 토지에 관하여 아무런 제한이 없는 나대지로서의 교환가치 전체를 실현시킬 수 있다고 기대하지만, 건물이 철거된 후 신축된 건물에 토지와 동순위의 공동저당권이 설정되지 아니 하였는데도 그 신축건물을 위한 법정지상권이 성립한다고 해석하게 되면, 공동저당권자가 법정지상권이 성립하는 신축건물의 교환가치를 취득할 수 없게 되는 결과 법정지상권의 가액 상당 가치를 되찾을 길이 막혀 위와 같이 당초 나대지로서의 토지의 교환가치 전체를 기대하여 담보를 취득한 공동저당권자에게 불측의 손해를 입게 하기 때문이다.

[반대의견] 민법 제366조가 법정지상권제도를 규정하는 근본적 취지는 저당물의 경매로 인하여 토지와 그 지상건물이 다른 사람

의 소유에 속하게 된 경우에 건물이 철거됨으로써 생길 수 있는 사회경제적 손실을 방지하려는 공익상 이유에 있는 것이지 당사자 어느 한편의 이익을 보호하려는 데 있는 것이 아니고, 법정지상권은 저당권설정 당사자의 의사와 관계없이 객관적 요건만으로써 그 성립이 인정되는 법정물권인바, 저당권자가 그 설정 당시 가졌던 '기대'가 어떤 것이었느냐에 의하여 법정지상권의 성립 여부를 달리 판단하는 다수의견은 법정지상권 성립요건의 객관성 및 강제성과 조화되기 어렵고, 토지와 건물 양자에 대하여 공동으로 저당권이 설정된 경우, 원칙적으로 그 공동저당권자가 토지에 관하여 파악하는 담보가치는 법정지상권의 가치가 제외된 토지의 가치일 뿐이고, 건물에 관하여 파악하는 담보가치는 건물 자체의 가치 외에 건물의 존속에 필요한 법정지상권의 가치가 포함된 것이며, 법정지상권은 그 성질상 건물에 부수하는 권리에 불과하므로 구건물이 멸실되거나 철거됨으로써 건물저당권 자체가 소멸하면, 공동저당권자는 건물 자체의 담보가치는 물론 건물저당권을 통하여 파악하였던 법정지상권의 담보가치도 잃게 되고, 이에 따라 토지 소유자는 건물저당권의 영향에서 벗어나게 된다고 보는 것이 논리적으로 합당하다. 그러므로 토지 소유자는 그 소유권에 기하여 토지 위에 신건물을 재축할 수 있고, 그 후 토지저당권이 실행되면 신건물을 위한 법정지상권이 성립하며, 다만 그 내용이 구건물을 기준으로 그 이용에 일반적으로 필요한 범위로 제한됨으로써 공동저당권자가 원래 토지에 관하여 파악하였던 담보가치, 즉 구건물을 위한 법정지상권 가치를 제외한 토지의 담보가치가 그대로 유지된다고 보아야 하고, 이것이 바로 가치권과 이용권의 적절한 조절의 모습이다.

[다수의견쪽 보충의견] 민법 제366조가 '저당물의 경매로 인하여 토지와 그 지상건물이 다른 소유자에게 속한 경우'라고 규정하여, 마치 경매 당시에 건물이 존재하기만 하면 법정지상권이 성립할 수 있는 것처럼 규정하고 있지만 위 조문의 해석상 법정지

상권이 성립하기 위하여 저당권설정 당시 토지상에 건물이 존재하여야 하고, 따라서 나대지에 저당권설정 후 설정자가 그 지상에 건물을 신축 후 경매로 토지와 건물의 소유자가 달라진 경우에는 그 신축건물을 위한 법정지상권의 성립을 부정하는 것이 판례·통설인바, 이는 이러한 경우에도 건물보호라는 공익적 요청을 고려하여 법정지상권의 성립을 허용하면 당초 건물 없는 토지의 교환가치를 기대한 저당권자의 기대 내지 의사에 반하기 때문에 이러한 당사자의 의사를 고려한 것으로 볼 수 있고, 이를 미루어 보아 법정지상권제도가 당사자의 의사를 전혀 도외시한 채 건물보호라는 공익적 요청에 의한 것이라고만 할 수는 없으며, 단독저당, 공동저당 어느 경우나 원칙적으로 저당권설정 당시 존재하던 건물이 헐린 후 재축된 신건물에 대하여는 물권법정주의의 원칙상 법정지상권이 성립될 수 없지만 예외적으로 그 성립을 인정하여도 저당권자의 의사 내지 기대에 반하지 아니하는 경우(단독저당이 여기에 해당한다)에 국한하여 건물보호를 위하여 법정지상권의 성립범위를 확장 해석하는 것은 법정지상권의 성립요건의 객관성이나 강제성과는 관련이 없다 **(대법원 2003. 12. 18. 선고 98다43601 전원합의체 판결).**

제4장 각종 등기청구

1. 소유권에 기한 소유권이전등기 말소등기청구

1-1. 개요

① 부동산소유자가 타인 명의로 마쳐진 소유권이전등기가 원인무효임을 주장하며 그 말소를 구할 경우 그 소송물은 소유권이전등기의 말소등기청구권으로 소유권에 기한 방해배제청구권으로서의 성격을 갖는다.

② 이 경우 소송물 동일성 식별의 기준이 되는 청구원인, 즉 말소등기청구권의 발생원인은 당해 등기원인의 무효이고, 등기원인의 무효를 뒷받침하는 개개의 사유는 독립된 공격방어방법에 불과하여 별개의 청구원인을 구성하는 것은 아니다.

1-2. 요건사실

1. 원고의 소유
2. 피고의 소유권이전등기 경료
3. 등기의 원인무효

1-3. 청구취지

1. 피고는 원고에게 ○○시 ○○구 원자동 291-2 대 322에 관하여 서울중앙지방법원 2014. 12. 12. 접수 제112232호로 마친 소유권이전등기의 말소등기절차를 이행하라.
2. 소송비용은 피고가 부담한다.
라는 판결을 구합니다.

```
1. 피고 도지볼은 원고에게,
 가. ○○시 ○○구 강변동 210-2 대에 관하여 서울중앙지방법원
     강북등기 소 2001. 4. 13. 접수 제123231호로 마친 소유권
     이전등기의 말소등기절차를 이행하고,
 나. 위 가항 기재 토지를 인도하라.
2. 소송비용은 피고가 부담한다.
3. 제1의 나항은 가집행할 수 있다.
라는 판결을 구합니다.
```

1-4. 가능한 공격방어방법

1. 등기기록상 등기원인의 유효

2. 실체적 권리관계 부합

3. 원고 명의 등기의 원인무효

1-5. 소유권에 기한 소유권이전등기 말소등기청구의 소
[작성례] 소유권보존 및 이전등기 말소등기절차이행청구의 소

```
                       소         장

원    고    ○○○ (주민등록번호)
           ○○시 ○○구 ○○길 ○○(우편번호 ○○○○○)
           전화.휴대폰번호:
           팩스번호, 전자우편(e-mail)주소:
피    고    1. 김◇◇ (주민등록번호)
             ○○시 ○○구 ○○길 ○○(우편번호 ○○○○○)
             전화.휴대폰번호:
             팩스번호, 전자우편(e-mail)주소:
```

2. 이◇◇ (주민등록번호)
   ○○시 ○○구 ○○길 ○○(우편번호 ○○○○○)
   전화.휴대폰번호:
   팩스번호, 전자우편(e-mail)주소:

소유권보존 및 이전등기말소등기절차이행청구의 소

청 구 취 지

1. 원고에게 별지목록 기재 부동산에 대하여, 피고 김◇◇는 ○○
   지방법원 20○○. ○. ○. 접수 제○○○호로 마친 소유권보존
   등기의, 피고 이◇◇는 ○○지방법원 20○○. ○. ○. 접수 제○
   ○○호로 마친 소유권이전등기의 각 말소등기절차를 이행하라.
2. 소송비용은 피고들의 부담으로 한다.
라는 판결을 구합니다.

청 구 원 인

1. 별지목록 기재 부동산(건물)과 그 대지 157.4㎡는 원래 피고 김
   ◇◇의 아버지인 소외 망 김◆◆의 소유인 것을 원고가 19○○.
   ○. ○.에 대금 ○○○원에 매수하여 대지에 대하여는 소유권이
   전등기를 마쳤으나, 별지목록 기재 건물은 미등기건물이므로 등
   기하지 않은 채로 지금까지 원고가 점유.사용하고 있습니다.
2. 그런데 피고 김◇◇는 소외 망 김◆◆가 사망하자 별지목록
   기재 건물이 미등기건물인 것을 기화로 별지목록 기재 건물에
   대하여 소외 망 김◆◆의 상속인으로서 ○○지방법원 20○○.
   ○. ○. 접수 제○○○호로써 건물소유권보존등기를 마친 뒤
   다시 위와 같은 매매사실을 잘 알고 있는 피고 이◇◇에게
   20○○. ○. ○. 매매를 원인으로 ○○지방법원 20○○. ○.
   ○. 접수 제○○○○호로써 소유권이전등기를 마쳤습니다.

3. 따라서 원고는 별지목록 기재 건물에 대하여 피고 김◇◇는 ○○지방법원 20○○. ○. ○. 접수 제○○○호로 마친 소유권보존등기의, 피고 이◇◇는 ○○지방법원 20○○. ○. ○. 접수 제○○○호로 마친 소유권이전등기의 각 말소등기절차를 이행하도록 하기 위하여 이 사건 청구에 이르렀습니다.

입 증 방 법

1. 갑 제1호증의 1, 2   각 등기사항전부증명서(토지, 건물)
1. 갑 제2호증   부동산매매계약서
1. 갑 제3호증   건축물대장등본

첨 부 서 류

1. 위 입증방법   각 1통
1. 소장부본   2통
1. 송달료납부서   1통

20○○. ○. ○.
위 원고   ○○○ (서명 또는 날인)

○○지방법원 ○○지원 귀중

[별 지]

부동산의 표시

○○시 ○○구 ○○동 ○○-○○
[도로명주소] ○○시 ○○구 ○○길 ○○ 지상 벽돌조 평슬래브지붕 2층주택
   1층 74.82㎡
   2층 74.82㎡

지층 97.89㎡. 끝.

[작성례] 소유권이전등기와 보존등기의 말소등기청구의 소(원인무효)

소　　　장

원　　고　　○○○ (주민등록번호)
　　　　　　○○시 ○○구 ○○길 ○○(우편번호 ○○○○○)
　　　　　　전화.휴대폰번호:
　　　　　　팩스번호, 전자우편(e-mail)주소:
피　　고　　1. 김◇◇ (주민등록번호)
　　　　　　　○○시 ○○구 ○○길 ○○(우편번호 ○○○○○)
　　　　　　　전화.휴대폰번호:
　　　　　　　팩스번호, 전자우편(e-mail)주소:
　　　　　　2. 박◇◇ (주민등록번호)
　　　　　　　○○시 ○○구 ○○길 ○○(우편번호 ○○○○○)
　　　　　　　전화.휴대폰번호:
　　　　　　　팩스번호, 전자우편(e-mail)주소:

소유권보존등기말소 등 청구의 소

청　구　취　지

1. 원고에 대하여, 피고 김◇◇는 별지목록 기재 부동산에 대한
　○○지방법원 ○○등기소 20○○. ○. ○○. 접수 제○○○호
　로 마친 소유권보존등기의, 피고 박◇◇는 위 등기소 20○○.
　○○. ○○. 접수 제○○○○호로 마친 소유권이전등기의 각 말
　소등기절차를 이행하라.

2. 소송비용은 피고들의 부담으로 한다.
라는 판결을 구합니다.

청 구 원 인

1. 별지목록 기재의 부동산(다음부터 이 사건 부동산이라고 함)은 소외 최◉◉의 소유였으나 원고가 19○○년경 소외 최◉◉로부터 위 부동산을 매입하였습니다.
2. 한편, 피고 김◇◇는 원고가 위 부동산에 대한 등기절차를 마치지 아니하였음을 틈타 20○○. ○. ○○.경 수복지역내소유자미복구토지의복구등록과보존등기등에관한특별조치법 제4조 제1항에 의하여 ○○시 ○○동 ○○○번지 소외 이◆◆, 같은 동 ○○○번지 소외 황◆◆ 등을 연대보증인으로 하는 허위의 보증서를 작성하여 이에 기하여 ○○지방법원 ○○등기소 20○○. ○. ○○. 접수 제○○○호로 소유권보존등기를 마쳤습니다.
3. 그리고 위 소유권보존등기에 터 잡아 위 등기소 20○○. ○○. ○○. 접수 제○○○○호로 피고 박◇◇ 앞으로 소유권이전등기가 되었습니다.
4. 따라서 피고 김◇◇ 명의의 위 소유권보존등기는 사실에 기하지 아니한 것으로서 원인무효이고, 이에 터 잡아 마쳐진 피고 박◇◇ 명의의 위 소유권이전등기 역시 무효라 할 것이므로 위 각 등기의 말소를 구하기 위하여 이 사건 소제기에 이르렀습니다.

입 증 방 법

1. 갑 제1호증	매매계약서
1. 갑 제2호증	영수증
1. 갑 제3호증	부동산등기사항전부증명서
1. 갑 제4호증	토지대장등본
1. 갑 제5호증	사실확인서(허위보증)

<table>
<tr><td colspan="2">

첨 부 서 류

1. 위 입증방법   각 1통
1. 소장부본   2통
1. 송달료납부서   1통

20○○. ○. ○.

위 원고   ○○○   (서명 또는 날인)

○○지방법원 귀중

</td></tr>
<tr><td colspan="2">

[별 지]

부동산의 표시

○○시 ○○구 ○○동 ○○-○○ 대 157.4㎡. 끝.

</td></tr>
</table>

2. 진정명의회복을 원인으로 한 소유권이전등기청구

2-1. 개요

① 진정명의회복을 원인으로 하는 소유권이전등기청구는 진정
한 소유자가 그의 등기명의를 회복하기 위한 방법으로 현
재의 등기명의인을 상대로 그 등기의 말소를 구하는 것에
갈음하여 허용되는 것이다.

② 말소등기에 갈음하여 허용되는 진정명의회복을 원인으로 하
는 소유권이전등기청구권과 무효등기의 말소청구권은 어느
것이나 진정한 소유자의 등기명의를 회복하기 위한 것으로
서 실질적으로 그 목적이 동일하고 두 청구권 모두 소유권
에 기한 방해배제청구권으로서 그 법적근거와 성질이 동일

하므로 그 소송물은 성질상 동일한 것으로 보아야 한다.

2-2. 요건사실

1. 원고의 소유
2. 피고의 소유권이전등기 경료
3. 등기의 원인무효

2-3. 기재례

> 1. 피고는 원고에게 별지 목록 기재 부동산에 관하여 진정한 등기
>   명의의 회복을 원인으로 하는 소유권이전등기절차를 이행하라.
> 2. 소송비용은 피고가 부담한다.
> 라는 판결을 구합니다.

2-4. 가능한 공격방어방법

1. 등기기록상 등기원인의 유효
2. 실체적 권리관계 부합
3. 원고 명의 등기의 원인무효

2-5. 소유권이전등기청구의 소

[작성례] 소유권이전등기청구의 소(진정명의회복을 원인으로)

소 　 장

원　　고　　○○○ (주민등록번호)
　　　　　　○○시 ○○구 ○○길 ○○(우편번호 ○○○○○)
　　　　　　전화.휴대폰번호:
　　　　　　팩스번호, 전자우편(e-mail)주소:

피　　고　　◇◇◇ (주민등록번호)
　　　　　　○○시 ○○구 ○○길 ○○(우편번호 ○○○○○)
　　　　　　전화.휴대폰번호:
　　　　　　팩스번호, 전자우편(e-mail)주소:

소유권이전등기청구의 소

청 구 취 지

1. 피고는 원고에게 별지목록 기재 부동산에 관하여 진정한 등기
   명의의 회복을 원인으로 한 소유권이전등기절차를 이행하라.
2. 소송비용은 피고의 부담으로 한다.
라는 재판을 구합니다.

청 구 원 인

1. 별지목록 기재 부동산(다음부터 '이 사건 토지'라고 함)은 원
   고의 조부인 소외 망 ◎◎◎가 사정 받은 토지인데, 소외 망
   ◎◎◎가 19○○. ○. ○. 사망하여 원고의 아버지인 소외 망
   ◉◉◉가 그 상속인이 되었고, 소외 망 ◉◉◉ 마저 19○○.

○. ○○. 사망하여 그 유족으로는 원고만 남게 되었습니다.

2. 6.25한국전쟁을 거치면서 이 사건 토지에 대한 등기부 및 지적공부가 모두 멸실 되었는데, 19○○. ○. ○.경 소외 망 ◆◆◆가 이 사건 토지에 대한 멸실회복등기절차를 밟아 같은 해 ○. ○. 그 명의로 소유권보존등기를 마쳤고, 다시 같은 해 ○. ○○. 소외 ◈◈◈ 앞으로의 소유권이전등기를 거쳐 같은 해 ○○. ○○. 매매를 원인으로 피고 앞으로의 소유권이전등기가 되었습니다.

3. 최근 원고는 조부인 망 ◎◎◎가 이 사건 토지를 사정 받은 사실을 기록(첨부서류 참조)을 통해 확인하게 되었습니다.

4. 결론

   그렇다면, 이 사건 토지에 대한 소외 망 ◆◆◆ 명의의 소유권보존등기로부터 차례로 마쳐진 피고 명의의 위 소유권이전등기는 원인무효의 등기라고 할 것이어서 피고는 원고에게 이 사건 토지에 대한 원고의 진정한 등기명의의 회복을 원인으로 한 소유권이전등기절차를 이행할 의무가 있다고 할 것입니다.

입 증 방 법

1. 갑 제1호증   부동산등기사항증명서
1. 갑 제2호증   임야대장등본
1. 갑 제3호증   임야조사서사본
1. 갑 제4호증   제적등본
   (단, 2008 1. 1. 이후 사망한 경우에는 기본증명서)
1. 갑 제5호증   상속관계를 확인할 수 있는 제적등본
   (또는, 가족관계기록사항에 관한 증명서)

첨 부 서 류

1. 위 입증방법   각 1통

```
    1. 소장부본            1통
    1. 송달료납부서         1통


                    20○○.   ○.   ○.
                    위 원고   ○○○   (서명 또는 날인)


○○지방법원  귀중
```

[별 지]

부동산의 표시

○○ ○○군 ○○면 ○○리 산○ 임야 ○○○○○㎡. 끝.

[작성례] 답변서(진정명의회복을 원인으로 한소유권이전등기 말소청구에서 기
판력의 항변)

```
                    답    변    서

사건번호   20○○가단○○○○ 소유권이전등기
원    고    ○○○
피    고    ◇◇◇


    위 사건에 관하여 피고는 다음과 같이 답변합니다.


                청구취지에 대한 답변

1. 원고의 청구를 기각한다.
2. 소송비용은 원고가 부담한다.
라는 판결을 구합니다.
```

청구원인에 대한 답변

1. 기초사실관계

가. 이 사건 부동산의 소유권변동 과정

소외 ◉◉조합은 조합의 자금으로 이 사건 부동산을 매수하였으나 편의상 1980. ○. ○. 당시 조합장이었던 원고명의로 소유권이전등기를 마치었습니다. 그 후 위 부동산에 대하여 1980. ○. ○. 피고 명의로 1980. ○. ○.자 매매(이하 '이 사건 매매계약'이라고 합니다.)를 원인으로 한 소유권이전등기가 이루어졌고, 이에 터 잡아 1982. 0. 0. 소외 김◆◆ 명의로, 1984. ○. ○. 다시 피고 명의로 순차 소유권이전등기를 마쳤습니다.

나. 전소의 내용 및 그 결과

원고는 이 사건 매매계약이 원고를 대리할 적법한 대리권이 없는 소외 이◉◉에 의하여 체결된 것이어서 무효이고, 따라서 1980. ○. ○. 피고 명의로 마친 소유권이전등기는 원인무효의 등기이며, 이에 터 잡아 이루어진 순차이전등기도 모두 원인무효라는 이유로 피고와 소외 김◆◆을 상대로 위 각 소유권이전등기의 말소를 구하는 소송을 제기하였습니다. 원고는 제1심에서 원고청구기각 판결(00지방법원 00지원 00가단0000)을 받았고, 이에 항소를 제기하였으나 항소 역시 기각되었으며(00지방법원 00나0000), 대법원에서 상고기각판결(대법원 00다0000)이 선고됨으로써 원고 패소판결이 확정되었습니다(이하 '전소'라고 합니다.).

2. 전소의 기판력에 관하여

가. 진정명의회복을 원인으로 하는 소유권이전등기청구는 진정한 소유자가 그의 등기명의를 회복하기 위한 방법으로 현재의 등기명의인을 상대로 그 등기의 말소를 구하는 것에 갈음하여 허용되는 것인데, 말소등기에 갈음하여 허용되는

진정명의회복을 원인으로 한 소유권이전등기청구권과 무효등기의 말소청구권은 어느 것이나 진정한 소유자의 등기명의를 회복하기 위한 것으로서 실질적으로 그 목적이 동일하고 두 청구권 모두 소유권에 기한 방해배제청구권으로서 그 법적근거와 성질이 동일하므로 그 소송물은 실질상 동일한 것으로 보아야 합니다 (대법원 2001. 9. 20. 선고 99다37894 판결, 2003. 3. 28. 선고 2000다24856 판결 참조).

나. 따라서 원고가 피고를 상대로 한 전소의 기판력은 이 사건 진정명의회복을 원인으로 한 소유권이전등기청구소송에도 미친다고 할 것입니다.

3. 결 론

결국 전소의 기판력으로 인하여 이 사건에서는 전소판결의 내용과 모순되는 판단을 하여서는 아니 되는 구속력이 발생한다고 할 것인바 (대법원 1989. 6. 27. 선고 87다카2478 판결 참조), 전소판결의 내용과 같이 원고의 청구는 기각되어야 할 것입니다.

입 증 방 법

1. 을 제1호증의 1,2,3   전소 1심·항소심·상고심 각 판결문

첨 부 서 류

1. 위 입증방법   각 2통

20○○.   ○.   ○.

위 피고   ◇◇◇ (서명 또는 날인)

○○지방법원 ○○지원 제○민사단독   귀중

■ 대법원판례

명의수탁자가 부동산에 관하여 제3자에게 근저당권을 설정하여 준 경우에도 부동산의 소유권이 제3자에게 이전된 경우와 마찬가지로 보아야 한다.

명의수탁자가 제3자에게 부동산에 관하여 근저당권을 설정하여 준 경우에 제3자는 부동산실명법 제4조 제3항에 따라 유효하게 근저당권을 취득한다. 이 경우 매도인의 부동산에 관한 소유권이전등기의무가 이행불능된 것은 아니므로, 명의신탁자는 여전히 매도인을 대위하여 명의수탁자의 부동산에 관한 진정명의회복을 원인으로 한 소유권이전등기 등을 통하여 매도인으로부터 소유권을 이전받을 수 있지만, 그 소유권은 명의수탁자가 설정한 근저당권이 유효하게 남아 있는 상태의 것이다. 명의수탁자는 제3자에게 근저당권을 설정하여 줌으로써 피담보채무액 상당의 이익을 얻었고, 명의신탁자는 매도인을 매개로 하더라도 피담보채무액만큼의 교환가치가 제한된 소유권만을 취득할 수밖에 없는 손해를 입은 한편, 매도인은 명의신탁자로부터 매매대금을 수령하여 매매계약의 목적을 달성하였으면서도 근저당권이 설정된 상태의 소유권을 이전하는 것에 대하여 손해배상책임을 부담하지 않으므로 실질적인 손실을 입지 않는다.

따라서 3자간 등기명의신탁에서 명의수탁자가 부동산에 관하여 제3자에게 근저당권을 설정한 경우 명의수탁자는 근저당권의 피담보채무액 상당의 이익을 얻었고 그로 인하여 명의신탁자에게 그에 상응하는 손해를 입혔으므로, 명의수탁자는 명의신탁자에게 이를 부당이득으로 반환할 의무를 부담한다 (대법원 2021. 9. 9. 선고 2018다284233 전원합의체 판결)

3. 시효취득을 원인으로 한 소유권이전등기 청구

3-1. 개요

20년간 소유의 의사로 평온, 공연하게 부동산을 점유하는 자는 등기함으로써 그 소유권을 취득한다(민법 제245조 제1항)고 규정하고 있으나, 민법 제197조 제1항에서 점유자는 소유의 의사로 선의, 평온 및 공연하게 점유하는 것으로 추정한다고 규정하고 있으므로, 시효취득을 주장하기 위해서는 당해 부동산을 20년간 점유한 사실만 주장·증명하면 된다.

3-2. 요건사실

20년간(자주, 평온, 공연) 점유

3-3. 가능한 공격방어방법

1. 타주점유
2. 점유중단
3. 시효중단
4. 시효이익의 포기
5. 취득시효 완성 후 소유명의 변경
6. 시효소멸
7. 양도담보설정자의 점유취득시효
8. 부동산 소유명의자의 점유취득시효

3-4. 시효취득을 원인으로 한 소유권이전등기 청구의 소

[작성례] 소유권이전등기청구의 소(구분소유적 공유관계토지 시효취득)

소　　　장

원　　고　　○○○ (주민등록번호)
　　　　　　○○시 ○○구 ○○길 ○○(우편번호 ○○○○○)
　　　　　　전화.휴대폰번호:
　　　　　　팩스번호, 전자우편(e-mail)주소:

피　　고　　1. 박◆◆ (주민등록번호)
　　　　　　　　○○시 ○○구 ○○길 ○○(우편번호 ○○○○○)
　　　　　　　　전화.휴대폰번호:
　　　　　　　　팩스번호, 전자우편(e-mail)주소:
　　　　　　2. 김◇◇ (주민등록번호)
　　　　　　　　○○시 ○○구 ○○길 ○○(우편번호 ○○○○○)
　　　　　　　　전화.휴대폰번호:
　　　　　　　　팩스번호, 전자우편(e-mail)주소:
　　　　　　3. 이◇◇ (주민등록번호)
　　　　　　　　○○시 ○○구 ○○길 ○○(우편번호 ○○○○○)
　　　　　　　　전화.휴대폰번호:
　　　　　　　　팩스번호, 전자우편(e-mail)주소:

소유권이전등기청구의 소

청 구 취 지

1. 원고에게, 서울 ○○구 ○○동 ○○○의 ○ 대 ○○○○.0㎡ 중 별지도면 표시 1, 2, 7, 8, 1의 각 점을 차례로 연결한 선

내 ㉓부분 ○○○.○○㎡에 관하여, 피고들은 각 3분의 1 지분에 대하여 각 1980. 5. 31. 취득시효완성을 원인으로 한 소유권이전등기절차를 이행하라.

2. 소송비용은 피고들의 부담으로 한다

라는 판결을 구합니다.

청 구 원 인

1. 원고의 아버지 소외 망 ◉◉◉는 1955. ○. ○.경 소외 망 ◈◈로부터 서울 ○○구 ○○동 ○○○의 ○ 대 ○○○○.○㎡(다음부터 이 사건 토지라고 함) 중 별지도면 표시 1, 2, 7, 8, 1의 각 점을 차례로 연결한 선내 ㉓부분 ○○○.○○㎡(다음부터 이 사건 토지부분이라고 함)를 매수하여 주택을 건축한 뒤 현재까지 소유의 의사로서 평온, 공연하게 점유하며 사용, 수익하여 오고 있던 중, 1965. ○. ○. 소외 망 ◉◉◉가 사망하게 되자 원고가 그 점유를 이어받아 현재까지 사용, 수익하고 있습니다.

2. 소외 망 ◉◉◉가 소외 망 ◈◈로부터 이 사건 토지부분을 매수할 당시 이 사건 토지는 소외 망 ◈◈◈, 피고 김◇◇, 피고 이◇◇ 3인이 각 3분의 1의 지분을 가지는 공유토지였으며, 소외 망 ◈◈◈는 별지도면 표시 1, 2, 7, 8, 1의 각 점을 차례로 연결한 선내 ㉓부분 ○○○.○○㎡를, 피고 김◇◇는 별지도면 표시 2, 3, 6, 7, 2의 각 점을 차례로 연결한 선내 ㉔부분 ○○○.○○㎡를, 피고 이◇◇는 별지도면 표시 3, 4, 5, 6, 3의 각 점을 차례로 연결한 선내 ㉕부분 ○○○.○○㎡를 각 구분소유하기로 약정하여 각 점유·사용하고 있었으며, 소외 망 ◉◉◉는 소외 망 ◈◈◈로부터 이 사건 토지부분을 매수한 뒤 이 사건 토지부분을 인도 받아 위와 같이 점유·사용하였지만, 소외 망 ◈◈◈의 이 사건 토지에 대한 공유지분의 이전등기는 해두지 않았습니다.

3. 그런데 소외 망 ◆◆◆가 1970. ○. ○. 사망하게 되고 피고 박◆◆가 단독 상속인으로서 소외 망 ◆◆◆의 이 사건 토지에 대한 권리.의무를 상속하게 되었는데, 피고 박◆◆는 위와 같은 매매계약을 인정하지 않고 있습니다.

4. 그러나 원고는 소외 망 ◉◉◉가 점유를 개시한 1955. ○. ○.부터 20년이 경과한 1975. ○. ○. 이 사건 토지 중 이 사건 토지부분을 취득시효완성으로 인하여 취득한 것이므로 피고 박◆◆는 당연히 이 사건 토지부분에 관하여 그의 공유지분에 대한 소유권이전등기절차의 이행의무가 있는 것이며, 여러 명이 각기 공유지분비율에 따라 특정부분을 독점적으로 소유하고 있는 토지 중 공유자 1인이 독점적으로 소유하고 있는 부분에 대하여 취득시효가 완성된 경우, 공유자 사이에 그와 같은 구분소유적 공유관계가 형성되어 있다 하더라도 이로써 제3자인 시효취득자에게 대항할 수는 없는 법리이므로, 그 토지부분과 무관한 다른 공유자들도 그 토지부분에 관한 각각의 공유지분에 대하여 취득시효완성을 원인으로 한 소유권이전등기절차를 이행할 의무가 있는 것이므로, 피고 김◇◇, 피고 이◇◇는 비록 이 사건 토지를 위와 같이 구분소유하고 있었다고 하여도 원고에게 이 사건 토지부분에 관한 각 공유지분에 대하여 취득시효완성을 원인으로 한 소유권이전등기절차의 이행의무가 있다 할 것입니다.

5. 따라서 원고는 피고들에게 이 사건 토지부분에 관하여, 각 3분의 1 지분에 대하여 각 1980. 5. 31. 취득시효완성을 원인으로 한 소유권이전등기절차의 이행을 구하기 위하여 이 사건 소송제기에 이른 것입니다.

입 증 방 법

1. 갑 제1호증　　　　　　　부동산등기사항증명서
1. 갑 제2호증　　　　　　　토지대장등본

1. 갑 제3호증의 1 내지 3   각 사진

첨 부 서 류

1. 위 입증방법   각 1통
1. 소장부본   3통
1. 송달료납부서   1통

20○○.   ○.   ○.

위 원고   ○○○   (서명 또는 날인)

○○지방법원   귀중

■ **대법원판례**

원고가 피고에 대하여 피고 명의로 마쳐진 소유권이전등기의 말소를 구하려면 먼저 원고에게 말소를 청구할 수 있는 권원이 있음을 적극적으로 주장·증명하여야 하고, 만일 원고에게 그러한 권원이 있음이 인정되지 않는다면 설령 피고 명의의 소유권이전등기가 말소되어야 할 무효의 등기라고 하더라도 원고의 청구를 인용할 수는 없다. 피고로부터 매매 등의 방법으로 부동산에 대한 권리가 순차적으로 이전되어 최종적으로 소유권이전등기를 마친 제3자가 시효취득을 원인으로 부동산에 대한 소유권을 취득함에 따라 당초 부동산의 소유자인 원고가 소유권을 상실하게 되면, 비록 피고 명의의 소유권이전등기가 원인무효라고 하더라도 원고에게 피고 명의의 소유권이전등기의 말소를 청구할 수 있는 권원이 없으므로, 원고는 피고에 대하여 소유권에 기한 등기말소청구를 할 수 없다 (대법원 2019. 7. 10. 선고 2015다249352 판결)

4. 근저당권설정등기 말소청구

4-1. 개요

① 원래 근저당권설정계약에는 피담보채무가 확정되어 소멸하면 근저당권설정등기를 말소하여 주기로 하는 내용의 합의가 포함되어 있다고 볼 수 있으므로, 소유권에 기한 근저당권설정등기청구와는 별개로 근저당권설정자는 위 계약에 기하여 근저당권설정등기의 말소를 구할 수 있다.

② 이 경우 소송물이 되는 말소등기청구권은 근저당권설정계약에 근거를 두는 채권적 청구권이므로, 종전 소유자도 계약당사자의 지위에서 근저당권설정등기의 말소를 구할 수 있다.

4-2. 요건사실

① 근저당권설정계약에 기한 경우
  1. 원, 피고간의 근저당권설정계약 체결
  2. 피고의 근저당권설정등기 경료
  3. 근저당권의 소멸

② 소유권에 기한 경우
  1. 원고의 소유
  2. 피고의 근저당권설정등기 경료
  3. 근저당권의 소멸

4-3. 기재례

피고 최정북은 피고 을서 주식회사로부터 금 6,000,000원 및 이에 대해 2012. 2. 23.부터 완제일까지 연 30%의 비율에 의한 금원을 지급 받은 다음에 원고 송무중에게 위 제2의 가항 기재 건물에 관하여 서울중앙지방법원 2010. 8. 25. 접수 제17543호로 마친 근저당권설정등기에 대해서 말소등기절차를 이행하라.

4-4. 가능한 공격방어방법

1. 피담보채무의 소멸
2. 등기유용의 합의

4-5. 근저당권설정등기 말소청구의 소

[작성례] 근저당권설정등기말소청구의 소(채무변제)

소   장

원   고   ○○○ (주민등록번호)
            ○○시 ○○구 ○○로 ○○(우편번호 ○○○○○)
            전화.휴대폰번호:
            팩스번호, 전자우편(e-mail)주소:
피   고   ◇◇◇ (주민등록번호)
            ○○시 ○○구 ○○로 ○○(우편번호 ○○○○○)
            전화.휴대폰번호:
            팩스번호, 전자우편(e-mail)주소:

근저당권설정등기말소청구의 소

청 구 취 지

1. 피고는 원고에게 별지목록 기재 부동산에 관하여 ○○지방법원 ○○등기소 20○○. ○. ○. 접수 제○○○○호로 마친 근저당권설정등기에 대하여 20○○. ○. ○. 변제를 원인으로 한 말소등기절차를 이행하라.
2. 소송비용은 피고가 부담한다.
라는 판결을 구합니다.

청 구 원 인

1. 원고는 피고에게서 20○○. ○. ○. 금 25,000,000원을 차용하면서 원고의 소유인 별지목록 기재 부동산에 관하여 ○○지방법원 ○○등기소 20○○. ○. ○. 접수 제○○○○호로 채무자 원고, 채권최고액 금 30,000,000원으로 된 피고 명의의 근저당권설정등기를 설정해주었습니다.
2. 원고는 20○○. ○○. ○.부터 20○○. ○○. ○.까지 5회에 걸쳐 위 차용원금과 이자를 모두 변제하였습니다. 그런데 피고는 위 채무와는 별개인 피고에 대한 소외 ◉◉◉의 채무에 대하여 원고가 연대보증한 보증채무가 남아 있다는 이유로 위 근저당권설정등기의 말소등기절차에 협력하지 않고 있습니다.
3. 그러나 원고와 피고 사이의 위 근저당설정계약에는 원고와 피고 사이에 원고가 피고에 대하여 현재 및 장래에 부담하는 모든 채무를 담보한다는 등의 포괄근저당권조항이 전혀 없을 뿐만 아니라, 피고에 대한 소외 ◉◉◉의 채무도 아직 변제기가 도래하지 않았으므로, 피고는 원고가 위 채무를 모두 변제한 이상 위 근저당권설정등기의 말소등기절차를 이행할 의무가 있다고 할 것입니다.
4. 따라서 원고는 피고에 대한 채무변제를 이유로 피고에게 위 근저당권설정등기의 말소등기절차이행을 청구하고자 이 사건

소를 제기합니다.

입 증 방 법

1. 갑 제1호증   근저당권설정계약서
1. 갑 제2호증   연대보증계약서
1. 갑 제3호증의 1 내지 5   각 변제영수증
1. 갑 제4호증   부동산등기사항증명서

첨 부 서 류

1. 위 입증방법   각 1통
1. 소장부본   1통
1. 송달료납부서   1통

20○○.　○.　○.

위 원고　○○○　(서명 또는 날인)

○○지방법원　귀중

[별 지]

부동산의 표시

1. ○○시 ○○구 ○○동 ○○-○○
   대 157.4㎡
1. 위 지상
   벽돌조 평슬래브지붕 단층주택 74.82㎡ 끝.

■ 대법원판례

부동산처분금지가처분은 부동산에 대한 채무자의 소유권이전, 저당권, 전세권, 임차권의 설정 그 밖의 일체의 처분행위를 금지하는 가처분으로서, 자기 소유 토지 위에 채무자 소유 건물에 대한 철거청구권, 즉 방해배제청구권의 보전을 위해서도 할 수 있다. 채무자 소유 건물에 대한 철거청구권을 피보전권리로 한 가처분에도 불구하고 채무자가 건물을 처분하였을 때에는 이를 채권자에게 대항할 수 없으므로 채권자에 대한 관계에 있어서 채무자가 여전히 그 건물을 처분할 수 있는 지위에 있다고 볼 수 있다. 처분행위가 가처분에 저촉되는지 여부는 그 처분행위에 따른 등기와 가처분등기의 선후에 따라 정해진다.

그런데 가등기는 본등기 순위보전의 효력이 있기 때문에, 가처분등기보다 먼저 마쳐진 가등기에 의하여 본등기가 마쳐진 경우에는 그 본등기가 설사 가처분등기 후에 마쳐졌더라도 채권자에게 대항할 수 있다.

또한 근저당권이 소멸되는 경매절차에서 부동산이 매각된 경우에는 근저당권설정등기와 가처분등기의 선후에 따라 채무자가 채권자에게 대항할 수 있는지 여부가 정해진다. 따라서 가처분등기보다 먼저 설정등기가 마쳐진 근저당권이 소멸되는 경매절차에서의 매각으로 채무자가 건물 소유권을 상실한 경우에는 채권자로서도 가처분 효력을 내세워 채무자가 여전히 그 건물을 처분할 수 있는 지위에 있다고 주장할 수 없다.

한편 경매절차에서 매각대금이 지급되면 법원사무관 등은 매수인 앞으로 소유권을 이전하는 등기와 함께 매수인이 인수하지 아니한 부동산의 부담에 관한 기입을 말소하는 등기 등도 촉탁하여야 하는데(민사집행법 제144조 제1항), 이때 토지 소유자가 그 소유 토지 위에 채무자 소유 건물 철거청구권을 보전하기 위하여 건물에 대한 처분금지가처분으로 마쳐진 가처분등기는, 건물에 관한 압류 또는 근저당권설정등기 이후에 마쳐졌더라도 말소되지 않은 채 남아 있지만, 이는 위 가처분이 건물 자체에 대한 어떠한 권리를 보전하기 위한 것이 아니기 때문이다. 위와 같이 압류나 근저당권설정등기 이후에 마쳐진 위 가처분등기가 경매절차 매각대금 지급 후에도 말소되지 않은 채 남아 있다고 해서 채무자가 여전히 그 건물을 처분할 수 있는 지위에 있다고 볼 수는 없다 (대법원 2022. 3. 31. 선고 2017다9121, 9138 판결).

5. 임대차계약에 기한 청구

5-1. 임대차보증금반환청구

5-1-1. 개요

임대차계약은 임대인이 임차인에게 목적물을 사용·수익하게 하고, 그 대가로 임차인이 차임을 지급하는 것으로 합의함으로써 성립한다. 이러한 합의에 의하여 임대차계약의 중심적 효과인 임대인의 차임청구권 및 임차인의 목적물에 대한 사용수익청구권이 발생한다. 따라서 임대차계약의 체결사실에는 임차목적물, 차임이 구체적으로 특정되어 있어야 한다.

5-1-2. 요건사실

1. 임대차계약의 체결
2. 임대차보증금의 지급
3. 임대차의 종료(임대인 아닌 제3자에게 청구하는 경우 '대항력'도 주장 입증)

5-1-3. 기재례

1. 원고 ○○○은 원고가 소유하던 ○○시 ○○구 ○○동 100(이하 "이 사건 토지"라고 헌다)를 지난 2015. 6. 23.에 임대기간 2020. 6. 23.부터 2년, 보증금 7억 원, 월세 500만 원으로 하여 피고 을 주식회사(이하 "피고 회사"라고 한다)에 임대한 사실이 있습니다. 그리고 위 임대차계약은 임대기간의 만료일인 2020. 6. 22.이 되면서 갱신이 되지 않아서 소멸하였습니다. (증거자료 참조)

5-1-4. 가능한 공격방어방법

1. 묵시적 갱신
2. 임대차목적물 인도와의 동시이행
3. 공제

5-1-5. 임대차보증금반환청구의 소

[작성례] 임차보증금반환청구의 소(묵시적 갱신 후 기간만료, 다세대주택)

소   장

원   고   ○○○ (주민등록번호)
          ○○시 ○○구 ○○길 ○○(우편번호)
          전화.휴대폰번호:
          팩스번호, 전자우편(e-mail)주소:
피   고   ◇◇◇ (주민등록번호)
          ○○시 ○○구 ○○길 ○○(우편번호)
          전화.휴대폰번호:
          팩스번호, 전자우편(e-mail)주소:

임차보증금반환청구의 소

청 구 취 지

1. 피고는 원고에게 금 25,000,000원 및 이에 대하여 20○○. ○
   ○. ○○.부터 이 사건 소장부본 송달일까지는 연 5%의, 그
   다음날부터 다 갚는 날까지는 연 12%의 각 비율에 의한 돈을
   지급하라.
2. 소송비용은 피고의 부담으로 한다.
3. 위 제1항은 가집행 할 수 있다.
라는 판결을 구합니다.

청 구 원 인

1. 원고는 20○○. ○. ○. 피고와 피고소유의 ○○시 ○○구 ○
   ○길 ○○○ 소재 다세대주택 203호에 대하여 계약기간은 2
   년, 임차보증금은 금 50,000,000원으로 정하여 주택임대차계
   약을 체결하고 입주하여 기간이 만료된 뒤에도 새로운 계약을
   체결하지 않고 계속하여 약 3년간 거주하였습니다.
2. 그 뒤 원고는 20○○. ○. ○○.경 피고에게 위 주택임대차계약을
   더 이상 연장할 의사가 없음을 명백히 통지하고 임차보증금의 반
   환을 요구하였으나, 피고는 새로운 임차인이 나타나지 않는다는
   이유로 20○○. ○○. ○.에 와서야 임차보증금 중 금 25,000,000
   원만을 반환하고 나머지 임차보증금 25,000,000원은 지금까지
   지급해주지 않고 있습니다. 한편, 원고는 20○○. ○○. ○. 피고
   로부터 임차보증금 중 위 일부금만을 지급 받은 채 임차목적물
   인 위 다세대주택 203호를 피고에게 명도하였습니다.
3. 따라서 원고는 피고로부터 위 임차보증금 잔액 금 25,000,000원
   및 이에 대한 위 임차주택을 피고에게 명도한 날의 다음날인
   20○○. ○○. ○○. 이 사건 소장부본 송달일까지는 민법에서

정한 연 5%의, 그 다음날부터 다 갚는 날까지는 소송촉진등
에관한특례법에서 정한 연 12%의 각 비율에 의한 지연손해금
을 지급 받기 위하여 이 사건 청구에 이른 것입니다.

입 증 방 법

1. 갑 제1호증　　　　　　　　임대차계약서
1. 갑 제2호증　　　　　　　　영수증
1. 갑 제3호증　　　　　　　　통고서(내용증명우편)

첨 부 서 류

1. 위 입증방법　　　　　　　　각 1통
1. 소장부본　　　　　　　　　　1통
1. 송달료납부서　　　　　　　　1통

20○○.　○.　○.
위 원고　○○○　(서명 또는 날인)

○○지방법원　귀중

[작성례] 답변서(임대차보증금 반환청구에서 묵시적 갱신의 항변)

답 변 서

사건번호　20○○가소○○○○ 임대차보증금
원　　고　○○○
피　　고　◇◇◇

위 사건에 관하여 피고는 다음과 같이 답변합니다.

청구취지에 대한 답변

1. 원고의 청구를 기각한다.
2. 소송비용은 원고가 부담한다.
라는 판결을 구합니다.

청구원인에 대한 답변

1. 원고는 단순히 약정한 이 사건 주택임대차기간이 만료되었다는 이유로 피고에 대하여 임차보증금의 반환을 구하고 있습니다. 그러나 원고는 임대차기간이 끝나기 1개월 전까지 피고에게 재계약여부 등 별도의 의사표시가 없었으며, 이로 인하여 주택임대차계약 기간이 2년으로 묵시적 갱신된 상태에서 계속하여 이 사건 주택을 점유하면서 사용하고 있고, 피고에게 계약해지를 통지한 적도 없습니다(참고로 주택임대차보호법 제6조에서는 '① 임대인이 임대차기간이 끝나기 6개월 전부터 1개월 전까지의 기간에 임차인에게 갱신거절의 통지를 하지 아니하거나 계약조건을 변경하지 아니하면 갱신하지 아니한다는 뜻의 통지를 하지 아니한 경우에는 그 기간이 끝난 때에 전임대차와 동일한 조건으로 다시 임대차한 것으로 본다. 임차인이 임대차기간이 끝나기 1개월 전까지 통지하지 아니한 경우에도 또한 같다. ② 제1항의 경우 임대차의 존속기간은 2년으로 본다'고 규정하고 있습니다).
2. 결론
   이상과 같이 이 사건 임대차계약은 종료되지 아니하였으므로 원고의 청구를 기각한다는 판결을 구합니다.

입 증 방 법

1. 을 제1호증   주택사진

첨 부 서 류

1. 위 입증방법   1통

20○○.   ○.   ○.
위 피고   ◇◇◇ (서명 또는 날인)

○○지방법원 ○○지원 제○민사단독   귀중

■ **대법원판례**

매도인이 악의인 계약명의신탁에서 명의수탁자로부터 명의신탁의 목적물인 주택을 임차하여 주택 인도와 주민등록을 마침으로써 주택임대차보호법 제3조 제1항에 의한 대항요건을 갖춘 임차인은 '부동산 실권리자명의 등기에 관한 법률' 제4조 제3항의 규정에 따라 명의신탁약정 및 그에 따른 물권변동의 무효를 대항할 수 없는 제3자에 해당하므로 명의수탁자의 소유권이전등기가 말소됨으로써 등기명의를 회복하게 된 매도인 및 매도인으로부터 다시 소유권이전등기를 마친 명의신탁자에 대해 자신의 임차권을 대항할 수 있고, 이 경우 임차인 보호를 위한 주택임대차보호법의 입법 목적 및 임차인이 보증금반환청구권을 행사하는 때의 임차주택 소유자로 하여금 임차보증금반환채무를 부담하게 함으로써 임차인을 두텁게 보호하고자 하는 주택임대차보호법 제3조 제4항의 개정 취지 등을 종합하면 위의 방법으로 소유권이전등기를 마친 명의신탁자는 주택임대차보호법 제3조 제4항에 따라 임대인의 지위를 승계한다 (대법원 2022. 3. 17. 선고 2021다210720 판결).

5-2. 임대차목적물반환청구

5-2-1.

① 이 청구에서는 임대차보증금반환청구에서의 임대차보증금의 지급사실 대신 목적물의 인도사실을 요건사실로 한다. 타인 소유의 물건에 대한 임대차계약도 유효하게 성립하는 것이므로, 임대인은 목적물이 자신의 소유인 점을 주장·입증할 필요가 없다.

② 목적물의 반환과 함께 연체차임이나 부당이득의 반환을 청구하는 경우에는 각각의 청구권 발생에 관한 요건사실을 추가로 주장·증명하면 된다.

5-2-2. 요건사실

1. 임대차계약의 체결
2. 목적물의 인도
3. 임대차의 종료(기간만료, 해지 등)

5-2-3. 가능한 공격방어방법

1. 매수청구권의 행사
2. 임대차보증금과의 동시이행
3. 유치권(필요비상환청구권, 유익비상환청구권)

5-2-4. 임대차목적물반환청구의 소

[작성례] 건물인도청구의 소(임대차기간 만료, 다세대주택)

소 장

원 고 ○○○ (주민등록번호)
○○시 ○○구 ○○길 ○○(우편번호 ○○○○○)
전화.휴대폰번호:
팩스번호, 전자우편(e-mail)주소:

피 고 ◇◇◇ (주민등록번호)
○○시 ○○구 ○○길 ○○(우편번호 ○○○○○)
전화.휴대폰번호:
팩스번호, 전자우편(e-mail)주소:

건물인도청구의 소

청 구 취 지

1. 피고는 원고로부터 25,000,000원을 지급받음과 동시에 원고에게 별지목록 기재 건물을 인도하라.
2. 소송비용은 피고가 부담한다.
3. 위 제1항은 가집행할 수 있다.
라는 판결을 구합니다.

청 구 원 인

1. 원고는 피고에게 20○○. ○. ○. 별지목록 기재 건물을 전세보증금 25,000,000원, 임대차기간 24개월로 정하여 임대였고, 피고는 20○○. ○. ○○. 위 건물에 입주하여 현재까지 거주하고 있습니다.

2. 그런데 원고는 위 건물을 원고가 직접 사용하여야 할 사정이
   생겨서 위 임대차계약이 갱신되는 것을 원하지 않았으므로
   위 임대차기간이 끝나기 2개월 전(20○○. ○. ○○.)에 원고
   와 피고의 위 임대차계약을 갱신하지 않겠으니 계약기간이
   끝나면 위 건물을 인도하여 줄 것을 내용증명우편으로 통고
   하였습니다.

3. 그러므로 원고와 피고의 위 임대차계약은 주택임대차보호법
   제6조 제1항에 비추어 위 임대차기간이 끝나는 날로 종료되
   었다고 하여야 할 것인데, 피고는 위 임대차기간이 끝나고 6
   개월이 지난 지금까지 원고의 여러 차례에 걸친 인도요구에
   도 불구하고 타당한 이유 없이 위 건물의 인도를 거부하고
   있습니다.

4. 따라서 원고는 피고로부터 위 건물을 인도 받기 위하여 이 사
   건 소송제기에 이른 것입니다.

입 증 방 법

1. 갑 제1호증   전세계약서
1. 갑 제2호증   건축물대장등본
1. 갑 제3호증   통고서

첨 부 서 류

1. 위 입증방법   각 1통
1. 토지대장등본   1통
1. 소장부본   1통
1. 송달료납부서   1통

20○○.　○.　○.

위 원고　○○○　(서명 또는 날인)

○○지방법원 귀중

[별 지]

부동산의 표시

1동의 건물의 표시
  ○○시 ○○구 ○○동 ○○ ◎◎빌라 나동
  [도로명주소] ○○시 ○○구 ○○길 ○○
  철근콘크리트 스라브지붕 4층 다세대주택
  1층 ○○○.○○㎡
  2층 ○○○.○○㎡
  3층 ○○○.○○㎡
  4층 ○○○.○○㎡
  지층 ○○.○○㎡
전유부분건물의 표시
  건물의 번호 나-1-103
  구조 철근콘크리트조
  면적 1층 103호 ○○.○㎡
대지권의 표시
  대지권의 목적인 토지의 표시 ○○시 ○○구 ○○동 ○○ 대
○○○○㎡
  대지권의 종류 소유권
  대지권의 비율 ○○○○분지 ○○.○○㎡. 끝.

[작성례] 답변서(임대차목적물 반환청구에서 동시이행항변)

답 변 서

사건번호   20○○가소○○○○ 임대차목적물 반환
원   고   ○○○
피   고   ◇◇◇

    위 사건에 관하여 피고는 다음과 같이 답변합니다.

청구취지에 대한 답변

1. 원고의 청구를 기각한다.
2. 소송비용은 원고의 부담으로 한다.
라는 판결을 구합니다.

청구원인에 대한 답변

1. 원고의 주장
    원고는 피고와의 임대차 계약은 20○○. ○. ○. 계약기간이 만료되었고, 피고에게 계약기간 만료 6월 전인 20○○. ○. ○.에 갱신의사가 없음을 통지하였으므로 그에 따라 이 사건 임대차 계약이 종료되었고, 피고에게 임대차 목적물을 반환할 의무가 있다고 주장하고 있습니다.
2. 원고의 주장에 대한 피고의 항변
  가. 지상물매수청구권의 행사
    민법 제643조 및 제283조 제2항에 따라서 건물 기타 공작물의 소유를 목적으로 한 토지 임대차의 기간이 만료하고 임대인이 계약의 갱신을 원하지 아니한 때에는 임차인은 건물 등 지상물이 현존하는 때에는 상당한 가액으로 지상물의 매수를 청구할 수 있습니다.

원고와 피고는 임대차계약 체결 당시 피고가 임대차 목적물인 나대지에 건물을 신축하기로 하여 계약을 체결하였고, 피고는 20○○. ○. ○. ○○시 ○○로 1045 지상 6층 건물(이하 '이 사건 건물'이라 합니다.)을 신축하여 현재까지 피고가 이 사건 건물을 소유하고 있습니다(을 제1호증 부동산등기부등본 참조).

20○○. ○. ○. 이 사건 임대차계약에 대하여 임차인인 피고는 계약의 갱신을 요청하였으나, 원고는 이를 거절하고 20○○. ○. ○.부터 지속적으로 계약 갱신의 의사가 없음을 통지하였습니다(을 제2호증 내용증명 참조).

그러므로 피고는 이 사건 건물에 대하여 민법 제643조, 제283조 제2항 소정의 지상물매수청구권을 행사합니다. 따라서 추후 이 사건 건물의 시가에 대한 감정을 신청한 후 그 매매대금을 청구하는 내용의 반소를 제기할 예정입니다.

나. 동시이행의 항변

임대인의 지상물 매매대금 및 보증금 반환채무와 임차인의 목적물 인도의무는 동시이행의 관계에 있습니다. 그러므로 원고가 이 사건 건물의 시가에 해당하는 금원과 임대차 보증금을 지급함과 동시에 피고는 원고에게 이 사건 건물 및 토지를 인도하여야 합니다.

3. 결론

그러므로 위와 같은 이유로 원고의 청구는 이유 없으므로 원고의 청구를 기각하여 주시기 바랍니다.

입 증 방 법

1. 을 제1호증   부동산등기부등본
1. 을 제2호증   내용증명

첨 부 서 류

1. 위 입증방법   1통

20○○.   ○.   ○.

위 피고   ◇◇◇ (서명 또는 날인)

○○지방법원 ○○지원 제○민사단독 귀중

[작성례] 답변서(임대차목적물 반환청구에서 유치권항변)

답 변 서

사건번호   20○○가소○○○○ 건물명도
원   고   ○○○
피   고   ◇◇◇

위 사건에 관하여 피고는 다음과 같이 답변합니다.

청구취지에 대한 답변

1. 원고의 청구를 기각한다.
2. 소송비용은 원고의 부담으로 한다.
라는 판결을 구합니다.

청구원인에 대한 답변

1. 기초사실관계

   원고와 피고 사이에 임대차계약체결사실 및 임대차계약이 종료된 사실은 인정하고 나머지는 모두 부인합니다.

2. 비용상환청구권의 행사와 유치권 항변

   피고는 본건 건물을 점유하는 동안 금 0,000,000원 상당을 들여 제시설을 하였으며, 그 시설등의 현재 가치는 금 0,000,000원 상당으로서 이는 유익비에 해당하고, 임대차계약상 유익비를 포기하기로 하는 약정이 없으므로 그 반환을 받을 때까지 본 건 건물을 유치할 권한이 있다고 할 것입니다.

입 증 방 법

1. 을 제1호증   시설비영수증
1. 을 제2호증   유익비가액산정서

첨 부 서 류

1. 위 입증방법   1통

20○○.   ○.   ○.

위 피고   ◇◇◇ (서명 또는 날인)

○○지방법원 ○○지원 제○민사단독   귀중

■ **대법원판례**

임대차계약이 종료된 경우 임대차보증금이 반환되지 않은 상태에서 임차인이 임대차목적물을 사용·수익하지 않고 점유만을 계속하고 있는 경우라면 임대차목적물 인도 시까지의 관리비는 임대인이 부담하여야 한다 (대법원 2005.4.29.선고 2005다1711 판결).

6. 소유권에 기한 근저당권설정등기말소청구

6-1. 개요

"근저당권 설정등기"란 계속적인 거래관계로부터 발생하는 다수의 불특정 채권을 담보하고, 결산기에 이르러 채권최고액의 한도 내에서 우선 변제를 받는 것을 목적으로 하는 등기를 말한다.

6-2. 요건사실

1. 원고의 소유
2. 피고의 근저당권설정등기 경료
3. 근저당권 소멸

6-3. 소유권에 기한 근저당권설정등기말소청구의 소

[작성례] 근저당권설정등기말소청구의 소(채무변제, 근저당권자의 상속인 상대로)

소　　　　　　장

원　　고　　○○○ (주민등록번호)
　　　　　　○○시 ○○구 ○○로 ○○(우편번호 ○○○○○)
　　　　　　전화.휴대폰번호:
　　　　　　팩스번호, 전자우편(e-mail)주소:
피　　고　　1. 김◇◇ (주민등록번호)
　　　　　　　　○○시 ○○구 ○○로 ○○(우편번호 ○○○○○)
　　　　　　　　전화.휴대폰번호:
　　　　　　　　팩스번호, 전자우편(e-mail)주소:

---

2. 김◇◇ (주민등록번호)

　　○○시 ○○구 ○○로 ○○(우편번호 ○○○○○)

　　전화.휴대폰번호:

　　팩스번호, 전자우편(e-mail)주소:

3. 김◇◇ (주민등록번호)

　　○○시 ○○구 ○○로 ○○(우편번호 ○○○○○)

　　전화.휴대폰번호:

　　팩스번호, 전자우편(e-mail)주소:

4. 김◇◇ (주민등록번호)

　　○○시 ○○구 ○○로 ○○(우편번호 ○○○○○)

　　전화.휴대폰번호:

　　팩스번호, 전자우편(e-mail)주소:

근저당권설정등기말소청구의 소

청 구 취 지

1. 원고에게, 별지목록 기재 부동산에 관하여 ○○지방법원 ○○
   등기소 20○○. ○. ○. 접수 제○○○호로 마친 근저당설정
   등기 중,
   가. 피고1 김◇◇은 3/9 지분에 관하여
   나. 피고2 김◇◇는 2/9 지분에 관하여
   다. 피고3 김◇◇는 2/9 지분에 관하여
   라. 피고4 김◇◇은 2/9 지분에 관하여
   20○○. ○. ○. 변제를 원인으로 한 각 말소등기절차를 이행하라.
2. 소송비용은 피고들이 부담한다.
라는 판결을 구합니다.

청 구 원 인

1. 별지목록 기재 부동산은 원래 소외 망 ◉◉◉가 건축하여 소외 ◈◈◈에게 20○○. ○. 분양을 한 것이고, 당시 소외 ◈◈◈는 분양대금이 부족하여 소외 망 ◉◉◉에게 ○○○원을 차용하면서(약속어음을 발행해줌) 이를 담보하기 위하여 채권최고액 ○○○원, 채무자 소외 ◈◈◈, 근저당권자 소외 망 ◉◉◉으로 하는 ○○지방법원 ○○등기소 20○○. ○. ○. 접수 제○○○호 근저당권이 설정되었습니다.
2. 그 뒤 소외 ◈◈◈는 소외 망 ◉◉◉에게 20○○. ○. ○. ○○○원, 같은 해 ○. ○. ○○○원, 같은 해 ○. ○. ○○○원, 합계 ○○○원을 모두 변제하였으나 소외 망 ◉◉◉는 위 근저당권설정등기를 말소해주지 않았습니다.
3. 그리고 원고는 20○○. ○. ○. 소외 ◈◈◈로부터 위 부동산을 매수하였고 같은 해 ○. ○. 소유권이전등기를 마쳤습니다. 그런데 20○○. ○. ○. 소외 망 ◉◉◉는 사망하였고 위 피고들은 소외 망 ◉◉◉의 상속인들입니다.
4. 따라서 피고들은 원고에게 별지목록 기재 부동산에 대한 ○○지방법원 ○○등기소 20○○. ○. ○. 접수 제○○○호 근저당권설정등기에 대한 그 자신들의 법정상속분에 상응하여 위 근저당권설정등기를 각 말소할 의무가 있으므로, 원고는 이를 구하기 위하여 이 사건 청구에 이르게 되었습니다.

입 증 방 법

1. 갑 제1호증	부동산등기사항증명서
1. 갑 제2호증	기본증명서
	(단, 2007.12.31.이전에 사망한 경우 제적등본)
1. 갑 제3호증	가족관계증명서
	(또는, 상속관계를 확인할 수 있는 제적등본)

1. 갑 제4호증 　　　　　　　　 약속어음
1. 갑 제5호증의 1 내지 3　　 각 영수증

첨 부 서 류

1. 위 입증방법 　　　　　　　 각 1통
1. 소장부본 　　　　　　　　　　 4통
1. 송달료납부서 　　　　　　　　 1통

　　　　　 20○○.　 ○.　 ○.
　　　　　 위 원고　 ○○○　 (서명 또는 날인)

○○지방법원　 귀중

[별 지]

부동산의 표시

1. ○○시 ○○구 ○○동 ○○-○○
　 대 157.4㎡
1. 위 지상
　 벽돌조 평슬래브지붕 2층주택
　 1층 74.82㎡
　 2층 74.82㎡
　 지층 97.89㎡. 끝.

[작성례] 답변서(근저당권 설정등기 말소청구에서 항변)

답 변 서

사   건   20○○가단○○○ 근저당권설정등기말소
원   고   ○○○
피   고   ◇◇◇

위 사건에 관하여 피고는 다음과 같이 답변합니다.

청구취지에 대한 답변

1. 원고의 청구를 기각한다.
2. 소송비용은 원고가 부담한다.
라는 재판을 구합니다.

청구원인에 대한 답변

1. 다투지 아니하는 사실
   피고가 원고의 주장과 같이 원고에게 돈을 대여한 사실, 위 대여금 채권을 담보하기 위하여 원고가 그 소유의 이 사건 부동산에 관하여 피고에게 채권최고액 ○○○○만 원의 이 사건 근저당권설정등기를 마쳐 준 사실, 원고가 20○○. ○. ○. 피고에게 채무변제조로 ○○○○만 원을 이체한 사실은 다투지 아니합니다.
2. 피담보채무의 잔존: 이자에 먼저 변제충당
   가. 그러나 원고와 피고 사이의 금전소비대차는 이자부이었는바, 원고는 그 채무의 전부를 소멸하게 하지 못한 급여를 한 것으로서, 위 변제금은 위 변제일까지 발생한 이자 ○○○만 원에 먼저 충당되었습니다(민법 제47조 제1항).

나. 근저당권은 원본, 이자, 위약금, 채무불이행으로 인한 손해배상 및 근저당권의 실행비용을 담보하는 것이며(민법 제360조), 이것이 근저당의 채권최고액을 초과하는 경우에 근저당권자로서는 그 채무자 겸 근저당권설정자와의 관계에서는 그 채무의 일부인 채권최고액과 지연손해금 및 집행비용만을 받고 근저당권을 말소시켜야 할 이유는 없을 뿐 아니라, 채무금 전액에 미달하는 금액의 변제가 있는 경우에 이로써 우선 채권최고액 범위의 채권에 변제충당한 것으로 보아야 한다는 이유도 없으니, 채권 전액의 변제가 있을 때까지 근저당의 효력은 잔존채무에 여전히 미친다고 할 것입니다 (대법원 2010. 5. 13. 선고 2010다3681 판결).

3. 결론

그렇다면 이 사건 근저당권설정등기는 △△△△만 원(=채권최고액 ○○○○만 원-이자에 충당된 금액 ○○○만 원)의 피담보채무가 잔존하므로, 피담보채무가 존재하지 아니함을 전제로 한 원고의 청구는 기각되어야 할 것입니다.

입 증 방 법

1. 을 제1호증   근저당권설정계약서

첨 부 서 류

1. 위 입증방법   1통
1. 답변서 부본   1통

20○○. ○. ○.

위 피고 ◇◇◇ (서명 또는 날인)

○○지방법원 제○○민사단독 귀중

채권자와 근저당권자 사이에 형성된 법률관계의 실체를 밝히는 것은 단순한 사실인정의 문제가 아니라 의사표시 해석의 영역에 속하는 것일 수밖에 없고, 따라서 그 행위가 가지는 법률적 의미는 채권자와 근저당권자의 관계, 근저당권설정의 동기 및 경위, 당사자들의 진정한 의사와 목적 등을 종합적으로 고찰하여 논리와 경험칙에 따라 합리적으로 해석하여야 한다. 그리고 근저당권설정등기상 근저당권자가 다른 사람과 함께 채무자로부터 유효하게 채권을 변제받을 수 있고 채무자도 그들 중 누구에게든 채무를 유효하게 변제할 수 있는 관계, 가령 채권자와 근저당권자가 불가분적 채권자의 관계에 있다고 볼 수 있는 경우에는 그러한 근저당권설정등기도 유효하다고 볼 것이다 (대법원 2020. 7. 9. 선고 2019다212594 판결).

7. 저당권에 기한 경우(후순위근저당권자가 무효인선순위등기의 소멸청구)

7-1. 개요

"저당권"이란 채무자 또는 제삼자가 채무의 담보로 제공한 부동산의 점유를 이전하지 않고 채무의 담보로 제공한 부동산에 대해 다른 채권자보다 자기채권의 우선변제를 받을 권리를 말한다.

7-2. 요건사실

1. 원고가 후순위근저당권자
2. 피고의 선순위 근저당권설정등기 경료
3. 피고의 선순위 저당권 소멸

7-3. 대법원판례

전세권을 목적으로 한 저당권이 설정된 경우, 전세권의 존속기간이 만료되면 전세권의 용익물권적 권능이 소멸하기 때문에 더 이상 전세권 자체에 대하여 저당권을 실행할 수 없게 되고, 저당권자는 저당권의 목적물인 전세권에 갈음하여 존속하는 것으로 볼 수 있는 전세금반환채권에 대하여 압류 및 추심명령 또는 전부명령을 받거나 제3자가 전세금반환채권에 대하여 실시한 강제집행절차에서 배당요구를 하는 등의 방법으로 물상대위권을 행사하여 전세금의 지급을 구하여야 한다. 전세권저당권자가 물상대위권을 행사하여 전세금반환채권에 대하여 압류 및 추심명령 또는 전부명령을 받고 이에 기하여 추심금 또는 전부금을 청구하는 경우 제3채무자인 전세권설정자는 일반적 채권집행의 법리에 따라 압류 및 추심명령 또는 전부명령이 송달된 때를 기준으로 하여 그 이전에 채무자와 사이에 발생한 모든 항변사유로 압류채권자에게 대항할 수 있다. 다만 임대차계약에 따른 임대차보증금반환채권을 담보할 목적으로 유효한 전세권설정등기가 마쳐진 경우에는 전세권저당권자가 저당권 설정 당시 그 전세권설정등기가 임대차보증금반환채권을 담보할 목적으로 마쳐진 것임을 알고 있었다면, 제3채무자인 전세권설정자는 전세권저당권자에게 그 전세권설정계약이 임대차계약과 양립할 수 없는 범위에서 무효임을 주장할 수 있으므로, 그 임대차계약에 따른 연체차임 등의 공제 주장으로 대항할 수 있다 (대법원 2021. 12. 30. 선고 2018다268538 판결).

근저당권은 피담보채무의 최고액만을 정하고 채무의 확정을 장래에 보류하여 설정하는 저당권이다(민법 제357조 제1항 본문 참조). 근저당권을 설정한 후에 근저당설정자와 근저당권자의 합의로 채무의 범위 또는 채무자를 추가하거나 교체하는 등으로 피담보채무를 변경할 수 있다. 이러한 경우 위와 같이 변경된 채무가 근저당권에 의하여 담보된다. 후순위저당권자 등 이해관계인은 근저당권의 채권최고액에 해당하는 담보가치가 근저당권에 의하여 이미 파악되어 있는 것을 알고 이해관계를 맺었기 때문에 이러한 변경으로 예측하지 못한 손해를 입었다고 볼 수 없으므로, 피담보채무의 범위 또는 채무자를 변경할 때 이해관계인의 승낙을 받을 필요가 없다. 또한 등기사항의 변경이 있다면 변경등기를 해야 하지만, 등기사항에 속하지 않는 사항은 당사자의 합의만으로 변경의 효력이 발생한다 (대법원 2021. 12. 16. 선고 2021다255648 판결).

8. 매매를 원인으로 한 소유권이전등기청구

8-1. 개요

부동산매매계약이 체결되면 매도인은 매수인에게 부동산 소유권을 이전할 의무를 지게 되고, 이에 따라 매도인과 매도인은 함께 등기소에 부동산소유권이전등기신청을 한다(**부동산등기법 제23조제1항 및 제24조제1항제1호 참조**).

8-2. 요건사실

매매계약성립사실

8-3. 매매를 원인으로 한 소유권이전등기청구의 소

[작성례] 소유권이전등기청구의 소(매도인이 매수인을 상대로)

소   장

원   고   ○○○ (주민등록번호)
            ○○시 ○○구 ○○길 ○○(우편번호 ○○○○○)
            전화.휴대폰번호:
            팩스번호, 전자우편(e-mail)주소:
피   고   ◇◇◇ (주민등록번호)
            ○○시 ○○구 ○○길 ○○(우편번호 ○○○○○)
            전화.휴대폰번호:
            팩스번호, 전자우편(e-mail)주소:

소유권이전등기청구의 소

청 구 취 지

1. 피고는 원고로부터 별지목록 기재의 부동산에 관하여 20○○.
   ○. ○. 매매를 원인으로 한 소유권이전등기절차를 인수하라.
2. 소송비용은 피고의 부담으로 한다.
라는 판결을 구합니다.

청 구 원 인

1. 원고는 20○○. ○. ○. 피고에게 별지목록 기재의 부동산을 매
   매대금 ○○○만원에 매도하기로 하는 매매계약을 체결하고서
   피고로부터 계약금으로 ○○만원을 계약당일 지급 받고, 중도금
   ○○만원은 같은 해 ○. ○○.에 지급 받았으며, 잔금 ○○만

원은 같은 해 ○○. ○○. 지급 받고 피고에게 별지목록 기재 부동산의 인도와 소유권이전등기신청에 필요한 서류 모두를 교부하였습니다.

2. 그러나 피고는 원고로부터 별지목록 기재 부동산을 인도 받고 소유권이전등기신청에 필요한 서류 모두를 교부받은 뒤 1년이 다 지나가도록 별지목록 기재 부동산의 소유권을 이전해가지 않음으로 인하여 별지목록 기재의 부동산에 대한 각종 세금이 원고에게 부과될 뿐만 아니라, 원고의 국민건강보험료산정에 있어서도 별지목록 기재 부동산이 원고소유재산으로 고려되는 등 각종 불이익을 받고 있습니다. 그러므로 원고는 피고에게 여러 차례에 걸쳐 별지목록 기재 부동산의 소유권이전등기절차의 인수를 요구하였으나 피고는 계속 미루기만 하고 별지목록 기재 부동산의 소유권이전을 해가지 않고 있습니다.

3. 그런데 매매계약에 따른 등기의무자가 등기권리자에 대하여 매매부동산에 관하여 소유권이전등기를 인수할 것을 청구할 수 있는지에 관하여 살펴보면 ①통상의 채권채무관계에서는 채권자가 수령을 지체하는 경우 채무자는 공탁 등에 의한 방법으로 채권채무관계에서 벗어날 수 있으나, 등기에 관한 채권채무관계에 있어서는 이러한 방법을 사용할 수 없어 등기의무자가 자기 명의로 있어서는 안 될 등기가 자기명의로 있기 때문에 사회생활상, 공법상 불이익(각종 조세의 부담 등) 내지 사법상 불이익(민법 제758조에 의한 소유자책임 등)을 입을 우려가 있는 점, ②채권채무관계는 권리.의무의 엄격한 대립관계가 아니고 사회생활상의 공동목적달성을 위한 유기적 관계로 파악하여야 한다는 점, ③등기제도는 단순한 사법(私法)관계의 보조적 기능을 넘어 진정한 등기부의 유지라는 공익과 관련된 공적 제도로 형성되어 있다고 보아야 할 것이고, 따라서 진실한 권리관계에 합치하지 않는 등기가 있는 경우 그 등기의 당사자 일방은 타방 당사자에 대하여 등기가 진실에 합치하도록 함을 내용으로 하는 등기청구권을 갖는 동시에 타방

당사자는 그 등기청구에 응하여 이에 협력할 의무가 있는 점, ④부동산등기법 제29조는 "판결에 의한 등기는 승소한 등기권리자 또는 등기의무자만으로 이를 신청할 수 있다."라고 규정하여 등기인수청구를 인용하는 판결에 의한 등기의무자의 단독등기신청이 가능한 점 등을 종합하여 보면, 등기의무자도 등기권리자에 대하여 소유권이전등기를 구할 수 있는 등기인수청구권 내지 등기수취청구권을 행사할 수 있다고 봄이 상당하다고 할 것입니다.

4. 따라서 원고는 피고에게 등기인수청구권을 행사하여 별지목록 기재 부동산에 관하여 20○○. ○. ○. 매매를 원인으로 한 소유권이전등기절차의 인수를 구하지 위하여 이 사건 소송제기에 이른 것입니다.

입 증 방 법

1. 갑 제1호증의 1, 2   부동산등기사항전부증명서
1. 갑 제2호증   부동산매매계약서
1. 갑 제3호증의 1 내지 3   세금납입고지서

첨 부 서 류

1. 위 입증방법   각 1통
1. 토지대장등본   1통
1. 건축물대장등본   1통
1. 소장부본   1통
1. 송달료납부서   1통

20○○. ○. ○.
위 원고   ○○○ (서명 또는 날인)

○○지방법원 귀중

[별 지]

부동산의 표시

1. ○○시 ○○구 ○○동 ○○-○○ 대 157.4㎡
1. 위 지상 벽돌조 평슬래브 지붕 2층 주택
   1층 74.82㎡
   2층 74.82㎡
   지층 97.89㎡. 끝.

[작성례] 답변서(소유권이전등기청구에 대한 부인)

답 변 서

사   건   20○○가합○○○○ 소유권이전등기
원   고   ○○○
피   고   ◇◇◇

위 사건에 관하여 피고는 다음과 같이 답변합니다.

청구취지에 대한 답변

1. 원고의 청구를 기각한다.
2. 소송비용은 원고의 부담으로 한다.
라는 판결을 구합니다.

청구원인에 대한 답변

1. 원고와 피고가 20○○. ○. ○. 이 사건 부동산에 대한 매매계약을 체결한 사실만 인정하고 나머지 사실관계는 모두 부인합니다.
2. 원고는 이 사건 부동산의 매매대금 중 계약금 20,000,000원만 피고에게 지급한 뒤 중도금 및 잔금을 그 지급기한인 20○○. ○. ○○.을 넘은 시점인 현재까지 지급하지 않고 있습니다.
3. 원고가 중도금 및 잔금에 대해 채무를 이행하지 않는 이상 피고가 원고에게 이 사건 부동산에 대한 이전등기절차를 이행할 아무런 이유가 없는 것입니다. 따라서 원고의 청구를 기각하고 소송비용은 원고의 부담으로 하는 판결을 내려주시기 바랍니다.

20○○.　○.　○.

위 피고　　◇◇◇ (서명 또는 날인)

○○지방법원 제○민사부　귀중

■ 대법원판례

갑이 부동산을 매수하면서 아내 명의로 매매계약서를 작성하고, 계약금과 중도금을 매도인에게 지급하였는데, 이후 갑이 아들인 을로 매수인 명의를 변경하여 동일한 내용의 매매계약서를 다시 작성한 다음, 위 부동산에 관하여 을 명의로 소유권이전등기를 마친 사안에서, 을이 매매계약서 작성 및 소유권이전등기가 마쳐질 무렵 미국에 거주하고 있었고, 부동산의 매수과정에 관여하지 않았으며 매수대금도 따로 부담하지 않은 점, 을 스스로도 '갑 부부가 위 부동산을 을에게 사주었다거나 증여해주었다.'라고 주장하고 있을 뿐이지 을이 매매계약 당사자로서 관여한 내용을 밝히지 않고 있는 점 등에 비추어, 갑이 매매계약 당사자로서 부동산을 매수하면서 등기명의만 을 앞으로 하였고, 매도인도 계약에 따른 법률효과는 갑에게 직접 귀속시킬 의도로 계약을 체결한 사정이 인정되므로, 매매계약의 당사자는 갑으로 보아야 하고, 갑과 을 사이의 명의신탁약정은 3자간 등기명의신탁인데도, 매매계약 당사자가 을이라고 단정하여 계약명의신탁에 해당한다고 본 원심판단에 법리오해의 잘못이 있다고 한 사례 (대법원 2022. 4. 28. 선고 2019다300422 판결).

9. 증여를 원인으로 한 소유권이전등기청구

9-1. 개요

① "증여"는 당사자 일방이 무상으로 재산을 상대방에 수여하는 의사를 표시하고 상대방이 이를 승낙함으로써 그 효력이 생기는 계약을 말한다(민법 제554조).

② 증여에 의한 소유권 이전등기는 부동산증여계약에 의해 소유권을 이전하는 경우의 등기를 말한다.

9-2. 요건사실

증여계약성립사실

9-3. 증여를 원인으로 한 소유권이전등기청구의 소

[작성례] 소유권이전등기청구의 소(토지, 증여를 원인으로)

소　　　　장

원　　고　　○○○ (주민등록번호)
　　　　　　○○시 ○○구 ○○길 ○○(우편번호 ○○○○○)
　　　　　　전화.휴대폰번호:
　　　　　　팩스번호, 전자우편(e-mail)주소:
피　　고　　◇◇◇ (주민등록번호)
　　　　　　○○시 ○○구 ○○길 ○○(우편번호 ○○○○○)
　　　　　　전화.휴대폰번호:
　　　　　　팩스번호, 전자우편(e-mail)주소:

소유권이전등기청구의 소

청　구　취　지

1. 피고는 원고에게 ○○시 ○○구 ○○동 ○○ - ○○ 대 2,070㎡에 대하여 20○○. ○. ○. 증여를 원인으로 하는 소유권이전등기절차를 이행하라.
2. 소송비용은 피고의 부담으로 한다.
라는 판결을 구합니다.

청　구　원　인

1. 피고는 20○○. ○. ○. 원고에게 ○○시 ○○구 ○○동 ○○ - ○○ 대 2,070㎡를 아무런 부담 또는 조건 없이 증여하겠다고 하는 증여계약의 체결을 요구하여 원고는 피고와 위와

같은 증여계약을 체결하였습니다.

2. 그런데 피고는 피고의 재산상태가 현저히 변경되어 위와 같은 증여계약의 이행으로 인하여 피고의 생계에 중대한 영향을 미칠 수 있다든지, 또는 원고의 피고 등에 대한 망은행위 등 증여계약의 해제사유가 전혀 없음에도 위와 같은 증여계약에 따라 원고에게 위 부동산의 소유권이전등기절차를 이행해주지 않고 계속 미루기만 하고 있습니다.

3. 따라서 원고는 피고에 대하여 ○○시 ○○구 ○○동 ○○ - ○○ 대 2,070㎡에 관하여 20○○. ○. ○. 증여를 원인으로 하는 소유권이전등기절차의 이행을 청구하고자 이 사건 소송을 제기하게 된 것입니다.

입 증 방 법

1. 갑 제 1호증   부동산증여계약서
1. 갑 제 2호증   부동산등기사항증명서

첨 부 서 류

1. 위 입증방법   각 1통
1. 토지대장등본   1통
1. 소장부본   1통
1. 송달료납부서   1통

20○○.   ○.   ○.
위 원고   ○○○   (서명 또는 날인)

○○지방법원   귀중

[작성례] 답변서(증여계약에 따른 청구에서 비서면 증여 해제 항변)

답 변 서

사건번호 20○○가소○○○○ 증여금
원   고 ○○○
피   고 ◇◇◇

위 사건에 관하여 피고는 다음과 같이 답변합니다.

청구취지에 대한 답변

1. 원고의 청구를 기각한다.
2. 소송비용은 원고가 부담한다.
라는 판결을 구합니다.

청구원인에 대한 답변

1. 원고 청구의 요지
   원고는 피고가 20○○. ○. ○. 원고에게 금 ○○○○원을 20
   ○○. ○. ○. 증여하기로 하였음에도 피고가 이를 이행하지
   않고 있으므로 이를 이행하라고 주장합니다.
2. 피고의 답변
   피고는 위와 같은 증여계약이 있었다는 점은 인정합니다. 그
   러나 위 증여계약은 서면에 의하지 않은 단순 구두계약이고
   증여의 의사가 서면으로 표시되지 아니한 경우에는 각 당사자
   는 이를 해제할 수 있다할 것입니다. 피고는 위 계약일 이후
   원고에게 서면에 의하지 않은 증여계약을 해제하는 취지의 내
   용증명우편을 보냈고 위 내용증명우편이 피고에게 송달되어
   위 증여계약은 적법하게 해제되었다할 것입니다.

3. 따라서 원고의 청구를 기각하여 주시기 바랍니다.

입 증 방 법

1. 을 제1호증   내용증명우편

첨 부 서 류

1. 위 입증방법   1통

20○○.   ○.   ○.

위 피고   ◇◇◇ (서명 또는 날인)

○○지방법원 ○○지원 제○민사단독   귀중

■ 대법원판례

갑이 자신이 소유하는 토지상에 있는 건물의 소유자인 을을 상대로 건물의 철거와 부지 부분의 인도를 구하였는데, 원심법원이 갑과 을의 조부인 병이 당시 갑의 아버지인 정 명의로 소유권이전등기가 마쳐져 있던 위 토지 등을 아들들에게 유증하는 내용의 인증서에 따라 을의 아버지인 무가 건물 부지 부분을 유증받았고, 무로부터 건물과 부지 부분을 증여받은 을은 무를 대위하여 정의 상속인인 갑에게 부지 부분에 관한 소유권이전등기절차의 이행을 구할 수 있으므로 갑의 청구가 신의성실의 원칙에 위반되어 허용될 수 없다고 한 사안에서, 토지 소유권에 근거한 갑의 건물 철거 및 부지 부분 인도 청구에 대하여 을이 무를 대위하여 갑에게 유증을 원인으로 한 소유권이전등기절차의 이행을 구할 수 있음을 전제로 신의칙 위반 주장을 한 적이 없으므로, 갑도 유증을 원인으로 한 소유권이전등기절차 이행청구권의 존재에 대

해서는 제대로 다툴 수가 없었는데도, 인증서 기재에 유증의 효력이 인정되는지 여부, 유증을 원인으로 한 소유권이전등기절차 이행청구권의 존부 등에 관하여 당사자들에게 의견진술의 기회를 부여하거나 석명권을 행사하지 아니한 채 병이 인증서에 의하여 무에게 건물 부지 부분을 유증하였다고 인정하고, 그에 따라 정이 무에게 부담하던 소유권이전등기의무를 상속인인 갑이 부담하게 되었으므로 갑의 청구는 신의성실의 원칙에 위반된다고 본 원심판단에 석명의무 위반의 잘못이 있다고 한 사례 (대법원 2021. 9. 16. 선고 2021다200914, 200921 판결)

10. 교환을 원인으로 한 소유권이전등기청구

10-1. 개요

① 통상 교환계약은 목적물의 가격이 균등한 경우에 이루어지나, 균등하지 않은 경우에는 그 차액을 보충하기 위한 보충금이 지급된다(민법 제597조).

② 교환계약은 당사자의 합의만으로도 성립하나 농지와 같은 부동산의 교환계약은 소유권이전을 위해 교환계약서를 작성해야 한다(부동산등기 특별조치법 제3조).

10-2. 요건사실

교환계약성립사실

10-3. 교환을 원인으로 한 소유권이전등기청구의 소

[작성례] 소유권이전등기청구의 소(토지, 교환)

소　　장

원　　고　　○○○ (주민등록번호)
　　　　　　경기 ○○군 ○○면 ○○길 ○(우편번호 ○○○○○)
　　　　　　전화.휴대폰번호:
　　　　　　팩스번호, 전자우편(e-mail)주소:
피　　고　　◇◇◇ (주민등록번호)
　　　　　　경기 ○○군 ○○면 ○○길 ○(우편번호 ○○○○○)
　　　　　　전화.휴대폰번호:
　　　　　　팩스번호, 전자우편(e-mail)주소:

소유권이전등기청구의 소

청 구 취 지

1. 피고는 원고로부터 경기 ○○군 ○○면 ○○리 19의 3 전 98㎡
   에 관하여 1992. 11. 12. 교환을 원인으로 한 소유권을 이전
   받음과 동시에 원고에게 경기 ○○군 ○○면 ○○리 18 전
   129㎡에 관하여 같은 날짜 교환을 원인으로 한 소유권이전등
   기절차를 이행하라.
2. 소송비용은 피고의 부담으로 한다
라는 재판을 구합니다.

청 구 원 인

1. 피고는 1991년경 그 소유인 경기 ○○군 ○○면 ○○리 20의

2 전 3,524㎡(다음부터 이 사건 20의 2 토지라고 함) 지상에 주택을 신축하려고 계획하였는데, 이 사건 20의 2 토지는 좌우로 성명불상자 소유의 위 같은 리 20의 7 토지 및 원고 소유의 위 같은 리 19의 1 전 3,124㎡(다음부터 분할 전 19의 1 토지라고 함) 등에 의하여, 앞으로는 소외 이◆◆ 소유의 같은 리 18 전 184㎡(다음부터 분할 전 18 토지라고 함)에 의하여 둘러싸인 맹지였기 때문에 주택신축을 위해서는 분할 전 18 토지의 일부와 분할 전 19의 1 토지의 일부를 진입도로로 사용하여야 하였습니다.

2. 이에 피고는 분할 전 18 토지의 소유자인 소외 이◆◆와 분할 전 19의 1 토지의 소유자인 원고로부터 위 각 토지 중 진입도로부지로 필요한 토지 부분에 관한 토지사용승낙서를 첨부하여 관할관청인 ○○군에 주택건축허가를 신청하여 건축허가를 받았습니다.

3. 피고는 원고로부터 원고 소유인 분할 전 19의 1 토지 중 진입도로부지에 해당하는 토지 부분에 관한 토지사용승낙을 받음에 있어서 원고와 사이에, 분할 전 19의 1 토지 중 진입도로부지로 사용할 부분의 토지{나중에 위 같은 리 19의 3 전 98㎡(다음부터 이 사건 19의 3 토지라고 함)로 분할됨}를 원고로부터 소유권이전 받는 대신 피고는 소외 이◆◆로부터 분할 전 18 토지를 매수한 뒤 그 일부를 진입도로로 사용하고 (그 부분은 나중에 위 같은 리 18의 3 전 55로 분할되었음) 진입도로로 사용하지 아니하는 나머지 부분{나중에 위 같은 리 18 전 129㎡(다음부터 이 사건 18 토지라고 함)로 분할되었음}을 원고에게 소유권이전하기로 구두 약정하였습니다.

4. 이에 피고는 1991. 12. 28. 소외 이◆◆로부터 분할 전 18 토지를 매수한 다음, 같은 달 30. 피고 명의로 소유권이전등기를 마쳤습니다.

5. 원고는 1992. 11. 12. 피고와 사이에 위 구두약정에 따라, 원고는 분할 전 19의 1 토지(합의서에는 위 같은 리 19의 2로

기재되어 있으나, 이는 19의 1의 잘못된 기재임) 중 분할 전 18 토지와 피고 소유인 이 사건 20의 2 토지를 연결하는 폭 4m의 진입도로 부분(=이 사건 19의 3 토지)을 피고에게 이전 하고, 피고는 그 대가로 피고 소유인 분할 전 18 토지 중 폭 4m의 진입도로 부분을 제외한 나머지 토지(=이 사건 18 토 지)를 원고에게 이전하기로 하는 내용의 교환계약(다음부터 이 사건 교환계약이라고 함)을 체결하였습니다.

6. 피고는 이 사건 교환계약의 체결 후 소외 백◆◆에게 원.피고 간에 상호 교환하기로 한 부분의 분할측량을 의뢰하였고, 소 외 백◆◆는 즉시 대한지적공사 ○○도 지사 ○○군 지부에 이 사건 교환계약에 따른 현황측량을 의뢰하여 1992. 11. 27. 측량이 이루어졌습니다.

7. 그런데 피고는 측량 후에 갑자기 이 사건 20의 2 토지 인근 에 있는 위 같은 리 18의 1 구거(다음부터 이 사건 구거라고 함)를 복개하여 진입도로로 사용하기로 하고, 복개공사비의 견적을 산출하였으나, 복개공사비가 무려 금 65,000,000원 정 도 소요되는 것으로 나오자, 복개공사비 부담이 너무 크다고 판단한 피고는 마지막으로 1994. 4.경 원고에게 이 사건 교환계 약을 이행하자는 제안을 하였습니다.

8. 원고는 이 사건 교환계약이행을 요구했는데도 피고는 갑자기 이 사건 구거를 복개하여 진입도로로 사용하기로 하고, 1994. 9. 12. 관할관청인 ○○군으로부터 이 사건 구거를 복개한 시설 물의 소유권을 국가에 기부 채납하는 것을 조건으로 공작물설 치허가를 받은 뒤, 같은 해 12. 8. 합계 금 65,000,000원의 공사비를 들여 이 사건 구거의 일부를 복개하여 현재까지 이 를 이 사건 20의 2 토지의 진입도로로 사용하고 있습니다.

9. 그렇다면 피고는 특별한 사정이 없는 한 이 사건 교환계약에 따라 원고로부터 경기 ○○군 ○○면 ○○리 19의 3 전 98㎡ 에 관하여 1992. 11. 12. 교환을 원인으로 한 소유권을 이전 받음과 동시에 원고에게 경기 ○○군 ○○면 ○○리 18 전

129㎡에 관하여 같은 날짜 교환을 원인으로 한 소유권이전등기절차를 이행할 의무가 있다 할 것이므로 이 사건 청구에 이른 것입니다.

<h2 align="center">입 증 방 법</h2>

1. 갑 제1호증   교환계약서
1. 갑 제2호증   사실확인서
1. 갑 제3호증의 1, 2   각 부동산등기사항증명서
1. 갑 제4호증의 1, 2   각 토지대장등본
1. 갑 제5호증   현황측량도

<h2 align="center">첨 부 서 류</h2>

1. 위 입증방법   각 1통
1. 법인등기사항증명서   1통
1. 소장부본   1통
1. 송달료납부서   1통

20○○. ○. ○.

위 원고 ○○○ (서명 또는 날인)

○○지방법원 귀중

■ **대법원판례**

> 1필지의 토지 중 일부를 특정하여 매매계약이 체결되었으나 그 부분의 면적이 건축법 제57조 제1항, 건축법 시행령 제80조에 따라 분할이 제한되는 경우에 해당한다면, 매도인으로서는 그 부분을 분할하여 소유권이전등기절차를 이행할 수 없다. 따라서 매도인이 매매계약에 따라 매수인에게 부담하는 소유권이전등기절차 이행의무는 이행이 불가능하다고 보아야 한다. 이는 교환계약에서도 마찬가지이다 (대법원 2017. 8. 29. 선고 2016다212524 판결).

11. 명의신탁 해지를 원인으로 한 소유권이전등기청구(종중, 배우자간 특례의 경우)

11-1. 개요

"명의신탁약정"이란 부동산에 관한 소유권이나 그 밖의 물권을 보유한 자 또는 사실상 취득하거나 취득하려고 하는 자(실권리자)가 타인과의 사이에서 대내적으로는 실권리자가 부동산에 관한 물권을 보유하고 그에 관한 등기(가등기 포함)는 그 타인의 명의로 하기로 하는 약정을 말한다(**부동산 실권리자 명의 등기에 관한 법률 제2조제1호**).

11-2. 요건사실

1. 청구인이 소유자인 사실
2. 명의신탁약정사실
3. 계약해지사실

11-3. 명의신탁 해지를 원인으로 한 소유권이전등기청구의 소

[작성례] 소유권이전등기청구의 소(토지, 종중이 명의신탁해지)

소　　장

원　　고　　○○김씨 ○○공파 ○○문중
　　　　　　○○시 ○○구 ○○길 ○○(우편번호 ○○○○○)
　　　　　　대표자 ◉◉◉
　　　　　　전화.휴대폰번호:
　　　　　　팩스번호, 전자우편(e-mail)주소:
피　　고　　◇◇◇ (주민등록번호)
　　　　　　○○시 ○○구 ○○길 ○○(우편번호 ○○○○○)
　　　　　　전화.휴대폰번호:
　　　　　　팩스번호, 전자우편(e-mail)주소:

소유권이전등기청구의 소

청 구 취 지

1. 피고는 원고에게 ○○시 ○○구 ○○동 ○○ 답 2,000㎡에 관하여 20○○. ○○. ○○. 명의신탁해지를 원인으로 한 소유권이전등기절차를 이행하라.
2. 소송비용은 피고의 부담으로 한다.
라는 판결을 구합니다.

청 구 원 인

1. ○○시 ○○구 ○○동 ○○ 답 2,000㎡(다음부터 이 사건 토지라고 함)는 원래 원고의 소유인데, 원고는 19○○. ○. ○. 이

사건 토지를 피고의 아버지인 소외 망 ◆◆◆에게 명의신탁에 의한 소유권이전등기를 하였는바, 소외 망 ◆◆◆가 20○○. ○. ○. 사망함으로써 피고가 그 상속인으로서 명의수탁자로서의 지위를 승계하였습니다.

2. 그런데 원고는 20○○. ○○. ○○. 피고에 대하여 위 명의신탁을 해지하겠다는 의사표시를 한 바 있으므로, 피고는 원고에게 이 사건 토지에 관하여 20○○. ○○. ○○. 명의신탁해지를 원인으로 한 소유권이전등기절차를 이행할 의무가 있다고 할 것입니다.

3. 따라서 원고는 피고에 대하여 이 사건 토지에 관하여 20○○. ○○. ○○. 명의신탁해지를 원인으로 한 소유권이전등기절차의 이행을 구하고자 이 사건 청구에 이르렀습니다.

입 증 방 법

1. 갑 제1호증	부동산등기사항증명서
1. 갑 제2호증	기본증명서
	(단, 2007.12.31. 이전 사망한 경우 제적등본)
1. 갑 제3호증	가족관계증명서
	(또는, 상속관계를 확인할 수 있는 제적등본)
1. 갑 제4호증	토지대장등본
1. 갑 제5호증	문중회칙
1. 갑 제6호증	대표자선임결의서
1. 갑 제7호증	통고서(내용증명우편)

첨 부 서 류

1. 위 입증방법	각 1통
1. 소장부본	1통
1. 송달료납부서	1통

                    20○○.   ○.   ○.
                    위 원고   ○○김씨 ○○공파 ○○문중
                    대표자 ◉◉◉ (서명 또는 날인)

○○지방법원   귀중

[작성례] 소유권이전등기청구의 소(아파트, 남편이 명의신탁해지)

소   장

원   고   ○○○ (주민등록번호)
          ○○시 ○○구 ○○길 ○○(우편번호 ○○○○○)
          전화·휴대폰번호:
          팩스번호, 전자우편(e-mail)주소:
피   고   ◇◇◇ (주민등록번호)
          ○○시 ○○구 ○○길 ○○(우편번호 ○○○○○)
          전화·휴대폰번호:
          팩스번호, 전자우편(e-mail)주소:

소유권이전등기청구의 소

청 구 취 지

1. 피고는 원고에게 별지목록 기재 부동산에 대하여 이 사건 소
   장부본 송달일자 명의신탁해지를 원인으로 한 소유권이전등기
   절차를 이행하라.
2. 소송비용은 피고의 부담으로 한다.
라는 판결을 구합니다.

청 구 원 인

1. 당사자의 지위

   원고와 피고는 19○○. ○. ○. 법률상 혼인한 뒤 피고의 폭행과 유기로 20○○. ○. ○. 협의이혼 하였습니다.

2. 피고의 재산상태

   피고는 현재 약간의 예금채권과 별지목록 기재 부동산을 소유하고 있으나, 위 재산은 피고의 특유재산이 아닌 원고의 소유이지만 편의상 피고의 명의로 신탁된 재산입니다.

3. 재산의 형성과정

   가. 원고는 결혼 전부터 ◇◇상사 기술연구소에서 근무하면서 저축한 급여로   ○○시 ○○구 ○○길 ○○○ 분양가 금 2억원 상당의 아파트를 소유하고 있었으므로 결혼과 동시에 위 아파트에 입주하여 신혼생활을 시작하였습니다.

   나. 결혼당시 원고의 연봉은 금 2,500만원, 피고 역시 ○○신용금고에 근무하면서 대략 금 1,800만원 가량 연봉을 지급 받아왔습니다.

   다. 결혼 3년 뒤인 19○○. ○.경 원고는 ◇◇상사 기술연구소를 사직하여 퇴직금으로 약 3년간 개인사업을 시작하였으나 사업이 여의치 않아 다시 △△기술연구소에 취직을 하여 직장생활을 하였습니다.

   라. 원고가 사업을 하는 동안 많은 채무를 부담하고 있어 원고의 채무를 변제하기 위하여 ○○시 ○○구 ○○길 ○○○ 아파트를 금 2억 1천만원에 매도하여 금 6천만원은 채무를 변제하고 잔여금으로 별지목록 기재 부동산을 매수하였습니다.

   마. 그런데 원고는 별지목록 기재 부동산을 매수하면서 그 등기명의를 피고로 하여 명의신탁을 해두었습니다. 그러므로 별지목록 기재 부동산은 순수한 원고의 재산임에도 편의상 피고명의로 신탁한 재산에 불과합니다.

바. 그러던 중, 원고는 △△기술연구소의 구조조정으로 20○○. ○. 경에 사직하게 되었으나, 결국 직장을 구하지 못하고, 피고의 냉대와 유기를 견디지 못하여 협의이혼에 이르게 되었습니다.

4. 결론

따라서 원고는 피고에 대하여 이 사건 소장부본의 송달로 별지목록 기재의 부동산에 관한 명의신탁을 해지하고, 소장부본 송달일자 명의신탁해지를 원인으로 별지목록 기재 부동산에 대한 소유권이전등기절차의 이행을 구하기 위하여 이 사건 청구에 이른 것입니다.

입 증 방 법

1. 갑 제1호증	부동산등기사항증명서
1. 갑 제2호증의 1 내지 5	각 근로소득원천징수영수증
1. 갑 제3호증	혼인관계증명서
1. 갑 제4호증의 1	매매계약서(구 아파트)
1. 갑 제4호증의 2	매매계약서(피고명의 아파트)

첨 부 서 류

1. 위 입증방법	각 1통
1. 토지대장등본	1통
1. 건축물대장	1통
1. 소장부본	1통
1. 송달료납부서	1통

20○○.   ○.   ○.

위 원고   ○○○   (서명 또는 날인)

○○지방법원 귀중

■ **대법원판례**

명의수탁자가 3자간 등기명의신탁에 따라 매도인으로부터 소유권이전등기를 넘겨받은 부동산을 자기 마음대로 처분한 행위가 형사상 횡령죄로 처벌되지 않더라도, 이는 명의신탁자의 채권인 소유권이전등기청구권을 침해하는 행위로써 민법 제750조에 따라 불법행위에 해당하여 명의수탁자는 명의신탁자에게 손해배상책임을 질 수 있다. 그 이유는 다음과 같다.

① 명의신탁자가 매수한 부동산에 관하여 부동산 실권리자명의 등기에 관한 법률(이하 '부동산실명법'이라 한다)을 위반하여 명의수탁자와 맺은 명의신탁약정에 따라 매도인에게서 바로 명의수탁자 앞으로 소유권이전등기를 마친 이른바 3자간 등기명의신탁을 한 경우에 명의수탁자가 부동산을 임의로 처분한 것이 횡령죄가 되는지 문제 된다. 대법원은 2016. 5. 19. 선고 2014도6992 전원합의체 판결을 통해 종전 판례를 변경하여 위와 같은 경우 명의신탁자는 부동산 소유자가 아니고 명의신탁자와 명의수탁자 사이에 위탁신임관계를 인정할 수도 없어 명의수탁자가 명의신탁자의 재물을 보관하는 자라고 할 수 없으므로, 명의수탁자가 신탁 부동산을 임의로 처분해도 명의신탁자에 대한 관계에서 횡령죄가 성립하지 않는다고 판결하였다.

② 민사책임과 형사책임은 지도이념, 증명책임의 부담과 그 증명의 정도 등에서 서로 다른 원리가 적용된다. 위법행위에 대한 형사책임은 사회의 법질서를 위반한 행위에 대한 책임을 묻는 것으로서 행위자에 대한 공적인 제재인 형벌을 그 내용으로 하는 데 반하여, 민사책임은 다른 사람의 법익을 침해한 데 대하여 행위자의 개인적 책임을 묻는 것으로서 피해자에게 발생한 손해의 전보를 그 내용으로 하고 손해배상제도는 손해의 공평·타당한 부담을 그 지도원리로 한다. 따라서 형사상 범죄를 구성하지 않는 침해행위라고 하더라도 그것이 민사상 불법행위를 구성하는지는 형사책임과 별개의 관점에서 검토해야 한다.

③ 3자간 등기명의신탁에서 명의수탁자의 임의처분 등을 원인으로 제3자 앞으로 소유권이전등기가 된 경우, 특별한 사정이 없는 한 제3자는 유효하게 소유권을 취득한다(부동산실명법 제4조 제3항). 그 결과 매도인의 명의신탁자에 대한 소유권이전등기 의무는 이행불능이 되어 명의신탁자로서는 부동산 소유권을 이전받을 수 없게 된다. 명의수탁자가 명의신탁자의 채권인 소유권이전등기청구권을 침해한다는 사정을 알면서도 명의신탁받은 부동산을 자기 마음대로 처분하였다면 이는 사회통념상 사회질서나 경제질서를 위반하는 위법한 행위로서 특별한 사정이 없는 한 제3자의 채권침해에 따른 불법행위책임이 성립한다.

④ 대법원 2014도6992 전원합의체 판결은 횡령죄의 본질이 신임관계에 기초하여 위탁된 타인의 물건을 위법하게 영득하는 데 있고 명의신탁자와 명의수탁자의 관계는 형법상 보호할 만한 가치 있는 신임관계가 아니므로 명의수탁자의 임의처분행위에 대하여 횡령죄를 인정할 수 없다고 한 것이지 명의신탁관계에서 명의신탁자의 소유권이전등기청구권을 보호할 수 없다는 취지는 아니다. 따라서 명의수탁자의 임의처분으로 명의신탁자의 채권이 침해된 이상 형법상 횡령죄의 성립 여부와 관계없이 명의수탁자는 명의신탁자에 대하여 민사상 불법행위책임을 부담한다고 봄이 타당하다 (대법원 2022. 6. 9. 선고 2020다208997 판결).

부동산 실권리자명의 등기에 관한 법률 제4조 제1항은 "명의신탁약정은 무효로 한다.", 제2항은 "명의신탁약정에 따른 등기로 이루어진 부동산에 관한 물권변동은 무효로 한다. 다만 부동산에 관한 물권을 취득하기 위한 계약에서 명의수탁자가 어느 한쪽 당사자가 되고 상대방 당사자는 명의신탁약정이 있다는 사실을 알지 못한 경우에는 그러하지 아니하다."라고 규정한다. 따라서 명의신탁자와 명의수탁자가 명의신탁약정을 맺고 그에 따라 명의수탁자가 당사자가 되어 소유자와 부동산 매매계약을 체결하는 계약명의신탁에서, 부동산의 소유자가 명의신탁약정을 알면서 매매계약을 체결하고 명의수탁자 앞으로 부동산의 소유권이전등기를 마쳤다면 명의수탁자 명의의 소유권이전등기는 무효가 되고 부동산의 소유권은 소유자에게 그대로 남아 있게 되므로 소유자와 매매계약관계가 없는 명의신탁자는 소유자를 상대로 소유권이전등기청구를 할 수 없다. 부동산의 소유자가 명의신탁약정을 알지 못한 채 매매계약을 체결하고 명의수탁자 앞으로 부동산의 소유권이전등기를 마쳤다면 명의신탁약정이 무효라도 소유권이전등기는 유효하고 명의수탁자는 완전한 소유권을 취득하게 된다 (대법원 2022. 5. 12. 선고 2019다249428 판결).

12. 말소등기청구

12-1. 요건사실

1. 청구인이 소유자인 사실
2. 상대방이 원인무효인 등기의 명의자인 사실

12-2. 말소등기청구의 소

[작성례] 소유권보존 및 이전등기 말소등기절차이행청구의 소

```
                    소        장

원    고    ○○○ (주민등록번호)
            ○○시 ○○구 ○○길 ○○(우편번호 ○○○○○)
            전화.휴대폰번호:
            팩스번호, 전자우편(e-mail)주소:
피    고    1. 김◇◇ (주민등록번호)
               ○○시 ○○구 ○○길 ○○(우편번호 ○○○○○)
               전화.휴대폰번호:
```

팩스번호, 전자우편(e-mail)주소:
2. 이◇◇ (주민등록번호)
○○시 ○○구 ○○길 ○○(우편번호 ○○○○○)
전화.휴대폰번호:
팩스번호, 전자우편(e-mail)주소:

소유권보존 및 이전등기말소등기절차이행청구의 소

청 구 취 지

1. 원고에게 별지목록 기재 부동산에 대하여, 피고 김◇◇는 ○○
지방법원 20○○. ○. ○. 접수 제○○○호로 마친 소유권보존
등기의, 피고 이◇◇는 ○○지방법원 20○○. ○. ○. 접수 제○
○○호로 마친 소유권이전등기의 각 말소등기절차를 이행하라.
2. 소송비용은 피고들의 부담으로 한다.
라는 판결을 구합니다.

청 구 원 인

1. 별지목록 기재 부동산(건물)과 그 대지 157.4㎡는 원래 피고
김◇◇의 아버지인 소외 망 김◆◆의 소유인 것을 원고가 19
○○. ○. ○.에 대금 ○○○원에 매수하여 대지에 대하여는
소유권이전등기를 마쳤으나, 별지목록 기재 건물은 미등기건
물이므로 등기하지 않은 채로 지금까지 원고가 점유.사용하고
있습니다.
2. 그런데 피고 김◇◇는 소외 망 김◆◆가 사망하자 별지목록
기재 건물이 미등기건물인 것을 기화로 별지목록 기재 건물에
대하여 소외 망 김◆◆의 상속인으로서 ○○지방법원 20○○.
○. ○. 접수 제○○○호로써 건물소유권보존등기를 마친 뒤
다시 위와 같은 매매사실을 잘 알고 있는 피고 이◇◇에게

20○○. ○. ○. 매매를 원인으로 ○○지방법원 20○○. ○. ○. 접수 제○○○○호로써 소유권이전등기를 마쳤습니다.

3. 따라서 원고는 별지목록 기재 건물에 대하여 피고 김◇◇는 ○○지방법원 20○○. ○. ○. 접수 제○○○호로 마친 소유권보존등기의, 피고 이◇◇는 ○○지방법원 20○○. ○. ○. 접수 제○○○호로 마친 소유권이전등기의 각 말소등기절차를 이행하도록 하기 위하여 이 사건 청구에 이르렀습니다.

입 증 방 법

1. 갑 제1호증의 1, 2   각 등기사항전부증명서(토지, 건물)
1. 갑 제2호증   부동산매매계약서
1. 갑 제3호증   건축물대장등본

첨 부 서 류

1. 위 입증방법   각 1통
1. 소장부본   2통
1. 송달료납부서   1통

20○○. ○. ○.

위 원고   ○○○   (서명 또는 날인)

○○**지방법원** ○○**지원 귀중**

[별 지]

부동산의 표시

○○시 ○○구 ○○동 ○○-○○

[도로명주소] ○○시 ○○구 ○○길 ○○ 지상 벽돌조 평슬래브 지붕 2층주택

　　1층 74.82㎡

2층 74.82㎡

지층 97.89㎡. 끝.

■ **대법원판례**

등기명의인의 표시변경 또는 경정의 부기등기가 등기명의인의 동
일성을 해치는 방법으로 행하여져서 부동산등기사항증명서상의
표시가 실지 소유관계를 표상하고 있는 것이 아니라면 진실한 소
유자는 그 소유권의 내용인 침해배제청구권의 정당한 행사로써
그 표시상의 소유명의자를 상대로 그 소유권에 장애가 되는 부기
등기인 표시변경 또는 경정등기의 말소등기절차의 이행을 청구할
수 있으므로, 이와 같이 부동산의 등기명의인의 표시변경 또는
경정등기의 말소등기절차의 이행을 청구하려는 자는 자신이 부동
산의 원래의 등기명의인에 해당하는 자로서 진실한 소유자라는
사실을 증명하여야 한다 (대법원 2021. 5. 7. 선고 2020다299214 판결).

채권자 갑이 채무자 을 주식회사, 수익자 병, 전득자 정, 전득자
무 주식회사를 상대로 사해행위취소의 소를 제기하면서, 청구취
지로 '을 회사와 병, 병과 정 사이의 각 매매계약, 정과 무 회사
사이의 신탁계약을 취소하고, 이에 따라 이루어진 1, 2, 3차 소
유권이전등기의 말소등기절차를 이행하라.'고 청구하였고, 그 후
주소보정명령 불이행으로 병에 대한 소장각하명령이 내려져 확정
되었는데, 제1심에서 정과 무 회사에 대한 사해행위취소 청구 부
분이 각하되자, 갑이 항소한 후 항소심에서 '을 회사와 병 사이
의 매매계약을 취소하고, 정과 무 회사는 각각 2, 3차 소유권이
전등기의 말소등기절차를 이행하라.'고 항소취지를 변경한 사안
에서, 위 소 제기의 내용에 비추어 보면, 소장 기재 청구취지에
전득자들인 정과 무 회사에 대한 관계에서 채무자인 을 회사와
수익자인 병 사이의 매매계약 취소를 구하는 청구가 포함되어 있

다고 보아야 하고, 병에 대한 소장이 각하되었다고 이를 달리 볼 수 없으며, 위 항소취지 변경은 종전 청구취지 범위에서 을 회사와 병 사이의 매매계약 취소를 구하는 부분을 유지하고 나머지 계약들의 취소를 구하는 부분을 취하한 것으로 볼 수 있고, 항소심에서 청구취지를 변경한 때에 비로소 정과 무 회사를 상대로 을 회사와 병 사이의 매매계약 취소를 구하는 소를 제기하였다고 보기 어려운데도, 이와 달리 보아 갑의 정과 무 회사에 대한 소 중 을 회사와 병 사이의 매매계약 취소를 구하는 부분은 제척기간을 지나 제기된 것으로 부적법하다고 판단한 원심판결에 사해행위 취소소송의 제척기간 기산일에 관한 법리오해 등의 잘못이 있다고 한 사례 (대법원 2021. 2. 4. 선고 2018다271909 판결).

제5장 어음금·수표금 청구

제1절 어음금 청구

1. 발행인에 대한 어음금청구

1-1. 개요

원고는 피고가 어음요건이 구비된 어음을 발행한 사실을 주장·증명하여야 한다. 어음은 엄격한 요식증권으로 반드시 기재하여야 할 사항이 법으로 규정되어 있다(**어음법 제1조, 제75조**).

1-2. 요건사실

1. 피고의 어음발행
2. 어음상 권리의 원고귀속
3. 원고의 어음 소지

1-3. 가능한 공격방어방법

1. 어음항변
2. 백지어음에 관한 항변
3. 융통어음항변
4. 후자의 항변
5. 이중무권의 항변

1-4. 발행인에 대한 어음금청구의 소

[작성례] 약속어음금청구의 소(발행인)

소　　　장

원　　고　　○○○ (주민등록번호)
　　　　　　○○시 ○○구 ○○길 ○○(우편번호)
　　　　　　전화.휴대폰번호:
　　　　　　팩스번호, 전자우편(e-mail)주소:
피　　고　　◇◇◇ (주민등록번호)
　　　　　　○○시 ○○구 ○○길 ○○(우편번호)
　　　　　　전화.휴대폰번호:
　　　　　　팩스번호, 전자우편(e-mail)주소:

약속어음금청구의 소

청 구 취 지

1. 피고는 원고에게 금 5,000,000원 및 이에 대하여 20○○. ○○. ○○.부터 이 사건 소장부본 송달일까지는 연 6%의, 다음날부터 다 갚는 날까지는 연 12%의 각 비율에 의한 돈을 지급하라.
2. 소송비용은 피고가 부담한다.
3. 제1항은 가집행 할 수 있다.
라는 판결을 구합니다.

청 구 원 인

1. 피고는 원고에 대한 물품대금 5,000,000원의 채무를 갚을 날짜가 지나서도 갚지 못하고 20○○. 6. 14. 원고에게 수취인,

발행일, 발행지, 지급지, 지급기일이 백지로 된 액면 금 15,000,000원의 약속어음 1장을 발행.교부하였습니다.

2. 원고는 위 약속어음의 수취인을 원고, 발행일을 20○○. 7. 15, 지급지, 지급장소를 각 서울특별시, 지급기일을 20○○. 8. 15.로 보충기재 한 뒤 위 지급기일에 피고에게 지급제시 하였으나 피고는 돈이 없다고 지급을 거절하였습니다.

3. 원고는 그 뒤 다시 피고에게 위 약속어음을 지급제시 하였으나, 피고는 원고가 위 약속어음을 지급기일에 지급제시 할 때 발행지를 보충기재하지 않고 지급제시 하였으므로 위 약속어음은 효력이 없다고 하면서 지급을 거절하여 발행지를 서울특별시로 보충기재 하여 지급제시 하였으나 또 다시 지급거절 하였습니다.

4. 그러나 백지어음의 보충은 보충권이 시효로 소멸하기까지는 지급기일 후에도 이를 행사할 수 있고, 주된 채무자인 발행인에 대하여 어음금청구소송을 제기한 경우에는 변론종결시까지만 보충권을 행사하면 될 뿐만 아니라(대법원 1995. 6. 9. 선고 94다41812 판결 참조), 국내어음이란 국내에서 발행되고 지급되는 어음을 말하는 것이므로 국내어음인지 여부는 어음면상의 발행지와 지급지가 국내인지 여부에 따라 결정될 것이지만, 어음면상에 발행지의 기재가 없다고 하더라도 그 어음면에 기재된 지급지와 지급장소, 발행인과 수취인, 지급할 어음금액을 표시하는 화폐, 어음문구를 표기한 문자, 어음교환소의 명칭 등에 의하여 그 어음이 국내에서 어음상의 효과를 발생시키기 위하여 발행된 것으로 여겨지는 경우에는 발행지를 백지로 발행한 것인지 여부에 불구하고 국내어음으로 추단할 수 있고, 어음에 있어서 발행지의 기재는 발행지와 지급지가 국토를 달리하거나 세력(歲曆)을 달리하는 어음 기타 국제어음에 있어서는 어음행위의 중요한 해석기준이 되는 것이지만 국내에서 발행되고 지급되는 이른바 국내어음에 있어서는 별다른 의미를 가지지 못하고, 또한 일반의 어음거래

에 있어서 발행지가 기재되지 아니한 국내어음도 어음요건을 갖춘 완전한 어음과 마찬가지로 당사자간에 발행.양도 등의 유통이 널리 이루어지고 있으며, 어음교환소와 은행 등을 통한 결제과정에서도 발행지의 기재가 없다는 이유로 지급거절됨이 없이 발행지가 기재된 어음과 마찬가지로 취급되고 있음은 관행에 이른 정도인 점에 비추어 볼 때, 발행지의 기재가 없는 어음의 유통에 관여한 당사자들은 완전한 어음에 의한 것과 같은 유효한 어음행위를 하려고 하였던 것으로 봄이 상당하므로, 어음면의 기재 자체로 보아 국내어음으로 인정되는 경우에 있어서는 그 어음면상 발행지의 기재가 없는 경우라고 할지라도 이를 무효의 어음으로 볼 수는 없다고 할 것이므로**(대법원 1998. 4. 23. 선고 95다36466 판결 참조)**, 피고의 위와 같은 주장은 이유 없다고 할 것입니다.

5. 그렇다면 피고들은 합동하여 원고에게 약속어음금 15,000,000원 및 이에 대한 위 약속어음의 지급기일 다음날인 20○○. ○○. ○○.부터 이 사건 소장부본 송달일까지는 어음법에서 정한 연 6%의, 그 다음날부터 다 갚는 날까지는 소송촉진등에관한특례법에서 정한 연 12%의 각 비율에 의한 지연손해금을 지급하여야 할 것이므로 원고는 이 사건 청구에 이르렀습니다.

<h2 align="center">입 증 방 법</h2>

1. 갑 제1호증의 1, 2   약속어음앞면, 뒷면
1. 갑 제2호증   부전

<h2 align="center">첨 부 서 류</h2>

1. 위 입증방법   각 1통
1. 소장부본   1통
1. 송달료납부서   1통

```
                    20○○.   ○.   ○.
                    위 원고   ○○○  (서명 또는 날인)

○○지방법원  귀중
```

■ 대법원판례

민사소송에서의 증명책임의 분배에 관한 일반원칙에 따르면, 권리를 주장하는 자가 권리발생의 요건사실을 주장·증명하여야 하므로, 어음상의 청구권을 행사하는 자는 상대방이 어음행위를 하였다는 점 등 어음상 권리발생의 요건사실을 주장·증명하여야 한다 (대법원 1993. 8. 24. 선고 93다4151 전원합의체 판결 등 참조).(대법원 2019. 1. 31. 선고 2017다26249 판결)

어음발행인이 지급기일에 피사취신고 등 사고신고를 하면서 어음 액면금 상당의 사고신고담보금을 지급은행에 예치하였다 하더라도, 어음소지인에 대한 변제공탁으로서 효력을 갖는다고 볼 수는 없고, 지급기일부터의 이자나 지연손해금의 발생이 저지되는 효력이 생긴다고 볼 수도 없다. 그리고 이는 어음소지인이 나중에 지급은행으로부터 사고신고담보금을 지급받았다고 하여 달리 볼 것도 아니다 (대법원 2017. 2. 3. 선고 2016다41425 판결)

어음발행인에 대하여 파산절차가 개시되더라도 어음의 정당한 소지인은 파산절차에 의하지 아니하고 지급은행을 상대로 사고신고 담보금의 지급청구권을 행사하여 그 채권의 만족을 얻을 수 있지만, 이 경우 어음소지인이 정당한 어음권리자로서 지급은행으로부터 사고신고담보금을 지급받기 위하여 제출이 요구되는 확정판결 등의 증서를 얻기 위하여는 파산채권자로서 파산절차에 참가하여 채권신고를 하고 채권조사절차 또는 채권확정소송 등을 거쳐 그 채권을 확정받는 방법을 통하여야 한다 (대법원 2009. 9. 24. 선고 2009다50506 판결).

2. 배서인에 대한 어음금청구

2-1. 개요

배서인에 대하여 어음금의 지급을 구하기 위해서는 상환청구 요건을 구비하여야 한다. 즉, 원고로서는 제시기간 내에 어음을 제시하였으나 그 지급을 거절당한 사실(실질적 요건), 지급거절증서가 작성되었거나 지급거절증서의 작성이 면제된 사실(형식적 요건)을 주장·증명하여야 한다.

2-2. 요건사실

1. 피고의 어음배서
2. 어음상 권리의 원고귀속
3. 적법한 지급제시 및 지급거절
4. 지급거절증서의 작성 또는 작성면제의 특약
5. 원고의 어음소지

2-3. 가능한 공격방어방법

1. 어음항변
2. 백지어음에 관한 항변
3. 융통어음항변
4. 후자의 항변
5. 이중무권의 항변

2-4. 배서인에 대한 어음금청구의 소

[작성례] 약속어음금청구의 소(배서인)

소　　　　　장

원　　고　　○○○ (주민등록번호)
　　　　　　○○시 ○○구 ○○길 ○○(우편번호)
　　　　　　전화.휴대폰번호:
　　　　　　팩스번호, 전자우편(e-mail)주소:
피　　고　　◇◇◇ (주민등록번호)
　　　　　　○○시 ○○구 ○○길 ○○(우편번호)
　　　　　　전화.휴대폰번호:
　　　　　　팩스번호, 전자우편(e-mail)주소:

약속어음금청구의 소

청　구　취　지

1. 피고는 원고에게 금 8,000,000원 및 이에 대한 20○○. ○○. ○○.부터 이 사건 소장부본 송달일까지 연 6%의, 그 다음날부터 다 갚는 날까지는 연 12%의 각 비율에 의한 돈을 지급하라.
2. 소송비용은 피고가 부담한다.
3. 제1항은 가집행 할 수 있다.
라는 판결을 구합니다.

청　구　원　인

1. 소외 ◇◇◇는 20○○. ○. ○. ○○군에서 만기 20○○. ○○.

○. 지급지 ○○군 ○○읍 ○○○으로 된 액면 금 8,000,000원의 약속어음 1매를 자신이 기명날인을 하고 수취인을 피고로 하여 발행하였습니다. 그 뒤 피고는 20○○. ○. ○. 원고에게 위 어음을 배서.양도하였고 원고는 이를 소지하고 있습니다.

2. 원고는 20○○. ○○. ○. 발행인에게 위 어음을 지급제시 하였으나 지급 거절되었습니다. 한편, 피고는 위 어음을 배서할 때 지급거절증서 작성을 면제하였습니다.

3. 따라서 원고는 피고에 대하여 위 약속어음 배서를 원인으로 하여 약속어음금 8,000,000원 및 그에 대한 위 약속어음 지급기일 다음날인 20○○. ○○. ○○.부터 이 사건 소장부본 송달일까지는 어음법에서 정한 연 6%의, 그 다음날부터 다 갚는 날까지는 소송촉진등에관한특례법에서 정한 연 12%의 각 비율에 의한 지연손해금을 지급 받기 위하여 이 사건 소를 제기합니다.

입 증 방 법

1. 갑 제1호증의 1, 2   약속어음 표면 및 이면

첨 부 서 류

1. 위 입증방법   각 1통
1. 소장부본   1통
1. 송달료납부서   1통

20○○. ○. ○.

위 원고   ○○○   (서명 또는 날인)

○○지방법원 ○○지원 귀중

■ 대법원판례

채무자 회생 및 파산에 관한 법률(이하 '채무자회생법'이라 한다) 제109조 제1항은 "채무자의 행위가 부인된 경우 상대방이 그가 받은 급부를 반환하거나 그 가액을 상환한 때에는 상대방의 채권은 원상으로 회복된다."라고 정하고 있다. 이 조항의 문언과 취지에 비추어 보면, 부인에 의해 회복되는 상대방의 채권은 부인된 행위의 직접 대상이 된 채권에 한정되지 않고 그 채권의 소멸로 인해 함께 소멸했던 보증채권이나 보험금채권 등 다른 채권도 포함될 수 있다.

원인채무의 지급을 위해 어음을 배서·양도한 경우 원인채무와 어음상 채무가 병존하고 있다가 나중에 어음금이 지급되어 어음상 채무가 소멸하면 원인채무도 함께 소멸한다. 이러한 경우 어음금 지급행위가 부인되어 어음소지인인 상대방이 어음금을 반환한 때에는 채무자회생법 제109조 제1항에 따라 소멸했던 어음상 채권이 회복되고 어음상 채권의 소멸로 인해 함께 소멸했던 원인채권도 회복된다고 봄이 타당하다 (대법원 2022. 5. 13. 선고 2018다224781 판결).

약속어음의 배서인이 채무자(어음발행인)와 채권자의 대여관계의 내용을 알고 배서하였다는 점이나 채권자가 배서인의 보증이 없었다면 대여금을 대여하지 않았을 것이며 이러한 사정을 배서인이 잘 알고 있었다는 점은 배서인에게 민사상 보증채무까지 부담 지우는 근거가 되기에 부족하다고 한 사례 (대법원 2009. 10. 29. 선고 2009다44884 판결).

3. 발행인과 배서인에 대하여 동시에 어음금청구

3-1. 요건사실

1. 피고(발행인)의 어음발행
2. 피고(배서인)의 어음배서
3. 어음상 권리의 원고귀속
4. 적법한 지급제시 및 지급거절
5. 지급거절증서의 작성 또는 작성면제의 특약
6. 원고의 어음소지

3-2. 발행인과 배서인에 대하여 동시에 어음금청구의 소

[작성례] 약속어음금청구의 소(발행인 및 배서인)

소   장

원   고   ○○○ (주민등록번호)
           ○○시 ○○구 ○○로 ○○(우편번호)
           전화.휴대폰번호:
           팩스번호, 전자우편(e-mail)주소:
피   고   1. 김◇◇ (주민등록번호)
             ○○시 ○○구 ○○로 ○○(우편번호)
             전화.휴대폰번호:
             팩스번호, 전자우편(e-mail)주소:
           2. 이◇◇ (주민등록번호)
             ○○시 ○○구 ○○로 ○○(우편번호)
             전화.휴대폰번호:
             팩스번호, 전자우편(e-mail)주소:
           3. 박◇◇ (주민등록번호)

○○시 ○○구 ○○로 ○○(우편번호)

전화.휴대폰번호:

팩스번호, 전자우편(e-mail)주소:

약속어음금청구의 소

청 구 취 지

1. 피고들은 합동하여 원고에게 금 ○○○원 및 이에 대하여 20○
   ○. ○○. ○○.부터 이 소장부본 송달일까지는 연 6%의, 그 다음날
   부터 다 갚는 날까지는 연 12%의 각 비율에 의한 돈을 지급하라.
2. 소송비용은 피고가 부담한다.
3. 제1항은 가집행 할 수 있다
라는 판결을 구합니다.

청 구 원 인

1. 피고 김◇◇는 20○○. ○. ○. 액면 금 ○○○만원, 지급기일
   20○○. ○○. ○, 지급지 및 발행지는 모두 서울특별시, 지급
   장소 ○○은행 ○○지점, 수취인 피고 이◇◇로 된 약속어음 1
   매를 발행.교부하고, 피고 이◇◇는 위 발행일과 같은 날 위 약
   속어음을 피고 박◇◇에게 지급거절증서의 작성의무를 면제한
   채로 배서.양도하였으며, 피고 박◇◇는 원고에게 20○○. ○.
   ○. 지급거절증서의 작성의무를 면제한 채로 배서.양도하여 원
   고가 배서가 연속된 위 약속어음의 최종소지인이 되었습니다.
2. 원고는 위 약속어음의 금액을 지급 받기 위하여 적법한 지급제
   시기간 안에 지급장소에 제시하였으나 지급 거절되었습니다.
3. 그렇다면 피고들은 합동하여 원고에게 금 ○○○만원 및 이에
   대하여 위 약속어음 지급기일 다음날인 20○○. ○○. ○○.부
   터 이 사건 소장부본 송달일까지는 어음법에서 정한 연 6%의, 그

다음날부터 다 갚는 날까지는 소송촉진등에관한특례법에서 정한 연 12%의 각 비율에 의한 지연손해금을 지급하여야 할 것이므로 원고는 이 사건 청구에 이르렀습니다.

입 증 방 법

1. 갑 제1호증의 1, 2   약속어음앞면, 뒷면
1. 갑 제2호증   부전

첨 부 서 류

1. 위 입증방법   각 1통
1. 소장부본   3통
1. 송달료납부서   1통

20○○. ○. ○.

위 원고   ○○○ (서명 또는 날인)

○○지방법원 귀중

■ **대법원판례**

어음발행인이 어음의 피사취 등을 이유로 지급은행에게 사고신고와 함께 어음금의 지급정지를 의뢰하면서 체결한 "어음소지인이 어음금지급청구소송에서 승소하고 판결확정증명 또는 확정판결과 동일한 효력이 있는 것으로 지급은행이 인정하는 증서를 제출한 경우 등에는 지급은행이 어음소지인에게 사고신고담보금을 지급한다."는 사고신고담보금의 처리에 관한 약정은 제3자를 위한 계약으로서, 어음소지인과 어음발행인 사이의 수익의 원인관계에 변경이 있다고 하더라도 특별한 사정이 없는 한 낙약자인 지급은행이 제3자인 어음소지인에 대하여 부담하는 급부의무에는 영향

이 없다고 할 것이므로, 어음발행인에 대한 회사정리절차에서 어음소지인의 어음상의 권리가 정리계획의 규정에 따라 변경되었다고 하더라도 이는 정리채권인 어음소지인의 어음상의 권리에만 영향을 미치는 것에 불과하고 어음소지인이 지급은행에 대하여 갖는 사고신고담보금에 대한 권리에는 아무런 영향을 미칠 수 없다고 한 사례 (대법원 2005. 3. 24. 선고 2004다71928 판결)

제2절 수표금 청구

1. 개요

원고는 피고가 수표요건이 구비된 수표를 발행한 사실을 주장·증명하여야 한다. 수표는 엄격한 요식증권으로 반드시 기재하여야 할 사항이 법으로 규정되어 있다(**수표법 제1조**).

2. 요건사실

1. 수표발행사실,
2. 배서연속사실, 청구인이 수표를 소지하고 있는 사실,
3. 적법한 지급제시, 지급거절사실

3. 수표금 청구의 소

[작성례] 수표금청구의 소(발행인의 소지인에 대한인적항변여부)

```
                           소        장

원   고   ○○○ (주민등록번호)
          ○○시 ○○구 ○○로 ○○(우편번호)
          전화.휴대폰번호:
          팩스번호, 전자우편(e-mail)주소:
피   고   ◇◇◇ (주민등록번호)
          ○○시 ○○구 ○○로 ○○(우편번호)
          전화.휴대폰번호:
          팩스번호, 전자우편(e-mail)주소:
```

수표금청구의 소

청 구 취 지

1. 피고는 원고에게 금 5,000,000원 및 이에 대한 20○○. ○○.
   ○○.부터 이 사건 소장부본 송달일까지는 연 6%의, 그 다음
   날부터 다 갚는 날까지는 연 12%의 각 비율에 의한 돈을 지
   급하라.
2. 소송비용은 피고가 부담한다.
3. 제1항은 가집행 할 수 있다.
라는 판결을 구합니다.

청 구 원 인

1. 원고는 위 주소지에서 의류판매상을 하는 사람인데, 20○○.
   ○. ○. 소외 ◆◆◆에게 의류 금 5,000,000원 상당을 판매하
   고 그 대금으로 피고가 발행한 액면 금 5,000,000원, 발행일
   20○○. ○. ○, 발행지 ○○시, 지급지 ○○은행 ○○지점인
   당좌수표를 배서.양도받았습니다.
2. 그 뒤 원고는 발행일로부터 5일째 되는 20○○. ○○. ○.에
   위 당좌수표를 지급지인 ○○은행 ○○지점에 지급제시 하였
   으나 위 당좌수표는 피사취부도 되어 위 수표의 대금을 지급
   받지 못하였습니다.
3. 그런데 피고의 피사취 사유는 피고가 소외 ◆◆◆에게 물품대
   금의 선급금으로 위 당좌수표를 교부하였으나, 소외 ◆◆◆가
   물품을 지급하지 않았다는 것입니다.
4. 그러나 원고로서는 피고에 대한 소외 ◆◆◆의 계약불이행사
   실을 전혀 알지 못하였을 뿐만 아니라, 소지인이 그 채무자를
   해할 것을 알고 수표를 취득한 때를 제외하고는 수표에 의하

여 청구를 받은 자는 발행인 또는 종전의 소지인에 대한 인적 관계로 인한 항변으로써 소지인에게 대항하지 못하므로, 피고는 위 당좌수표의 발행인으로서 최종소지인인 원고에게 수표금을 지급할 의무가 있다 할 것입니다.

5. 따라서 피고는 수표금 5,000,000원 및 이에 대하여 위 수표의 지급제시 다음날인 20○○. ○○. ○○.부터 이 사건 소장부본 송달일까지는 수표법에서 정한 연 6%의, 그 다음날부터 다 갚는 날까지는 소송촉진등에관한특례법에서 정한 연 12%의 각 비율에 의한 지연손해금을 지급하여야 할 것이므로 원고는 이 사건 청구에 이르렀습니다.

입 증 방 법

1. 갑 제1호증의 1, 2	당좌수표앞면, 뒷면
1. 갑 제2호증	부전

첨 부 서 류

1. 위 입증방법	각 1통
1. 소장부본	1통
1. 송달료납부서	1통

20○○. ○. ○.

위 원고   ○○○ (서명 또는 날인)

○○지방법원 귀중

[작성례] 답변서(수표금청구에 대한 부인)

답 변 서

사   건   20○○가소○○○○ 수표금
원   고   ○○○
피   고   ◇◇◇

위 사건에 관하여 피고는 아래와 같이 답변합니다.

청구취지에 대한 답변

1. 원고의 청구를 기각한다.
2. 소송비용은 원고의 부담으로 한다.
라는 판결을 구합니다.

청구원인에 대한 답변

1. 원고는 피고가 위 수표를 원고로부터 냉장고를 구입하고 그 대금으로 교부하였다고 주장하나, 피고는 원고로부터 냉장고를 구입한 사실도 없으며 원고에게 위 수표를 교부한 사실도 없습니다.
2. 원고가 주장하는 위 냉장고는 피고가 구입한 것이 아니고 소외 ◆◆◆가 구입한 것이고, 피고는 소외 ◆◆◆의 부탁에 의하여 원고가 운영하는 가게에 함께 동행한 것에 불과하며, 이 사건 수표의 배서도 소외 ◆◆◆가 한 것입니다.
3. 그럼에도 불구하고 이를 피고에게 청구하는 것은 부당하다고 할 것이며, 설령 피고가 위 수표를 교부하였다고 하여도 위 냉장고를 구입한 것은 19○○. ○. ○.이고 위 수표의 지급기

일은 19○○. ○. ○.이므로 법률상 이미 그 소멸시효가 완성
되어 피고가 이를 지급할 의무가 없다 할 것입니다.

입 증 방 법

1. 을 제1호증   물품계약서

첨 부 서 류

1. 위 입증방법   1통

20○○. ○. ○.

위 피고 ◇◇◇ (서명 또는 날인)

○○지방법원 제○○민사단독 귀중

■ 대법원판례

갑이 전혀 거래관계가 없던 을 은행 지점 고객상담실에서 초면인
부지점장 병에게 거액의 자기앞수표를 교부하면서 지점 지배인의
사용인감이 날인되고 보관인 이름에 '병'이라고 기재된 현금보관
증만을 교부받았을 뿐 예금증서를 교부받거나 이를 요구하지도
않는 등 비정상적인 방식으로 금융거래를 하였다가, 병 등이 수
표금을 개인적으로 소비함에 따라 손해를 입고 을 은행을 상대로
사용자책임을 물은 사안에서, 수표 교부와 현금보관증 작성이 비
록 을 은행 지점 고객상담실에서 이루어졌다 하더라도 외형상 객
관적으로 병의 을 은행 부지점장으로서 사무집행과 관련이 있다
고 보기 어렵고, 그렇지 않다고 하더라도 갑은 위 수표 교부와
현금보관증 작성이 실제로는 병의 을 은행 부지점장으로서 사무

집행 범위 내에 속하지 않음을 알고 있었거나 조금만 주의를 기울였다면 알 수 있었음에도 단기간에 고액의 수익을 얻으려는 욕심에서 일반인에게 요구되는 주의의무를 현저히 위반하였다고 보아야 하며, 공평의 관점에서 보더라도 갑을 보호할 필요가 없다고 볼 여지가 충분한데도, 수표 교부와 현금보관증 작성이 병의 을 은행 부지점장으로서 사무집행과 관련되어 있고, 갑이 그렇게 믿은 데 고의 또는 중대한 과실이 없다고 보아 을 은행의 사용자책임을 인정한 원심판결에는 사용자책임의 요건인 사무집행 관련성 또는 사용자책임이 면책되는 피해자의 고의 또는 중대한 과실에 관한 법리오해의 위법이 있다고 한 사례 (**대법원 2011. 11. 24. 선고 2011다41529 판결**).

근저당권의 피담보채권이 당좌수표금 채권 또는 상사채권으로서 당좌수표 발행인에 대한 소구권의 소멸시효기간인 제시기간 경과 후 6개월과 상사채권의 소멸시효기간인 5년이 모두 경과하여 그 소멸시효가 완성되었다고 판단한 사례 (**대법원 2010. 3. 11. 선고 2009다100098 판결**).

수표의 수취인이 발행인과의 분쟁으로 인한 인적 항변에 의하여 수표금을 지급받지 못하게 될 것이 예상되자 제3자를 통한 소제기로 승소판결을 받아 수표금을 지급받기 위하여 제3자를 피배서인으로 하여 수표의 배서양도를 한 경우, 이러한 배서는 제3자로 하여금 소송행위를 하게 하는 것을 주된 목적으로 하는 소송신탁에 해당하여 무효라고 한 사례 (**대법원 2007. 12. 13. 선고 2007다53464 판결**).

제6장 양수금 청구

1. 요건사실

1. 양도 대상 채권의 발생
2. 채권의 양도
3. 양도통지 또는 채무자의 승낙

2. 양수금 청구의 소

[작성례] 양수금청구의 소(물품대금채권 양수)

소　　　　장

원　　고　　○○○ (주민등록번호)
　　　　　　○○시 ○○구 ○○길 ○○(우편번호)
　　　　　　전화.휴대폰번호:
　　　　　　팩스번호, 전자우편(e-mail)주소:
피　　고　　주식회사 ◇◇자동차
　　　　　　○○시 ○○구 ○○길 ○○(우편번호)
　　　　　　대표이사 ◇◇◇
　　　　　　전화.휴대폰번호:
　　　　　　팩스번호, 전자우편(e-mail)주소:

양수금청구의 소

청　구　취　지

1. 피고는 원고에게 금 50,000,000원 및 이에 대한 20○○. ○○. ○○.부터 이 사건 소장부본 송달일까지는 연 5%의, 그 다음날부

터 다 갚을 때까지는 연 12%의 각 비율에 의한 돈을 지급하라.
2. 소송비용은 피고가 부담한다.
3. 제1항은 가집행 할 수 있다.
라는 판결을 구합니다.

청 구 원 인

1. 원고는 20○○. ○. ○. 자동차부품생산업체인 ○○시 ○○구 ○○길 ○○ 소재 소외 주식회사 ◆◆가 긴급히 사업운영자금이 필요하다고 하여 금 50,000,000원을 20○○. ○. ○.을 변제기일로 하여 약속어음을 교부받고 대여한 사실이 있습니다.

2. 그런데 소외 주식회사 ◆◆는 변제기일이 지나 원고가 변제를 독촉하여도 피고 등으로부터 납품한 물품에 대한 대금이 회수되지 않고 있어 변제할 자력이 없다고 하므로, 원고와 소외 주식회사 ◆◆는 소외 주식회사 ◆◆가 피고에게 자동차부품들을 납품하여 가지고 있는 금 50,000,000원의 물품대금채권을 원고가 양수하여 변제에 갈음하기로 합의하고 채권양도양수계약서를 작성한 뒤 20○○. ○. ○. 소외 주식회사 ◆◆는 위와 같은 채권양도양수사실을 피고에게 확정일자 있는 증서인 내용증명우편으로 통지하였고, 20○○. ○. ○○. 위 통지서가 피고에게 송달되었습니다.

3. 그 뒤 원고는 피고에게 위 양수금을 신속히 지급해줄 것을 여러 차례 요청하였으나 피고는 현재까지 특별한 이유 없이 계속 미루기만 할 뿐 지급할 의사를 보이지 않고 있습니다.

4. 따라서 원고는 피고로부터 위 양수금 50,000,000원 및 이에 대한 위 채권양도통지서가 피고에게 도달된 날의 다음날인 20○○. ○○. ○○.부터 이 사건 소장부본 송달일까지는 민법에서 정한 연 5%의, 그 다음날부터 다 갚을 때까지는 소송촉진등에관한특례법에서 정한 연 12%의 각 비율에 의한 지연손해금을 지급 받기 위하여 이 사건 청구에 이른 것입니다.

입 증 방 법

1. 갑 제1호증   채권양도양수계약서
1. 갑 제2호증   채권양도양수통지서
1. 갑 제3호증   우편물배달증명서
1. 갑 제4호증   자동차부품납품계약서
1. 갑 제5호증   자동차부품인수증

첨 부 서 류

1. 위 입증방법   각 1통
1. 법인등기사항증명서   1통
1. 소장부본   1통
1. 송달료납부서   1통

20○○.　○.　○.

위 원고 　○○○　(서명 또는 날인)

○○지방법원　귀중

[작성례] 준비서면(양수금, 원고)

준 비 서 면

사　건　20○○가합○○○○ 양수금
원　고　○○○
피　고　◇◇◇

위 사건에 대하여 원고는 다음과 같이 변론을 준비합니다.

다   음

피고 제출의 준비서면에 대한 답변

가. 채권의 이중양도사실 여부

이 사건 원고와 소외 채무자 김◆◆ 사이에 채권양도전인 20○○. ○. ○. 소외 채무자 김◆◆는 또 다른 채권자 소외 이◆◆에게 채권양도계약서를 작성해준 사실이 있어 채권이 이중으로 양도된 사실은 피고의 주장과 같습니다. 그러나 그 외 피고의 주장사실에 대하여는 전부 부인합니다.

나. 채권양수인간의 우선권

소외 채무자 김◆◆는 소외 이◆◆에 대한 매매대금반환채무의 변제기가 경과된 뒤 지급기일의 연장을 신청하면서 소외 채무자 김◆◆가 피고에게 가지고 있던 대여금반환채권을 담보조로 당사자간 채권양도계약서를 작성하고, 차용증을 소외 이◆◆에게 건네 주었으나, 당시 소외 채무자 김◆◆는 피고에게 위 채권을 양도한 사실에 대하여는 직접 통지하지 않았을 뿐만 아니라 확정일자 있는 증서로 통지하지 않았으며, 피고 또한 위 소외인들 사이의 채권양도사실을 이 사건 양수금청구의 소송 진행 중에 알게 된 것으로 사전에 승낙한 사실도 없다 할 것이고, 가사 채권양도사실을 알고 있었다 하더라도 확정일자 있는 증서에 의한 승낙이 없는 반면, 소외 채무자 김◆◆는 피고에게 20○○. ○. ○.자 배달증명부 내용증명우편으로 피고에 대한 채권을 원고에게 양도한다는 통지를 한 사실이 있으므로 민법 제450조에 의하면 원고가 우선권 있는 채권양수인이라 할 것이므로, 피고가 단순히 채권이 이중으로 양도되었고, 차용증을 타인이 보관하고 있다하여 원고의 청구를 거부 할 수는 없다 할 것입니다.

다. 원고가 채권양도인의 대리인으로서 한 채권양도의 통지

피고는 답변서에서 채권양도의 통지는 양도인이 하여야 함에도 불구하고 양수인인 원고가 하였으므로 적법한 통지가 아니라고 주장하고 있으나, 채권양도의 통지는 법률행위가 아닌 관념의 통지이므로 대리인이 하여도 무방하다 할 것이고 이는 대법원의 판례에서도 인정되고 있습니다.(대법원 1994. 12. 27. 선고 94다19242 판결 참조) 더욱이 양도인인 소외 채무자 김◆◆가 채권양도 후 해외로 출국하면서 위임장을 작성해주었으며, 이에 근거하여 배달증명부 내용증명우편으로 양도인의 대리인으로서 채권양도통지를 한 것이므로 적법하다 할 것입니다.

라. 따라서 피고의 이 사건 채권의 이중양도사실 및 채권양도통지의 하자의 주장은 이유가 없다고 할 것입니다.

20○○.   ○.   ○.

위 원고   ○○○ (서명 또는 날인)

○○지방법원 제○민사부   귀중

[작성례] 답변서(양수금청구에 대한 부인)

답 변 서

사   건   20○○가단○○○ 양수금

원   고   ○○○

피   고   ◇◇◇

위 사건에 관하여 피고는 다음과 같이 답변합니다.

답 변 취 지

1. 원고의 청구를 기각한다.
2. 소송비용은 원고의 부담으로 한다.
라는 판결을 구합니다.

답 변 원 인

1. 원고는 소외 ◉◉◉로부터 소외 ◉◉◉가 피고에 대해 가지고 있던 임차보증금반환청구채권을 20○○. ○. ○.자로 양수 받았다고 주장하면서 이 사건 소송을 제기하였으나, 피고는 원고와 소외 ◉◉◉간에 이루어진 채권양도양수계약에 대해 아는 바 없으며 채권양도사실을 통지 받은 적도 없어 위 임대차계약의 종료와 더불어 임차인인 소외 ◉◉◉에게 임차보증금 전액을 반환하였습니다.
2. 민법 제450조에서 지명채권의 양도는 양도인이 채무자에게 통지하거나 채무자가 승낙하지 아니하면 채무자 기타 제3자에게 대항하지 못한다고 규정하였는바, 원고가 주장하는 채권의 양도양수는 위 요건을 충족하지 못하였으므로 채권양도양수의 효력이 피고에게 미치지 않는다고 할 것입니다.
3. 원고와 소외 ◉◉◉간에 이루어진 채권양도양수계약의 유효를 주장하며 제기한 이 사건 원고의 청구는, 위와 같이 소외 ◉◉◉가 채권양도사실을 통지하지 아니하여 부당하므로 기각되어야 마땅할 것입니다.

입 증 방 법

1. 을 제1호증   영수증

■ 대법원판례

갑 주식회사가 을을 상대로 대여금청구 소송을 제기하여 공시송달에 의한 승소판결을 선고받았고, 그 후 갑 회사로부터 대여금채권을 양수한 병 유한회사가 을을 상대로 양수금청구 소송을 제기하여 공시송달에 의한 승소판결을 선고받았으며, 을이 위 판결들에 대하여 각 추완항소를 제기하였는데, 양수금청구 소송의 항소심법원이 '병 회사는 소를 취하하고, 을은 소취하에 동의한다.'는 내용의 화해권고결정을 하였고, 화해권고결정이 확정되기 전 병 회사가 대여금청구 소송의 항소심에서 승계참가신청을 한 사안에서, 화해권고결정의 확정으로 양수금청구 소송이 취하된 것과 같은 효과가 발생하였는데, 이는 병 회사가 을의 추완항소로 인하여 생긴 소송계속의 중복상태를 해소하고 먼저 소가 제기된 대여금청구 소송을 승계하는 방법으로 소송관계를 간명하게 정리한 것일 뿐이므로, 종국판결 선고 후 양수금청구 소송을 취하하는 소송상 합의를 한 동기와 경위에 비추어 보면 병 회사의 승계참가신청이 화해권고결정의 확정으로 종결된 양수금청구 소송과 당사자와 소송물이 동일하더라도 이는 재소금지에 관한 민사소송법 제267조 제2항의 취지에 반하지 아니하고, 승계참가신청을 통해 대여금청구 소송을 승계할 정당한 사정이 있는 등 양수금청구 소송과 권리보호이익이 동일하지 않아 위 승계참가신청이 재소금지 원칙에 위반된다고 보기 어렵다고 한 사례 (**대법원 2021. 7. 29. 선고 2018다230229 판결**).

제7장 임금 및 퇴직금 청구

1. 임금청구

1-1. 개요

① "미지급 임금·퇴직금(체불임금)"이란 일반적으로 임금의 지급 의무(근로기준법 제43조), 금품청산 의무(근로기준법 제36조) 및 퇴직금 지급의무(근로자퇴직급여 보장법 제9조제1항 본문)를 위반한 것을 말한다.

② 임금을 지급받지 못한 근로자는 필요한 경우 사전상담을 한 후에 진정 또는 고소 여부를 결정한 후 사업장소재지 관할 지방고용노동관서에 진정 또는 고소를 할 수도 있다.

1-2. 요건사실

근로계약성립사실(임금, 임금지급시기, 고용기간)

1-3. 임금청구의 소

[작성례] 임금 등 청구의 소

소   장

원   고   1. 김○○ (주민등록번호)
　　　　　　○○시 ○○구 ○○길 ○○(우편번호 ○○○○○)
　　　　　　전화.휴대폰번호:
　　　　　　팩스번호, 전자우편(e-mail)주소:

---

2. 박○○ (주민등록번호)

　　○○시 ○○구 ○○길 ○○(우편번호 ○○○○○)

　　전화.휴대폰번호:

　　팩스번호, 전자우편(e-mail)주소:

3. 최○○ (주민등록번호)

　　○○시 ○○구 ○○길 ○○(우편번호 ○○○○○)

　　전화.휴대폰번호:

　　팩스번호, 전자우편(e-mail)주소:

피　　고　　주식회사◇◇◇◇

　　　　　　○○시 ○○구 ○○길 ○○(우편번호 ○○○○○)

　　　　　　대표이사 ◈◈◈

　　　　　　전화.휴대폰번호:

　　　　　　팩스번호, 전자우편(e-mail)주소:

임금 등 청구의 소

청　구　취　지

1. 피고는

가. 원고 김○○에게 금 9,695,279원 및 이에 대한 20○○. ○○. ○○.부터 20○○. ○○. ○○.까지는 연 6%의, 그 다음 날부터 다 갚는 날까지는 연 20%의 각 비율에 의한 돈을,

나. 원고 박○○에게 금 9,555,757원 및 이에 대한 20○○. ○○. ○○.부터 20○○. ○○. ○○.까지는 연 6%의, 그 다음 날부터 다 갚는 날까지는 연 20%의 각 비율에 의한 돈을,

다. 원고 최○○에게 금 7,846,721원 및 이에 대한 20○○. ○○. ○○.부터 20○○. ○○. ○○.까지는 연 6%의, 그 다음날부터 다 갚는 날까지는 연 20%의 각 비율에 의한 돈을, 각 지급하라.

2. 소송비용은 피고의 부담으로 한다.

3. 위 제1항은 가집행 할 수 있다.

라는 판결을 구합니다.

청 구 원 인

1. 피고는 정보통신장비의 제조 등을 주 업무로 하는 회사로서, 원고들은 피고에게 고용되어 마케팅직 대리로 별지목록 (2)항 기재 각 기간동안 근무하다가 퇴직한 사실이 있는바, 원고들 중 원고 김○○, 박○○은 1개월 분의 급여를 위로금으로 받는 조건으로 피고의 권고사직에 응하여 퇴직하였습니다.

2. 그런데 피고는 원고들에 대한 20○○. 6, 7, 8, 9월분 급여 중 일부 및 20○○. 1월분 급여 1/2 상당의 지급을 연체하던 중 [갑 제1호증(미지급 급여현황서) 참조], 회사의 사정이 호전되면서 이에 대해 매월 조금씩 지급을 해왔는데 그 금액이 원고 김○○, 박○○은 각 금 3,000,000원, 원고 최○○은 금 1,200,000원 상당입니다. 따라서 피고의 원고들에 대한 기 미지급임금에서 그 동안 조금씩 지급된 위 금액을 공제하면 현재의 미지급 월급여는 별지목록 (2)의 (가)항 기재와 같습니다.

3. 그리고 피고는 20○○년경에는 월급여 외에 연간 기본급의 600%의 상여금을 지급할 의무가 있고[갑 제2호증('20○○상여금 지급기준 확인서) 참조], 20○○. 7. 1.부터는 연간 기본급의 400%의 일반 상여금 및 130%의 특별상여금을 지급할 의무가 있음에도 불구하고[갑 제3호증(상여금규정 공고) 참조], 원고들에게 별지목록 (3)의 (나)항 기재와 같이 상여금을 미지급하고 있습니다.

4. 또한, 피고는 1개월분 급여를 위로금으로 받는 조건으로 권고

사직에 응한 원고 김○○, 박○○에게 각 금 1,256,000원의 위로금을 지급할 의무가 있고[갑 제4 호증(공고문), 갑 제5호증의 1, 2(각 사직서)], 원고 최○○에게는 금 1,194,071원의 퇴직금을 지급할 의무가 있음에도 이를 지급하지 않고 있습니다.

5. 따라서 피고는 원고 김○○에게는 금 9,695,279원 및 이에 대한 원고 김○○의 퇴직 다음날인 20○○. ○○. ○○.부터 14일째 되는 날인 20○○. ○○. ○○.까지는 상법에서 정한 연 6%의, 그 다음날부터 다 갚는 날까지는 근로기준법 제37조 및 동법 시행령 제17조에서 정한 연 20%의 각 비율에 의한 지연손해금을, 원고 박○○에게는 금 9,555,757원 및 이에 대한 원고 박○○의 퇴직 다음날인 20○○. ○○. ○○.부터 14일째 되는 날인 20○○. ○○. ○○.까지는 상법에서 정한 연 6%의, 그 다음날부터 다 갚는 날까지는 근로기준법 제37조 및 동법 시행령 제17조에서 정한 연 20%의 각 비율에 의한 지연손해금을, 원고 최○○에게 금 7,846,721원 및 이에 대한 원고 최○○의 퇴직 다음날인 20○○. ○○. ○○.부터 14일째 되는 날인 20○○. ○○. ○○.까지는 상법에서 정한 연 6%의, 그 다음날부터 다 갚는 날까지는 근로기준법 제37조 및 동법 시행령 제17조에서 정한 연 20%의 각 비율에 의한 지연손해금을 각 지급할 의무가 있으므로, 원고들은 그 지급을 구하기 위하여 이 사건 소제기에 이르렀습니다.

입　증　방　법

1. 갑 제1호증　　　　　　　미지급급여현황
1. 갑 제2호증　　　　　　　상여금지급기준확인서
1. 갑 제3호증　　　　　　　상여금 규정 공고
1. 갑 제4호증　　　　　　　공고문
1. 갑 제5호증의 1, 2　　　각 사직서

첨 부 서 류

1. 위 입증방법   각 1통
1. 법인등기사항증명서   1통
1. 소장부본   1통
1. 송달료납부서   1통

20○○. ○. ○.

위 원고 1. 김○○ (서명 또는 날인)

2. 박○○ (서명 또는 날인)

3. 최○○ (서명 또는 날인)

○○지방법원 귀중

[별지]

청구채권 목록

(1) 성명	(2) 근무기간	(3) 미지급 임금						(4) 미지급 퇴직금	(5) 미지급 위로금	(6) 합계
		(가) 미지급 급여		(나) 상 여 금						
		20○○.6월 분~9월분	20○○. 1월분	20○○.6, 8,10,12월 분	20○○. 2월분	20○○. 4월분	20○○. 12월분			
김○○	'○○.○.○ ~ 20○○.○.○	1,313,440	453,850	3,640,000	910,000	935,000	1,186,989		1,256,000	9,695,279
박○○	'○○.○.○ ~ 20○○.○.○	1,312,090	453,700	3,640,000	910,000	935,000	1,048,967		1,256,000	9,555,757
최○○	'○○.○.○ ~ 20○○.○.○	2,717,330	385,320	3,550,000				1,194,071		7,846,721
합 계		5,342,860	1,292,870	10,830,000	1,820,000	1,870,000	2,235,956	1,194,071	2,512,000	27,097,757

-끝

[작성례] 준비서면(임금, 원고)

준 비 서 면

사   건   20○○가소○○○○○ 임금
원고(선고당사자)   ○○○
피   고   1. ◇①◇
                  2. ◇②◇

위 사건에 대하여 원고는 다음과 같이 준비서면을 제출합니다.

다   음

1. 소외 노동부에서 사실관계를 조사하여 발급한 체불임금확인서
   에 의하면 소외 ◉◉산업의 명의대표자는 피고 ◇①◇, 실질
   적인 사용주는 피고 ◇②◇로 되어 있으나 노동부 조사과정에
   서 원고가 알게 된 바에 의하면 피고 ◇①◇는 개인기업인 ◉
   ◉산업의 대표로서 제조공구업을 하는 사업자이고, 피고 ◇②
   ◇는 개인기업인 ◎◎농산의 대표자로서 ◎◎농산은 톱밥을 공
   급하는 회사로 피고들은 각자 다른 사업체로서 사업자등록증을
   필하였으나 원고인 선정당사자 및 선정자들은 ◉◉산업에 고용되
   어 근로한 근로자이나 사업장에서 실질적으로 작업감독 및 지시를
   한 것은 피고 ◇①◇입니다.(갑 제1호증 - 체불금품확인원)

   가. 원고인 ○○○(선정당사자) 및 선정자들이 근무한 ○○ ○
      ○시 ○○○면 ○○리 ○○○-○ 소재 ◉◉산업의 건물에
      는 유일한 간판으로 ◉◉산업이라는 간판이 붙어 있으며
      (위 주소지에 ◎◎농산과 같은 사업장의 간판은 건물 어디에
      도 없음) 근무할 당시에 직원들에게 외부에서 걸려오는 전
      화를 받을 때에 "◉◉산업입니다."라고 말하게 하였습니다.
      (갑 제2호증 - 소외 ■■■의 사실확인서)

나. 또 원고인 ○○○(선정당사자) 및 선정자들이 톱밥운반 일을 할 당시에 피고 ◇②◇가 거래처에 주도록 지시한 거래명세표를 보면 분명히 ◉◉산업 사업자 피고 ◇①◇라고 적혀 있거나 또는 ◉◉산업의 사업자 ◇②◇라고 적혀 있지 ◎◎농산이라는 상호는 거래명세표 어디에서도 볼 수가 없습니다.(갑 제3호증- 거래명세표)

따라서 원고는 명의대표자나 실질사용자에 관계없이 A산업의 근로자이지 B농산의 근로자는 아닙니다.

2. 그리고 피고가 톱밥운반일을 시킬 때 거래처에 주도록 지시한 거래명세표를 다시 한번 살펴보면 이 거래명세표에서 ◉◉산업의 사업자가 피고 ◇①◇로 되어있는 것이 있는가 하면 또 다른 거래명세표에는 사업자가 분명히 피고 ◇②◇로 되어 있음을 통하여 형식적인 사업자등록 여부와 관계없이 ◉◉산업은 남매지간인 피고 ◇①◇와 피고 ◇②◇의 공동사업체임을 알 수 있습니다.

3. 그렇다면 원고인 선정당사자 및 선정자들은 남매지간인 피고들이 공동운영하는 A산업의 근로자로 근무하였으며 선정당사자 및 선정자 중 그 누구도 피고들로부터 현재에 이르기까지 노동부 발급 체불임금확인서에 나와 있는 바와 같은 체불임금을 지급 받은 바 없으므로 피고들은 연대하여 원고의 체불임금을 지급할 의무가 있다고 할 것입니다.

2000.   0.   0.

위 원고   ○○○ (서명 또는 날인)

○○지방법원 ○○지원 제○○민사단독   귀중

[작성례] 조정신청서(임금청구)

조 정 신 청 서

사 건 명 임금
신 청 인 ○○○(주민등록번호)
　　　　　○○시○○구○○길○○(우편번호○○○○○)
　　　　　전화.휴대폰번호:
　　　　　팩스번호, 전자우편(e-mail)주소:
피신청인 ◇◇◇(주민등록번호)
　　　　　○○시○○구○○길○○(우편번호○○○○○)
　　　　　전화.휴대폰번호:
　　　　　팩스번호, 전자우편(e-mail)주소:

조정신청사항가액	금○○○원	인 지	금○○○원	송달료	금○○○원
※조정비용은 소장에 첨부하는 인지액의 1/10 입니다.						

신 청 취 지

1. 피신청인은 신청인에게 금 ○○○원 및 이에 대하여 20○○. ○○. ○○.부터 신청서부본 송달일까지는 연 5%의, 그 다음날부터 다 갚을 때까지는 연 12%의 각 비율에 의한 돈을 지급한다.
2. 조정비용은 피신청인의 부담으로 한다.
라는 조정을 구합니다.

신 청 원 인

1. 노무 제공의 내역
　(1)노무의 종류 : 신청인은 피신청인에게 경리직원으로 고용되어

일하였음.

(2)노무제공기간 : 20○○. ○. ○.부터 20○○. ○○. ○.까지

(3)노임액 : 금 ○○○원(내역 : 월급 금 ○○○원)

(4)기타 약정 : 노임지급액은 매월 말일에 지급하기로 약정하였음.

2. 피신청인은 신청인에게 위 노임을 계속 미루기만 하고 지급하지 않고 있음.

첨　부　서　류

1. 신청서부본　　　　　　　　1통
1. 송달료납부서　　　　　　　1통

20○○.　○○.　○○.

위 신청인 ○○○ (서명 또는 날인)

○○지방법원　귀중

■ 대법원판례

　갑 연구원이 노동조합과 신인사제도를 시행하기로 합의한 후 기존의 정년 61세를 그대로 유지하면서 55세 이상 정규직 직원들을 대상으로 임금을 삭감하는 내용의 성과연급제를 시행하였는데, 갑 연구원의 근로자였던 을이 위 성과연급제는 구 고용상 연령차별금지 및 고령자고용촉진에 관한 법률(2020. 5. 26. 법률 제17326호로 개정되기 전의 것)에 위반되어 무효라고 주장하면서 삭감된 임금 등의 지급을 구한 사안에서, 위 성과연급제는 인건비 부담을 완화하고 실적 달성률을 높이기 위한 목적으로 도입되었으나 위와 같은 목적을 55세 이상 정규직 직원들만을 대상으로 한 임금 삭감 조치를 정당화할 만한 사유로 보기 어려운

점, 성과연급제로 인하여 을은 임금이 일시에 대폭 하락하는 불이익을 입었고, 그 불이익에 대한 대상조치가 강구되지 않은 점, 성과연급제를 전후하여 을에게 부여된 목표 수준이나 업무의 내용에 차이가 있었다고 보이지 않는 점 등을 종합하면, 위 성과연급제는 연령을 이유로 임금 분야에서 을을 차별하는 것으로 차별에 합리적인 이유가 있다고 볼 수 없다고 한 사례 (대법원 2022. 5. 26. 선고 2017다292343 판결).

구 근로기준법(2018. 3. 20. 법률 제15513호로 개정되기 전의 것) 제56조에 따라 휴일근로수당으로 통상임금의 100분의 50 이상을 가산하여 지급하여야 하는 휴일근로에는 같은 법 제55조 소정의 주휴일 근로뿐만 아니라 단체협약이나 취업규칙 등에 의하여 휴일로 정하여진 날의 근로도 포함된다. 그리고 휴일로 정하였는지는 단체협약이나 취업규칙 등에 있는 휴일 관련 규정의 문언과 그러한 규정을 두게 된 경위, 해당 사업장의 근로시간에 관한 규율 체계와 관행, 근로 제공이 이루어진 경우 실제로 지급된 임금의 명목과 지급금액, 지급액의 산정 방식 등을 종합적으로 고려하여 판단하여야 한다 (대법원 2022. 5. 12. 선고 2022다203798 판결).

갑 주식회사의 단체협약에서 '약정 통상급의 600% 지급률에 따라 상여금을 지급하되, 상여금 지급일 이전에 입사, 복직, 휴직하는 사람의 상여금은 일할 계산한다.'고 정하는 한편 취업규칙에는 '상여금은 지급일 현재 재직 중인 자에 한하여 지급한다.'고 정하고 있고, 이에 따라 갑 회사가 정기상여금을 매 2개월마다 약정 통상급의 100%씩 정기적·계속적으로 지급한 사안에서, 단체협약과 취업규칙에 근거하여 연 600%의 지급률에 따라 정기적·계속적으로 지급되는 정기상여금은 근로의 대가인 임금에 해당하며, 단체협약은 정기상여금이 임금에 해당한다는 노사의 공통된 인식으로 상여금 지급일 전에 입사, 복직, 휴직하는 사람에게도 근무한 기간에 비례하여 정기상여금을 일할 지급한다는 취지를 정한 것으로 이해되고, 퇴직의 경우를 휴직 등과 달리 취급하여 배제하는 규정을 두고 있지 않을 뿐만 아니라, 취업규칙에서 퇴직자에 대한 임금은 일할 지급하는 것이 원칙임을 분명히 하고 있는 점, 취업규칙의 규정은 당기 정기상여금 '전액'은 지급일 현재 재직 중인 사람에게 지급한다는 의미에 지나지 않고, 이와 달리 지급일 전에 퇴직한 사람에게는 이미 근무한 기간에 해당하는 것도 지급하지 않는다는 의미라고 보기 어려운 점 등에 비추어, 갑 회사는 지급일 이전에 퇴직한 근로자에게도 이미 근무한 기간에 비례하는 만큼 정기상여금을 지급하기로 하였다고 볼 수 있고, 이는 통상임금에 해당한다고 봄이 타당하다고 한 사례 (대법원 2022. 4. 28. 선고 2019다238053 판결).

주요사실에 대한 주장은 당사자가 이를 직접적으로 명백히 한 경우뿐만 아니라 당사자의 변론을 전체적으로 관찰하여 주장을 한 것으로 볼 수 있는 경우에도 주요사실의 주장이 있다고 보아야 한다. 건설근로자의 임금청구 소송을 심리하는 사실심법원은, 근로기준법 제44조의2가 건설근로자를 보호하기 위한 것으로 강행규정인 점, 사업이 여러 차례의 도급에 따라 행하여지는 경우가 많고, 필요에 따라 해당 공사현장에서 공사기간 동안만 일시적으로 근로관계가 맺어지는 건설사업의 특성상 건설근로자의 경우 누구와 근로계약관계를 맺은 것인지가 명확하지 않은 경우도 종종 발생하고 이에 따라 건설근로자로서는 보다 자력이 있는 직상 수급인 등을 자신과 고용관계를 맺은 사업주라고 주장할 여지가 상당한 점 등을 염두에 두어, 해당 건설근로자가 소송 상대방과의 고용관계를 주장하는 경우 그러한 주장 안에 설령 고용관계가 인정되지 않는다고 하더라도 근로기준법 제44조의2에 따른 직상 수급인으로서의 책임을 묻는 취지가 포함되어 있는지 여부 등을 신중하게 살펴보

아야 하고, 그러한 취지가 포함되어 있는 것으로 볼 수 있는 사정
이 충분함에도 섣불리 소송 상대방이 해당 건설근로자와의 고용관
계가 인정되지 않는다는 이유만을 들어 임금청구를 배척하여서는
안 된다 (대법원 2021. 6. 10. 선고 2021다217370 판결).

2. 퇴직금청구

2-1. 개요

① 퇴직의 사유는 제한이 없기 때문에 근로자의 일방적 의사
표시에 의한 근로계약의 해지(퇴직)만이 아니고 근로자의
사망 또는 기업의 소멸, 일의 완료, 정년의 도래 및 해고
등 근로계약이 종료되는 모든 경우가 퇴직금 지급요건의
퇴직에 해당한다.

② 근로자가 고의로 사업에 막대한 지장을 초래하거나 재산상
손해를 끼친 경우에는 해고예고를 하지 않고 근로자를 즉
시 해고(근로기준법 제26조제3호)할 수 있는 데, 이 경우
에도 해고근로자의 퇴직금은 지급해야 한다.

2-2. 요건사실

근로계약종료사실(퇴직금규정, 근속기간, 평균임금, 상시근로
자수)

2-3. 퇴직금청구의 소

[작성례] 퇴직금청구의 소(이사대우 겸 공장장으로 일한 경우)

<h2 align="center">소　　　장</h2>

원　　고　　○○○ (주민등록번호)
　　　　　　○○시 ○○구 ○○로 ○○(우편번호 ○○○○○)
　　　　　　전화.휴대폰번호:
　　　　　　팩스번호, 전자우편(e-mail)주소:
피　　고　　◇◇◇주식회사
　　　　　　○○시 ○○구 ○○로 ○○
　　　송달장소 : ○○시 ○○구 ○○로 ○(우편번호 ○○○○○)
　　　　　　대표이사 ◈◈◈
　　　　　　전화.휴대폰번호:
　　　　　　팩스번호, 전자우편(e-mail)주소:

퇴직금청구의 소

<h3 align="center">청 구 취 지</h3>

1. 피고는 원고에게 3,118,424원 및 이에 대한 20○○. ○○. ○
   ○.부터 20○○. ○○. ○○.까지는 연 6%의, 그 다음날부터
   다 갚는 날까지는 연 20%의 각 비율에 의한 돈을 지급하라.
2. 소송비용은 피고의 부담으로 한다.
3. 위 제1항은 가집행 할 수 있다.
라는 판결을 구합니다.

<h3 align="center">청 구 원 인</h3>

1. 원고는 19○○. ○. ○. 피고회사에 입사하여 공장장으로 근무하던 중 20○○. ○. ○. 이사대우로 승진하였는데, 승진한 뒤에도 매일 종전부터 하여온 공장장으로서의 업무를 계속하여 처리하였습니다.

2. 그 뒤 피고회사는 원고가 공장장으로 근무하는 공장에서 출고된 제품에서 많은 불량품이 발생하는 등 생산 및 영업에 지장을 초래하였음을 이유로 원고에게 사직을 권고하였고, 원고도 2○○○. ○○. ○.자로 사직서를 제출하여 퇴직처리 되었습니다.

3. 그런데 피고회사는 원고의 퇴직금을 최초 입사시로부터 이사대우로 승진하기 전까지만 계산하여 금 ○○○원만을 지급하였을 뿐이므로, 원고는 피고회사에 대하여 이사대우로 승진한 뒤 퇴직시까지의 퇴직금 ○○○원의 지급을 요구하였으나, 피고회사는 이를 거부하고 있습니다.

4. 그러나 근로기준법의 적용을 받는 근로자에 해당하는지 여부는 계약의 형식에 관계없이 그 실질에 있어서 임금을 목적으로 종속적인 관계에서 사용자에게 근로를 제공하였는지 여부에 따라 판단하여야 할 것이므로, 회사의 이사라 하더라도 회사로부터 위임받은 사무를 처리하는 외에 사장 등의 지휘.감독하에 일정한 노무를 담당하고 그 대가로 일정한 보수를 지급 받는 관계에 있었다면 근로기준법상 근로자에 해당한다고 할 것이므로, 피고회사는 아래 계산의 의한 금 ○○○원의 퇴직금을 추가로 지급하여야 마땅하다고 할 것입니다.

【계 산】

가. 퇴직한 날 직전 3개월간의 임금 7,650,000원(= 2,550,000원×3개월)+3개월간의 상여금 3,506,250원(= 255만원×5.5/12×3개월)+3일간의 월차와 2일간의 연차에 대한 휴가수당 611,300원(= 122,260원×5일)= 11,767,550원

나. 1일 평균임금: 금 127,908원(=금 11,767,550원÷92일, 원미만은 버림. 다음부터 같음)

다. 30일간의 평균임금: 3,837,240원(= 127,908원×30일)

라. 총재직기간: 3년 11개월 22일

마. 총퇴직금액: 금 15,260,475원{= 3,837,240원×(3 + 11/12 + 22/365)}

바. 기지급퇴직금액: 금 12,142,051원

사. 미지급 퇴직금액: 금 3,118,424원(= 15,260,475-12,142,051원)

5. 따라서 원고는 피고로부터 위 미지급퇴직금 3,118,424원 및 이에 대한 원고가 퇴직한 날의 다음날인 20○○. ○○. ○○. 부터 14일째 되는 날인 20○○. ○○. ○○.까지는 상법에서 정한 연 6%의, 그 다음날부터 다 갚는 날까지는 근로기준법 제37조 및 동법 시행령 제17조에서 정한 연 20%의 각 비율에 의한 지연손해금을 지급받기 위하여 이 사건 청구에 이른 것입니다.

입 증 방 법

1. 갑 제1호증　　　　　　　　체불임금확인서
1. 갑 제2호증의 1, 2　　　　각 급여지급명세서
1. 갑 제3호증의 1, 2　　　　각 통장사본

첨 부 서 류

1. 위 입증방법　　　　　　　각 1통
1. 법인등기사항증명서　　　　1통
1. 소장부본　　　　　　　　　1통
1. 송달료납부서　　　　　　　1통

20○○. ○. ○.

위 원고　　○○○　(서명 또는 날인)

○○지방법원　귀중

[작성례] 반소장(퇴직금청구)

반 소 장

사   건   20○○가소○○○ 손해배상(기)
피고(반소원고)   ◇◇◇ (주민등록번호)
                      ○○시 ○○구 ○○길 ○○(우편번호 ○○○○○)
                      전화.휴대폰번호:
                      팩스번호, 전자우편(e-mail)주소:
원고(반소피고)   ○○주식회사
                      ○○시 ○○구 ○○길 ○○(우편번호 ○○○○○)
                      대표이사 ◉◉◉
                      전화.휴대폰번호:
                      팩스번호,   전자우편(e-mail)주소:

　　위 사건에 관하여 피고(반소원고)는 아래와 같이 반소를 제기합니다.

퇴직금청구의 소

반 소 청 구 취 지

1. 원고(반소피고)는 피고(반소원고)에게 금 ○○○원 및 이에 대한 20○○. ○○. ○○.부터 20○○. ○○. ○○.까지는 연 6%의, 그 다음날부터 다 갚는 날까지는 연 20%의 각 비율에 의한 돈을 지급하라.
2. 소송비용은 원고(반소피고)가 부담한다.
3. 위 제1항은 가집행 할 수 있다.

라는 판결을 구합니다.

반 소 청 구 원 인

1. 피고(반소원고)는 ○○시 ○○구 ○○길 ○○-○에 소재한 원고(반소피고)회사에 20○○. ○. ○. 입사하여 20○○. ○○. ○. 퇴사할 때까지 ○○점 매장 및 ◎◎점 매장에서 의류를 판매하는 일에 종사하였습니다.

2. 피고(반소원고)는 매월 금 ○○○원 정도의 월급과 400%의 수당을 원고(반소피고)회사로부터 지급 받았습니다. 그리고 판매실적에 따라 판매수당을 지급 받았습니다.

3. 그러나 피고(반소원고)가 20○○. ○○. ○. 퇴직할 당시 원고(반소피고)회사로부터 퇴직금을 지급 받지 못하였으며, 그 퇴직금은 금 ○○○원입니다. 또한, 단체협약서에 퇴직금의 지급시기에 관하여 별도로 정해진 바가 없으며, 근로기준법 제37조 소정의 금품청산제도는 근로관계가 종료된 후 사용자로 하여금 14일 내에 근로자에게 임금이나 퇴직금 등의 금품을 청산하도록 하는 의무를 부과하는 한편, 이를 불이행하는 경우 형사상의 제재를 가함으로써 근로자를 보호하고자 하는 것이지 사용자에게 위 기간 동안 임금이나 퇴직금지급의무의 이행을 유예하여 준 것이라고 볼 수는 없으므로 피고(반소원고)는 퇴직금청구권을 퇴직한 다음날부터 행사할 수 있다고 봄이 타당합니다.

4. 따라서 피고(반소원고)는 원고(반소피고)회사에게 위 퇴직금 ○○○원 및 이에 대한 퇴직한 날의 다음날인 20○○. ○○. ○○. 부터 20○○. ○○. ○○.까지는 상법에서 정한 연 6%의, 그 다음날부터 다 갚는 날까지는 근로기준법 제37조 및 동법 시행령 제17조에서 정한 연 20%의 각 비율에 의한 지연손해금의 지급을 구하기 위하여 이 사건 반소청구에 이르게 된 것입니다.

입 증 방 법

1. 을 제1호증   단체협약서
1. 을 제2호증   체불금품확인원

첨 부 서 류

1. 위 입증방법   각 1통
1. 반소장부본   1통
1. 송달료납부서   1통

20○○. ○. ○.

위 피고(반소원고) ◇◇◇ (서명 또는 날인)

○○지방법원 ○○지원 제○○민사단독 귀중

[작성례] 지급명령신청서(임금 및 퇴직금청구 독촉사건)

지 급 명 령 신 청

채권자 ○○○(주민등록번호)

　　　 ○○시 ○○구 ○○길 ○○(우편번호 ○○○○○)

　　　 전화.휴대폰번호:

　　　 팩스번호, 전자우편(e-mail)주소:

채무자 주식회사 ◇◇◇◇

　　　 ○○시 ○○구 ○○길 ○○(우편번호 ○○○○○)

　　　 대표이사 ◆◆◆

　　　 전화.휴대폰번호:

　　　 팩스번호, 전자우편(e-mail)주소:

임금 및 퇴직금청구 독촉사건

청구금액 : 금 7,500,000원

신 청 취 지

채무자는 채권자에게 금 7,500,000원 및 이에 대하여 20○○. ○○. ○○.부터 20○○. ○○. ○○.까지는 연 5%, 그 다음날부터 다 갚는 날까지는 연 20%의 각 비율에 의한 금액 및 아래 독촉절차비용을 합한 금액을 지급하라는 지급명령을 구합니다.

아   래

금   원   독촉절차비용

내   역

금   원   인   지   대
금   원   송   달   료

신 청 이 유

1. 채권자는 20○○. ○. ○.부터 20○○. ○○. ○.까지 ○○시 ○○구 ○○길 소재에서 식육 도소매업을 하는 피고회사에서 유통판매사원으로 근무하다가 퇴직하였는데, 20○○. ○월분부터 ○월분까지 체불임금 5,500,000원과 위 기간동안의 퇴직금 2,000,0000원 등 합계 금 7,500,000원을 지금까지 지급을 받지 못한 사실이 있습니다.

2. 따라서 채무자는 채권자에게 위 체불임금 5,500,000원과 위 기간 동안의 퇴직금 2,000,000원 등 합계 금 7,500,000원 및 이에 대하여 퇴직한 다음날인 20○○. ○○. ○○.부터 14일째 되는 날인 20○○. ○○. ○○.까지는 민법에서 정한 연

5%, 그 다음날부터 다 갚는 날까지는 근로기준법 제37조 및
동법 시행령 제17조에서 정한 연 20%의 각 비율에 의한 지
연손해금 및 독촉절차비용을 합한 금액을 지급할 의무가 있으
므로 이 사건 신청에 이르게 된 것입니다.

첨 부 서 류

1. 체불 임금등·사업주확인서   1통
1. 송달료납부서   1통

20○○.   ○○.   ○○.

위 채권자 ○○○ (서명 또는 날인)

○○지방법원 귀중

당 사 자 표 시

채권자 ○○○(주민등록번호)
　　　　○○시 ○○구 ○○길 ○○(우편번호 ○○○○○)
　　　　전화.휴대폰번호:
　　　　팩스번호, 전자우편(e-mail)주소:
채무자 주식회사 ◇◇◇◇
　　　　○○시 ○○구 ○○길 ○○(우편번호 ○○○○○)
　　　　대표이사 ◈◈◈
　　　　전화.휴대폰번호:
　　　　팩스번호, 전자우편(e-mail)주소:

임금 및 퇴직금청구 독촉사건
청구금액 : 금 7,500,000원

신 청 취 지

채무자는 채권자에게 금 7,500,000원 및 이에 대하여 20○○. ○○. ○○.부터 20○○. ○○. ○○.까지는 연 5%, 그 다음날부터 다 갚는 날까지는 연 20%의 각 비율에 의한 금액 및 아래 독촉절차비용을 합한 금액을 지급하라는 지급명령을 구합니다.

아 래

금   원   독촉절차비용

내 역

금   원   인   지   대
금   원   송   달   료

신 청 이 유

1. 채권자는 20○○. ○. ○.부터 20○○. ○○. ○.까지 ○○시 ○○구 ○○길 소재에서 식육 도소매업을 하는 피고회사에서 유통판매사원으로 근무하다가 퇴직하였는데, 20○○. ○월분부터 ○월분까지 체불임금 5,500,000원과 위 기간동안의 퇴직금 2,000,0000원 등 합계 금 7,500,000원을 지금까지 지급을 받지 못한 사실이 있습니다.

2. 따라서 채무자는 채권자에게 위 체불임금 5,500,000원과 위 기간 동안의 퇴직금 2,000,000원 등 합계 금 7,500,000원 및 이에 대하여 퇴직한 다음날인 20○○. ○○. ○○.부터 14일째 되는 날인 20○○. ○○. ○○.까지는 민법에서 정한 연 5%, 그 다음날부터 다 갚는 날까지는 근로기준법 제37조 및 동법 시행령 제17조에서 정한 연 20%의 각 비율에 의한 지

연손해금 및 독촉절차비용을 합한 금액을 지급할 의무가 있으므로 이 사건 신청에 이르게 된 것입니다.

■ 대법원판례

의사의 영리추구 활동을 제한하고 직무에 관하여 고도의 공공성과 윤리성을 강조하며 의료행위를 보호하는 의료법의 여러 규정에 비추어 보면, 개별 사안에 따라 전문적인 의료지식을 활용하여 진료 등을 행하는 의사의 활동은 간이·신속하고 외관을 중시하는 정형적인 영업활동, 자유로운 광고·선전을 통한 영업의 활성화 도모, 인적·물적 영업기반의 자유로운 확충을 통한 최대한의 효율적인 영리추구 허용 등을 특징으로 하는 상인의 영업활동과는 본질적으로 차이가 있다 할 것이다. 또한 의사의 의료행위와 관련하여 형성된 법률관계에 대하여 상인의 영업활동 및 그로 인한 형성된 법률관계와 동일하게 상법을 적용하여야 할 특별한 사회경제적 필요 내지 요청이 있다고 볼 수도 없다.
따라서 의료법의 여러 규정과 제반 사정을 참작하면 의사나 의료기관을 상법 제4조 또는 제5조 제1항이 규정하는 상인이라고 볼 수는 없고, 의사가 의료기관에 대하여 갖는 급여, 수당, 퇴직금 등 채권은 상사채권에 해당한다고 할 수 없다 **(대법원 2022. 5. 26. 선고 2022다200249 판결).**

구 선원법(2016. 12. 27. 법률 제14508호로 개정되기 전의 것) 제56조는 선박소유자의 파산 등 대통령령으로 정하는 사유가 발생한 경우에 퇴직한 선원이 받지 못할 임금 및 퇴직금의 지급을 보장하기 위하여 선박소유자로 하여금 보험 또는 공제에 가입하거나 기금을 조성하도록 강제하고 있다. 이는 선원의 기본적 생활을 보장하려는 규정으로서 그에 따라 선박소유자가 가입하거나 조성하여야 하는 보험, 공제 또는 기금은 적어도 선원법 제52조에 따른 임금의 최종 3개월분과 제55조에 따른 퇴직금의 최종 3년분 모두의 지급을 보장하여야 한다. 위 규정의 입법 취지와 보장 내용 등을 고려할 때, 선박소유자가 가입한 보험 등에서 정한 가입기간 안에 선박소유자의 파산 등 대통령령으로 정하는 사유가 발생하면 퇴직한 선원은 최소한 선원법 제52조에 따른 임금의 최종 3개월분과 제55조에 따른 퇴직금의 최종 3년분을 지급받을 수 있고, 여기서 지급의 대상이 되는 임금과 퇴직금에는 퇴직한 선원이 해당 가입기간 전에 제공한 근로의 대가에 해당하는 부분도 포함된다고 해석함이 타당하다 (대법원 2022. 4. 28. 선고 2020다262229 판결).

제8장 손해배상 청구

1. 불법행위로 인한 손해배상청구

1-1. 개요

① 불법행위는 '고의 또는 과실로 인한 위법행위로 타인에게 손해를 입히는 것'에 따라 성립하는 법률요건이다(**민법 제750조**).

② 여기서 '고의'또는 '과실'이라는 개개의 조건을 법률사실이라고 한다.

1-2. 요건사실

1. 상대방이 고의, 과실로 위법행위를 한 사실
2. 그로 인해 청구인이 손해를 입은 사실(일실수입, 치료비 등, 위자료)

1-3. 불법행위로 인한 손해배상청구의 소

[작성례] 손해배상청구의 소(설명의무불이행, 불법행위책임)

소   장

원   고   1. 김○○ (주민등록번호)
          2. 이○○ (주민등록번호)
          3. 김◎◎ (주민등록번호)
          위 원고들 주소: ○○시 ○○구 ○○길 ○○(우편번호)
          위 원고3 김◎◎는 미성년자이므로
                    법정대리인 친권자 부 김○○ 모 이○○

전화.휴대폰번호:

팩스번호, 전자우편(e-mail)주소:

피   고 1. 김◇◇ (주민등록번호)

○○시 ○○구 ○○길 ○○(우편번호)

전화.휴대폰번호:

팩스번호, 전자우편(e-mail)주소:

2. ◆◆의료법인

○○시 ○○구 ○○길 ○○(우편번호)

이사장 ◆◆◆

전화.휴대폰번호:

팩스번호, 전자우편(e-mail)주소:

손해배상(의)청구의 소

청 구 취 지

1. 피고들은 각자 원고 김○○에게 금 ○○○원, 원고 이○○에게 금 ○○○원, 원고 김◎◎에게 금 ○○○원 및 각 이에 대하여 20○○. ○○. ○○.부터 이 사건 소장부본 송달일까지는 연 5%의, 그 다음날부터 다 갚는 날까지는 연 12%의 각 비율에 의한 돈을 지급하라.
2. 소송비용은 피고들의 부담으로 한다.
3. 위 제1항은 가집행 할 수 있다.

라는 판결을 구합니다.

청 구 원 인

1. 당사자 관계

원고 이○○는 피고 ◆◆의료법인(다음부터 피고법인이라고만 함)에 근무하던 피고 김◇◇로부터 수술을 받은 이 사건 피해자이고, 원고 김○○는 원고 이○○의 남편이며, 원고 김◎◎는 원고 이○○의 자녀이고, 피고 김◇◇는 이 사건 의료사고의 가해자로서 피고법인에 재직중인 정형외과 의사입니다.

2. 사건진행과정

(1) 원고 이○○는 20○○. ○○. ○○. 길을 가다가 넘어졌는데 오른쪽 팔꿈치가 너무 아프고 오른쪽 팔을 제대로 굽힐 수가 없어서 곧 바로 피고법인을 방문하여 진단을 받았습니다.

(2) 당시 정형외과 의사로 피고법인에 근무하던 피고 김◇◇는 정밀진단 후 오른쪽팔꿈치 뼈가 골절되었다며, 금속핀으로 고정하는 수술이 필요하다고 하였습니다. 그러면서 금속핀 고정수술은 간단한 수술이니 거의 100%완치가 가능하다며 원고 이○○ 및 그의 가족들을 안심시켰습니다. 원고 이○○는 가족들과 상의 끝에 금속핀 고정수술을 받기로 하였습니다.

(3) 수술 전 수술의사인 피고 김◇◇는 수술에 대한 후유증 등에 대하여는 전혀 언급이 없이 대수롭지 않은 수술이고 100% 완치할 수 있는 수술이니 아무 걱정말고 자신을 믿고 수술 동의서에 서명을 하라고 하여 원고 이○○는 이를 믿고 백지로 된 수술 동의서에 서명을 한 후 수술에 임하였습니다.

(4) 그런데 수술을 마친 후 얼마 되지 않아 원고 이○○는 심한 통증을 느꼈고 담당의사인 피고 김◇◇에게 이 사실을 알리자 피고 김◇◇는 그럴 수도 있으니 조금만 참으면 나을 거라고 말하여 원고 이○○는 이를 믿고 조금 기다리기로 하였습니다.

(5) 그러나 오른쪽팔꿈치의 통증은 나아지기는커녕 점점 더 악화되어 팔을 펴기도 어려운 상황에 치닫게 되었고 마침내 이를 참다못한 원고 이○○가 다른 병원에서 확인해본 결과 금속핀 고정수술로 인해 수술부위에 염증이 생겨 다른 뼈 부분이 썩어서 새로 치료 및 수술을 하더라도 오른쪽 팔이 굽을 수밖에 없다는 진단을 받게 되었습니다.

(6) 결국 원고 이○○는 다른 병원에서 재수술을 받았으나 오른쪽 팔을 제대로 펼 수가 없게 되었고 이로 인해 영구적으로 20%의 노동력을 상실하는 장애자가 되고 말았습니다.

(7) 이로 인해 원고 이○○ 및 원고 가족들은 말할 수 없는 정신적, 물질적인고통에 시달리고 있습니다.

3. 손해배상의 책임

(1) 위에서 본 바와 같이, 피고 김◇◇는 정형외과 의사로서 수술 후 이에 수반되는 각종 부작용 등을 예의 주시하여 수시로 이에 필요한 조치를 취해야 할 의무 및 수술시 다른 부작용이 있을지도 모른다는 점을 원고 이○○에게 충분히 설명해야 할 의무가 있음에도 불구하고 이를 게을리 한 잘못으로 인해 결국 자기결정권을 침해당한 원고 이○○를 불구자로 만들고 말았습니다.

(2) 따라서 피고 김◇◇은 민법 제750조의 불법행위자로서, 피고법인은 민법 제756조의 사용자로서 각자 원고들이 입은 모든 정신적, 물질적 손해를 배상해야 할 책임이 있다 할 것입니다.

4. 손해배상의 범위

(1) 치료비

  가. 기존치료비

    원고 이○○는 금속핀 고정수술에 대한 수술비 및 이후 ◎◎병원에서 재수술을 받으면서 치료비로 금 ○○○원을 지출하였습니다.

  나. 향후치료비

    원고 이○○는 향후 한 달에 한번씩 물리치료가 필요하여 이에 필요한 비용이 지출될 것으로 예상되는 바, 향후치료비는 추후 신체감정결과에 따라 추후에 청구하도록 하겠습니다.

(2) 개호비

원고 이○○는 두 차례의 수술을 받은 약 ○○일 동안 제대로 거동을 하지 못하여 반드시 한 사람의 개호가 필요하였는데, 개호비는 추후 신체감정 결과에 따라 청구하도록 하겠습니다.

(3) 일실수입

원고 이○○는 19○○. ○○. ○○.생으로 이 사건 사고로 장해를 입은 20○○. ○○. ○○. 현재 만 ○○세 ○○개월 남짓한 신체 건강한 대한민국 여자로 기대여명은 ○○.○○년이 되며, 만약 서울시에 거주하고 있는 원고 이○○가 이 사건 사고로 장해를 입지 않았다면 이 사건 사고일로부터 60세에 도달하는 날까지 향후 약 ○○개월간은 최소한 도시일용노동자로 종사하면서 매월 금 ○○○원(도시일용 보통인부 1일단가 금 ○○○원×22일)의 수입을 얻을 수 있으나 이 사건 사고로 인해 영구적으로 20%의 노동력을 상실하게 되어 수입의 일부를 상실하게 되었습니다.

따라서 월 5/12%의 중간이자를 공제한 호프만방식에 따른 원고 이○○의 일실수입을 사고당시의 현가로 구하면 금 ○○○원에 이르나, 구체적인 액수는 신체감정결과에 따라 확장 청구하기로 하고 우선 일부금으로 금 ○○○원을 청구합니다.

【계산】

가. 사고일부터 퇴원일까지(노동력상실율 100%)

(도시일용 보통인부 1일단가 금 ○○○원×22일)×(사고일부터 퇴원일까지의 개월수에 해당하는 호프만계수)= 금 ○○○원

나. 그 다음날부터 60세에 도달하는 날까지 (노동력상실율 20%)

(도시일용 보통인부 1일단가 금 ○○○원×22일)×{(사고일부터 60세에 도달하는 날까지의 개월수에 해당하는 호프만계수)-(사고일부터 퇴원 일까지의 개월수에

해당하는 호프만계수)×0.2=금 ○○○원
　　다. 합계
　　　　가＋나=금 ○○○원＋금 ○○○원=금 ○○○원
　(4) 위자료
　　　원고 이○○는 이 사건 사고 전에는 10세의 자녀를 둔 신
　　　체 건강한 여자였으나 이 사건 사고로 인해 예측하지 못
　　　한 장해를 입은 원고 이○○ 및 장애자의 몸으로 세상을
　　　살아가는 모습을 지켜봐야 하는 원고 이○○의 가족들이
　　　정신적인 고통을 입을 것은 경험칙상 명백하므로, 피고들
　　　은 각자 원고 이○○에게는 금 ○○○원, 원고 김○○에
　　　게는 금 ○○○원, 원고 김◎◎에게는 금 ○○○원을 지
　　　급하여 원고들의 정신적인 고통을 금전으로나마 위자하여
　　　야 마땅하다 할 것입니다.
5. 따라서, 피고들은 각자 원고 이○○에게는 금 ○○○원{금 ○
　○○원(치료비)＋금 ○○○원(일실수입)＋금 ○○○원(위자료)}
　을, 원고 김○○에게는 금 ○○○원(위자료), 원고 김◎◎에게
　는 금 ○○○원(위자료) 및 각 이에 대하여 이 사건 사고일인
　20○○. ○○. ○○.부터 이 사건 소장부본 송달일까지는 민법에
　서 정한 연 5%의, 그 다음날부터 다 갚는 날까지는 소송촉진특
　례법상에서 정한 연 12%의 각 비율에 의한 지연손해금을 지
　급할 의무가 있다 할 것이므로, 원고들은 부득이 청구취지와
　같은 판결을 구하고자 이 사건 청구에 이르게 되었습니다.

입 증 방 법

　1. 갑 제1호증　　　　　　가족관계증명서
　1. 갑 제2호증　　　　　　진단서
　1. 갑 제3호증　　　　　　의사협회 회보
　1. 갑 제4호증의 1　　　　영수증
　　　　　　　　　2　　　　퇴원계산서

1. 갑 제5호증　　　　　소견서
1. 갑 제6호증의 1, 2　　한국인표준생명표 표지 및 내용
1. 갑 제7호증의 1, 2　　월간거래가격표지 및 내용

첨 부 서 류

1. 위 입증방법　　　　　각 1통
1. 법인등기사항증명서　　　1통
1. 소장부본　　　　　　　2통
1. 송달료납부서　　　　　1통

20○○.　○.　○.
위 원고　1. 김○○　(서명 또는 날인)
　　　　2. 이○○　(서명 또는 날인)
　　　　3. 김◎◎
원고3 김◎◎는 미성년자이므로
법정대리인 친권자 부 김○○(서명 또는 날인)
　　　　　　모 이○○(서명 또는 날인)

○○지방법원 ○○지원 귀중

■ 대법원판례

불법행위로 인한 손해배상채무는 손해발생과 동시에 이행기에 있는
것으로, 공평의 관념상 별도의 이행최고가 없더라도 불법행위 당시
부터 지연손해금이 발생하는 것이 원칙이고, 불법행위 시점과 손해
발생 시점 사이에 시간적 간격이 있는 경우에는 불법행위로 인한
손해배상채권의 지연손해금은 손해발생 시점을 기산일로 하여 발생
한다. 이때 현실적으로 손해가 발생하여 불법행위로 인한 손해배상

채권이 성립하게 되는 시점은 사회통념에 비추어 객관적이고 합리적으로 판단하여야 한다 (대법원 2022. 6. 16. 선고 2017다289538 판결).

불법행위로 상해를 입었지만 후유증 등으로 인하여 불법행위 당시에는 전혀 예상할 수 없었던 후발손해가 새로이 발생한 경우와 같이, 사회통념상 후발손해가 판명된 때에 현실적으로 손해가 발생한 것으로 볼 수 있는 경우에는 후발손해 판명 시점에 불법행위로 인한 손해배상채권이 성립하고, 지연손해금 역시 그때부터 발생한다고 봄이 상당하다. 이 경우 후발손해가 판명된 때가 불법행위 시이자 그로부터 장래의 구체적인 소극적·적극적 손해에 대한 중간이자를 공제하는 현가산정의 원칙적인 기준시기가 된다고 보아야 하고, 그보다 앞선 시점이 현가산정의 기준시기나 지연손해금의 기산일이 될 수는 없다 (대법원 2022. 6. 16. 선고 2017다289538 판결).

불법행위로 인한 손해배상책임을 지우려면 위법한 행위와 원고가 입은 손해 사이에 상당인과관계가 있어야 하고, 상당인과관계의 유무는 결과 발생의 개연성, 위법행위의 태양 및 피침해이익의 성질 등을 종합적으로 고려하여 판단하여야 한다. 한편 민법 제763조에 따라 불법행위로 인한 손해배상에 준용되는 민법 제393조 제1항은 "채무불이행으로 인한 손해배상은 통상의 손해를 그 한도로 한다."라고 규정하고, 제2항은 "특별한 사정으로 인한 손해는 채무자가 이를 알았거나 알 수 있었을 때에 한하여 배상의 책임이 있다."라고 규정하고 있다. 제1항의 통상손해는 특별한 사정이 없는 한 그 종류의 채무불이행이 있으면 사회일반의 거래관념 또는 사회일반의 경험칙에 비추어 통상 발생하는 것으로 생각되는 범위의 손해를 말하고, 제2항의 특별한 사정으로 인한 손해는 당사자들의 개별적, 구체적 사정에 따른 손해를 말한다 (대법원 2022. 5. 26. 선고 2021다300791 판결).

민법 제760조 제1항, 제3항의 공동불법행위자에게 불법행위로 인한 손해배상책임을 지우려면, 그 위법한 행위와 원고가 입은 손해 사이에 상당인과관계가 있어야 하고, 그 상당인과관계의 유무는 결과발생의 개연성, 위법행위의 태양 및 피침해이익의 성질 등을 종합적으로 고려하여 판단하여야 한다 (대법원 2022. 4. 28. 선고 2020다268265 판결).

불법행위로 인한 손해배상사건에서 피해자에게 손해의 발생이나 확대에 관하여 과실이 있거나 가해자의 책임을 제한할 사유가 있는 경우에는 배상책임의 범위를 정함에 있어서 당연히 이를 참작하여야 할 것이고, 나아가 그 책임제한의 비율을 정함에 있어서는 손해의 공평 부담이라는 제도의 취지에 비추어 손해 발생과 관련된 모든 상황이 충분히 고려되어야 하며, 책임제한에 관한 사실인정이나 비율을 정하는 것이 사실심의 전권사항이라고 하더라도, 형평의 원칙에 비추어 현저히 불합리하여서는 아니 된다 (대법원 2022. 4. 28. 선고 2019다224726 판결).

소송촉진 등에 관한 특례법 제3조 제2항이 정하는 '채무자가 그 이행의무의 존재 여부나 범위에 관하여 항쟁하는 것이 타당하다고 인정되는 경우'라고 함은 이행의무의 존재 여부나 범위에 관하여 항쟁하는 채무자의 주장에 상당한 근거가 있는 경우라고 풀이되므로, 위와 같이 항쟁함이 타당한가 아니한가의 문제는 당해 사건에 관한 법원의 사실인정과 그 평가에 관한 것이다. 다만 제1심이 인용한 청구액을 항소심이 그대로 유지한 경우, 특별한 사정이 없는 한 피고가 항소심 절차에서 위 인용금액에 대하여 이행의무의 존재 여부와 범위를 다툰 것은 타당하다고 볼 수 없다. 그리고 생명 또는 신체에 대한 불법행위로 인하여 입게 된 적극적 손해와 소극적 손해 및 정신적 손해는 서로 소송물을 달리하므로 그 손해배상의무의 존부나 범위에 관하여 항쟁함이 타당한

지 여부는 각 손해마다 따로 판단하여야 한다 (대법원 2022. 4. 28. 선고 2022다200768 판결).

2. 채무불이행으로 인한 손해배상청구

2-1. 개요

보증계약 성립 후 보증인의 관여 없이 채무자와 채권자 사이의 합의로 채무불이행시의 손해배상액을 예정한 경우 보증인으로서는 위 합의로 결정된 손해배상 예정액이 채무불이행으로 인해 채무자가 부담할 손해배상 책임의 범위를 초과하지 않는 범위에서만 보증책임을 진다.

2-2. 요건사실

채무불이행사실(채무의 내용, 이행불능, 지체, 불완전이행)

2-3. 채무불이행으로 인한 손해배상청구의 소

[작성례] 손해배상청구의 소(출산 중 사고, 장해발생, 채무불이행 책임)

소　　　장

원　　고　1. 김○○ (주민등록번호)
　　　　　2. 김◉◉ (주민등록번호)
　　　　　3. 이◉◉ (주민등록번호)
　　　　　위 원고들 주소: ○○시 ○○구 ○○길 ○(우편번호)
　　　　　위 원고1 김○○는 미성년자이므로

법정대리인 친권자 부 김◉◉ 모 이◉◉

전화.휴대폰번호:

팩스번호, 전자우편(e-mail)주소:

피 고 ◇◇◇ (주민등록번호)

○○시 ○○구 ○○길 ○○(우편번호)

전화.휴대폰번호:

팩스번호, 전자우편(e-mail)주소:

손해배상(의)청구의 소

청 구 취 지

1. 피고는 원고 김○○에게 금 32,000,000원, 원고 김◉◉에게 금 5,000,000원, 원고 이◉◉에게 금 5,000,000원 및 각 이에 대하여 2002. 5. 30.부터 이 사건 소장부본 송달일까지는 연 5%의, 그 다음날부터 다 갚는 날까지는 연 12%의 각 비율에 의한 돈을 지급하라.
2. 소송비용은 피고의 부담으로 한다.
3. 위 제1항은 가집행 할 수 있다.

라는 판결을 구합니다.

청 구 원 인

1. 당사자 관계

가. 원고 김○○는 피고의 의료과오로 인하여 신체에 상해를 입은 당사자이고, 원고 김◉◉는 원고 김○○의 아버지, 원고 이◉◉는 원고 김○○의 어머니입니다.

나. 피고 ◇◇◇는 산부인과 전문의 자격을 취득한 뒤 ○○시 ○○구 ○○길 ○○에서 ◇◇◇산부인과의원을 개설하여 경영, 유지하는 사람으로서 이 사건 의료시술상의 과오로 원고 김○○에게 상해를 입힌 사람입니다.

2. 손해배상책임의 발생 또는 피고의 귀책사유

가. 사고의 발생경위

이 사건 사고를 일으킨 산부인과전문의인 피고는 2002. 5. 30. 15:04경 ○○시 ○○구 ○○길 ○○ 소재 피고 경영의 산부인과의원 분만실에서 몸무게가 5.3kg이나 되는 원고 김○○의 출산시술을 하였던 바, 이러한 경우 피고로서는 태아와 산모의 상태를 면밀히 진찰하고 원고 김○○의 체중이 5.3kg이나 되는 과체중출생아(거대아)였으면 그에 따라 적절한 방법으로 출산시술을 하여야 할 주의의무가 있음에도 이를 게을리 한 채 무리하게 자연분만을 유도하여 원고 김○○가 원고 이◉◉의 자궁(미골 및 치골 등)에 오른쪽 어깨가 걸려 빠져 나오지 못하자 그곳에 있던 소외 성명불상 간호사에게 원고 이◉◉의 배를 마구 누르게 하고 피고는 원고 김○○의 머리를 잡고 회전시키면서 어깨를 세우려하는 (견갑분만) 등 견인하는 중에 무리하게 과도한 힘을 가하여 분만을 유도하다가 그만 원고 김○○의 경추 제5번, 제6번 신경(C5, C6)을 손상시켜 원고 김○○로 하여금 오른손을 전혀 쓰지 못하는 우상완 신경총마비(일명 Erb's palsy)의 상해를 입게 한 것입니다.

나. 피고의 과실

(1) 임산부에 대한 검사의무 해태

성공적인 유도분만을 위한 전제조건은 정상적인 아두골반 관계인데, 피고로서는 원고 이◉◉가 출산경험이 있는 임산부이더라도 원고 김○○의 골반크기, 미골과 치골의 간격, 산도 등을 측정하여 원고 이◉◉의 골산도의 크기, 형을 파악한 뒤 원고 김○○가 모체로부터 자연분만이 자연스럽게 이루어질 수 있는지 검사하여야 합니다.

이를 위해 피고는 원고 이◉◉의 골산도의 크기, 형 등에 대해 개략적인 것을 알기 위하여 계측기를 이용하여 골반의 외계측을 실시하고 또한 복위 및 자궁저를 계측하고 나아가 손을 이용한 내진을 통해 개구도를 측정하여야 합니다. 그리고 방사선기기 및 초음파측정기 등 정밀 산부인과 기계를 이용하여 골반 및 자궁경부에 대한 정확한 이해가 있어야 했음에도 이를 게을리 하였습니다.

또한, 임산부의 뇨 및 혈중의 호르몬(E3)을 검사하여 태반의 기능상태를 파악해야 했음에도 이를 게을리 하였습니다. 특히 위 호르몬(E3)검사는 태아의 기능상태도 동시에 파악이 되는 검사방법입니다.

(2) 태아에 대한 검사의무의 해태

피고는 산부인과 의사로서 산모 및 태아에 대하여 문진, 내·외진, 초음파진단, 심박동측정, 양수진단, 뇨 및 혈중의 에스트리올 농도측정 등을 실시하여 산모의 이상유무 및 태아의 성숙도를 비롯하여 태아의 선천성이상, 선천성기형 등을 확인하여야 함에도 이를 게을리 하였습니다.

특히 초음파검사는 doppler법에 의한 태아의 심박음측정, B scope, electron scanning에 의한 태아의 크기, 성장정도, 태낭유무 등을 확인할 수 있는 검사기법입니다.

또한, 양수진단을 하여야 합니다. 이는 양수상의 염색체검사, 효소검사, 양수세포중 대사물질측정, 호르몬 치정량, 부하시험, 지방염색세포 출현률측정, 양수량 측정을 하여 태아의 상태에 대한 사전 정밀검사를 실시하는 것입니다.

(3) 분만방식의 과실

피고는 앞서 살핀 태아의 발육상태와 원고 이●●의 골반 및 산도의 크기와 형태 등 구체적인 상태를 파악한 후 상관관계를 고려하여 원고 김○○가 거대아(과체중출생아)이면 당연히 제왕절개술로 원고를 출산하여야 합니다.

통상 제왕절개술은 태아의 상태가 둔위, 횡위 등의 태위이상, 태반이 자궁입구에 놓여 있는 전치태반 또는 태반조기박리 등인 태반이상의 경우 및 아두골반불균형, 태아질식 등에 적응됩니다.

이 사건의 경우에는 제왕절개술을 실시하여야 할 가장 전형적인 적응증으로서 제왕절개술을 실시하여야 함에도 불구하고 앞서와 같은 원고 김○○와 원고이◉◉의 상태 및 상관관계를 전혀 고려하지 않음으로 인하여 원고 김○○가 분만시 머리부분만 분만되고 견갑(어깨)부분이 자궁경부에 걸려 그만 나오지 못하는 사고가 발생한 것입니다.

특히 피고로서는 양수가 터지고도 시간이 많이 흐를 때는 태아가 양수를 들이마셔 질식사 할 우려가 높아 제왕절개술을 실시하여야 합니다.

또한, 출산시 이 사건과 같이 난산일 때는 태반이 떨어지면서 모체의 피가 태아에게 공급되지 않음으로 산소부족현상이 발생합니다. 그로 인하여 뇌출혈 현상이 나타나고 뇌실에 물이 고이게 되며 결국 뇌기능장애 즉, 뇌성마비현상이 나타날 수도 있습니다.

즉, 지연분만 등은 태내저산소 상태를 조장하여 태아저산소증이 초래되고 태아저산소증은 태아의 호흡곤란을 유발하여 태아가 분만중에 이른바 헐떡호흡(grasp)으로 인해 태변이 함유된 양수를 흡입하여 뇌의 산소부족현상을 가져와 뇌손상을 입게 합니다.

다시 말해 난산→저산소상태→뇌의 산소공급부족→뇌출혈→뇌손상의 순으로 이어지는바 의사로서는 즉시 제왕절개수술을 시술하여야 합니다. 현재 원고 김○○에게 뇌성마비의 증세가 있는지 여부조차 모르고 있으나 피고로서는 원고 김○○과 원고 이◉◉의 상태 및 그 상관관계를 고려하여 제왕절개술을 시술하였다면 이 사건과 같은 비극은 최소한 막을 수 있었을 것입니다.

(4) 분만시술시의 과실

피고로서는 원고가 산모의 자궁경부를 빠져나오지 못할 경우는 흡입만출기와 산과겸자를 적절히 사용하여 자연스럽게 출산할 수 있도록 조치를 취했어야 합니다.

그러나 피고는 여러 차례의 분만유도에 실패한 뒤에도 무리하게 유도분만을 강행, 분만실에 있던 소외 성명불상의 간호사에게 원고 이◉◉의 복부를 강하게 누르게 하였습니다. 또한, 피고는 원고 김○○의 머리를 잡아당기고 어깨를 세우려고 회전시키는 과정에서 과도한 힘을 가하여 원고 김○○의 경추신경을 건드렸습니다. 위와 같은 과정 중에서 피고는 원고 이◉◉의 자궁경부를 압박하고, 원고의 목뼈를 무리하게 회전시킴으로써 원고의 경추신경계통을 손상시켜 위 원고의 신경이 변성 또는 파괴에 이르게 된 것입니다(기능적 해부학 입문서 참조).

위 신경계통은 통상 척추를 통하여 팔, 다리 등 사지로 통하는 것인바, 팔로 가는 신경다발인 제5, 6번 경추신경 등을 건드린 것입니다.

(5) 설명의무위반

피고는 원고 이◉◉에게 아두골반 불균형, 과체중출생아에 따른 출산의 위험성 등에 관하여 전혀 설명한 바 없었습니다.

다. 피고의 채무불이행책임

피고로서는 원고 김○○의 친권자인 원고 김◉◉와 원고 김○○의 분만계약을 체결하였으면, 원고 김○○와 원고 이◉◉의 상태에 따라 성실히 진료하여 적절한 처치 및 분만시킬 채무가 있음에도 위에서 본 바와 같이 태아와 산모에 대한 검사의무를 게을리 하고 무리하게 유도분만을 강행하면서 과도한 견인을 하는 등으로 위 채무를 성실히 이행하지 않았으므로 이에 대하여 채무불이행책임이 있다 할 것입니다.

3. 손해배상의 범위

가. 원고 김○○의 일실수입

(1) 연령, 성별, 기대여명 등

원고 김○○는 2002. 5. 30.생으로 이 사건 사고당시인 2002. 5. 30. 현재 갓 태어난 남자 어린이로서 그 나이에 이른 우리나라 남자의 평균기대여명은 75.55년이므로 특별한 사정이 없는 한 75세까지는 생존이 가능하다 할 것입니다.

(2) 직업 및 수입정도 또는 소득실태

이 사건 피해자인 원고 김○○는 이 사건 사고로 평생 불구의 몸이 되지 않았더라면 앞으로 초, 중, 고등학교 등을 졸업하고 군복무를 마친 뒤 사회의 일원으로 활약하며 그에 상응하는 월소득을 얻을 수 있다 할 것이며, 최소한 원고 김○○는 그의 주소지인 도시에서 거주하면서 도시일반일용노동에 종사하여 얻을 수 있는 월수입은 2002년도 상반기 적용 도시일반일용노동자의 1일 노임은 금 40,922원이고 통상 월 22일간은 가동할 수가 있다 함은 경험칙상명백하므로 월평균 금 900,284원(금 40,922원×22일)이상의 수익은 예상됩니다.

(3) 가동연한

원고 김○○는 이 사건 사고로 평생불구가 되지 않았더라면 그가 20세가 되는 2022. 5. 30. 군에 입대하여 26개월의 군복무를 마친 다음날인 2024. 8. 1.부터 그의 나이가 만 60세에 이르는 2062. 5. 29.까지 가동할 수 있음은 일반의 경험칙 및 이에 기초한 판례경향에 의하여도 인정할 수 있다 할 것입니다.

(4) 치료기간 등

원고 김○○는 이 사건 사고로 인한 상해로 지금까지도 치료받고 있는 실정입니다.

(5) 후유장해, 가동능력 상실비율 및 일실수입의 계산

원고 김○○는 이 사건 사고로 인한 상해로 지금까지도 치료받고 있으며, 향후치료도 예상되나 그 치료 후에도 잔존이 예상되어 그에 따른 노동능력의 상실이 예견(약 55%)되므로 그에 상응하는 일실손해를 입을 것인바, 그 손해는 장차 월차적으로 입은 손해이므로 이를 월 5/12%의 법정이자를 공제하는 호프만식 계산법에 따라 사고당시의 현가로 구하면 금 76,047,624원{월평균소득 금 900,284원×0.55×153.5

831{332.3359(720개월 호프만계수)-178.7528(266개월 호프만계수)}이 될 것인바, 이는 추후 귀원의 신체감정결과에 따라 확정청구하기로 하고 우선 일부금으로 금 22,000,000원을 청구합니다.

나. 치료비 등

추후 귀원을 통한 증거수집방법 이후 확정 청구하겠습니다.

다. 개호비용 등

추후 귀원을 통한 증거수집 방법이후 확정 청구하겠습니다.

라. 위자료

원고 김○○는 이 세상에 태어나기 위하여 모체에서 출산하는 순간부터 위와 같은 상해를 입고 영구불구의 몸이 됨으로써 현재 및 장래에 형언할 수 없는 실의와 비탄에 잠겨 있는바, 원고들에게 금전으로나마 위자함에 있어 경험칙상 인정되는 원고들의 고통을 위자함에 있어 원고 김○○에게 금 30,000,000원은 지급함이 상당하다 할 것이나 이는 추후 귀원의 신체감정결과에 따라서 확정청구하기로 하고 우선 일부금으로 금 10,000,000원을 청구하며, 원고 김◉◉ 및 원고 이◉◉는 각 금 5,000,000원의 위자료로 지급함이 상당하다고 할 것입니다.

4. 결론

그렇다면 피고는 원고 김○○에게 금 32,000,000원{금 22,000,000원(재산상 손해) + 금 10,000,000원(위자료)}, 원고 김◉◉ 및 원고 이◉◉에게 각 금 5,000,000원 및 각 이에 대하여 이 사건 의료사고일인 2002. 5. 30.부터 이 사건 소장부본 송달일까지는 민법에서 정한 연 5%의, 그 다음날부터 다 갚는 날까지는 소송촉진등에관한특례법에서 정한 연 12%의 각 비율에 의한 지연손해금을 지급할 의무가 있다 할 것이므로 이 사건 청구에 이른 것입니다.

입 증 방 법

1. 갑 제1호증   가족관계증명서
1. 갑 제2호증   주민등록 등본
1. 갑 제3호증   출생증명서
1. 갑 제4호증   진단서
1. 갑 제5호증의 1, 2   한국인표준생명표 표지 및 내용
1. 갑 제6호증의 1, 2   월간거래가격 표지 및 내용
1. 갑 제7호증의`1   임상산과학 표지
          2   내용(제왕절개술 적응증)
1. 갑 제8호증의 1   소아과학 표지
          2   내용(상지마비)
1. 갑 제9호증의 1   소아과개요 표지
          2   내용(상지마비)

첨 부 서 류

1. 위 입증방법   각 1통
1. 소장부본   1통
1. 송달료납부서   1통

        20○○.   ○.   ○.
        위 원고 1. 김○○
                2. 김◉◉ (서명 또는 날인)
                3. 이◉◉ (서명 또는 날인)
        원고1은 미성년자이므로
     법정대리인 친권자 부 김◉◉(서명 또는 날인)
                모 이◉◉(서명 또는 날인)

○○지방법원 귀중

■ 대법원판례

불법행위로 인한 손해배상책임을 지우려면 위법한 행위와 원고가 입은 손해 사이에 상당인과관계가 있어야 하고, 상당인과관계의 유무는 결과 발생의 개연성, 위법행위의 태양 및 피침해이익의 성질 등을 종합적으로 고려하여 판단하여야 한다. 한편 민법 제763조에 따라 불법행위로 인한 손해배상에 준용되는 민법 제393조 제1항은 "채무불이행으로 인한 손해배상은 통상의 손해를 그 한도로 한다."라고 규정하고, 제2항은 "특별한 사정으로 인한 손해는 채무자가 이를 알았거나 알 수 있었을 때에 한하여 배상의 책임이 있다."라고 규정하고 있다. 제1항의 통상손해는 특별한 사정이 없는 한 그 종류의 채무불이행이 있으면 사회일반의 거래관념 또는 사회일반의 경험칙에 비추어 통상 발생하는 것으로 생각되는 범위의 손해를 말하고, 제2항의 특별한 사정으로 인한 손해는 당사자들의 개별적, 구체적 사정에 따른 손해를 말한다 (대법원 2022. 5. 26. 선고 2021다300791 판결).

금전채무의 지연손해금채무는 금전채무의 이행지체로 인한 손해배상채무로서 이행기의 정함이 없는 채무에 해당하므로, 채무자는 확정된 지연손해금채무에 대하여 채권자로부터 이행청구를 받은 때부터 지체책임을 부담하게 된다. 한편 원금채권과 금전채무불이행의 경우에 발생하는 지연손해금채권은 별개의 소송물이다. 따라서 판결이 확정된 채권자가 시효중단을 위한 신소를 제기하면서 확정판결에 따른 원금과 함께 원금에 대한 확정 지연손해금 및 이에 대한 지연손해금을 청구하는 경우, 확정 지연손해금에 대한 지연손해금채권은 채권자가 신소로써 확정 지연손해금을 청구함에 따라 비로소 발생하는 채권으로서 전소의 소송물인 원금채권이나 확정 지연손해금채권과는 별개의 소송물이므로, 채무자는 확정 지연손해금에 대하여도 이행청구를 받은 다음 날부터 지연손해금을 별도로 지급하여야 하되 그 이율은 신소에 적용되는 법률이 정한 이율을 적용하여야 한다 (대법원 2022. 4. 14. 선고 2020다268760 판결).

민법 제398조 제1항, 제3항, 제551조의 문언·내용과 계약당사자의 일반적인 의사 등을 고려하면, 계약당사자가 채무불이행으로 인한 전보배상에 관하여 손해배상액을 예정한 경우에 채권자가 채무불이행을 이유로 계약을 해제하거나 해지하더라도 원칙적으로 손해배상액의 예정은 실효되지 않고, 전보배상에 관하여 특별한 사정이 없는 한 손해배상액의 예정에 따라 배상액을 정해야 한다. 다만 위와 같은 손해배상액의 예정이 계약의 유지를 전제로 정해진 약정이라는 등의 사정이 있는 경우에 채무불이행을 이유로 계약을 해제하거나 해지하면 손해배상액의 예정도 실효될 수 있다. 이때 손해배상액의 예정이 실효된다고 볼 특별한 사정이 있는지는 약정 내용, 약정이 이루어지게 된 동기와 경위, 당사자가 이로써 달성하려는 목적, 거래의 관행 등을 종합적으로 고려하여 당사자의 의사를 합리적으로 해석하여 판단해야 한다 (대법원 2022. 4. 14. 선고 2019다292736, 292743 판결).

3. 책임무능력자의 감독자에 대한 손해배상청구

3-1. 요건사실

1. 책임무능력자 일 것
2. 책임무능력자가 타인에게 손해를 가할 것
3. 피고가 감독의무자 또는 대리감독자일 것
4. 감독의무자 또는 대리감독자가 감독의무의 위반

3-2. 책임무능력자의 감독자에 대한 손해배상청구의 소

[작성례] 손해배상(기) 청구의 소(미성년자의 감독자 책임)

소   장

원   고   ○○○ (주민등록번호)
           ○○시 ○○구 ○○길 ○○(우편번호 ○○○○○)
           전화.휴대폰번호:
           팩스번호, 전자우편(e-mail)주소
피   고   ◈◈◈ (주민등록번호)
           ○○시 ○○구 ○○로 ○○(우편번호 ○○○○○)
           전화.휴대폰번호:
           팩스번호, 전자우편(e-mail)주소:

손해배상(기)청구의 소

청 구 취 지

1. 피고는 원고에게 금 5,000,000원 및 이에 대하여 2018. 6. 18.
   부터 이 사건 소장부본 송달일까지는 연 5%의, 그 다음날부터
   다 갚을 때까지는 연 12%의 각 비율에 의한 돈을 지급하라
2. 소송비용은 피고가 부담한다.
3. 위 제1항은 가집행 할 수 있다.
라는 판결을 원합니다.

청 구 원 인

1. 원고는 2018. 6. 18. 원고가 현재 거주하고 있는 아파트단지
   를 산책하던 중, 당시 만10세에 불과하여 책임능력이 없던 소

외 ○○○가 아파트 5층에서 원고를 겨냥하고 던진 테니스공에 안면부를 맞아 전치 8주의 상해를 입게 되었습니다(갑 제1호증 사건사고사실확인원).

2. 피고는 가해자인 소외 ○○○의 부(父)로 가해자의 친권자이자 법정대리인으로, 가해자 소외 ○○○를 감독할 법정의무가 있습니다(갑 제2호증 가족관계증명서). 그런데 피고는 평소에 가해자 소외 ○○○의 감독을 게을리하여 가해자 소외 ○○○가 발생시키는 소음이나 장난이 잦아 이로 인한 아파트 단지 내 민원이 끊이지 않아 왔습니다. 사건 당시에도 피고는 가해자 소외 ○○○와 함께 있었고 가해자 소외 ○○○가 밖으로 물건을 던지며 장난을 치는 것을 알았음에도 대수롭지 않게 여겨 이를 제지하지 않았습니다.

3. 그렇다면 피고는 민법 제755조에 따라 책임능력 없는 미성년자인 가해자 소외 ○○○의 불법행위로 원고가 입은 손해를 배상할 책임이 있습니다.

4. 원고는 가해자 소외 ○○○의 행위로 인하여 코뼈가 함몰되고 상악부에 타박상을 입어 약 4,000,000원의 기왕치료비가 발생하였고(갑 제3호증 상해진단서 및 치료비확인서), 치료 기간 동안 경찰서와 병원을 오가며 정신적 손해를 입은 바, 피고는 원고에게 기왕치료비 4,000,000원에 위자료 1,000,000원을 더한 총 5,000,000원을 배상할 책임이 있습니다.

5. 따라서 원고는 피고로부터 5,000,000원 및 불법행위일인 2018. 6. 18. 부터 이 사건 소장부본 송달일까지는 민법 소정의 연 5%의, 그 다음날부터 다 갚을 때까지는 소송촉진등에관한특례법 소정의 연 12%의 각 비율에 의한 지연손해금을 지급 받고자 이 사건 청구에 이른 것입니다.

입 증 방 법

1. 갑 제1호증　　　　　　　　　　사건사고사실확인원

1. 갑 제2호증   가족관계증명서
1. 갑 제3호증   상해진단서 및 치료
비확인서

첨 부 서 류

1. 위 입증방법   각 1통
1. 법인등기사항증명서   1통
1. 소장부본   1통
1. 송달료납부서   1통

20○○. ○○. ○○.

위 원고　　○○○　(서명 또는 날인)

○○지방법원　귀중

■ 대법원판례

미성년자가 책임능력이 있어 스스로 불법행위책임을 지는 경우에
도 그 손해가 미성년자의 감독의무자의 의무 위반과 상당인과관계
가 있으면 감독의무자는 민법 제750조에 따라 일반불법행위자로서
손해배상책임이 있다. 이 경우 그러한 감독의무 위반사실과 손해
발생과의 상당인과관계는 이를 주장하는 자가 증명하여야 한다.
미성년 자녀를 양육하며 친권을 행사하는 부모는 자녀를 경제적
으로 부양하고 보호하며 교양할 법적인 의무가 있다(민법 제913
조). 부모와 함께 살면서 경제적으로 부모에게 의존하는 미성년
자는 부모의 전면적인 보호·감독 아래 있으므로, 그 부모는 미성
년자가 타인에게 불법행위를 하지 않고 정상적으로 학교 및 사회

생활을 하도록 일반적, 일상적으로 지도와 조언을 할 보호·감독의무를 부담한다. 따라서 그러한 부모는 미성년자의 감독의무자로서 위에서 본 것처럼 미성년자의 불법행위에 대하여 손해배상책임을 질 수 있다.

그런데 이혼으로 인하여 부모 중 1명이 친권자 및 양육자로 지정된 경우 그렇지 않은 부모(이하 '비양육친'이라 한다)에게는 자녀에 대한 친권과 양육권이 없어 자녀의 보호·교양에 관한 민법 제913조 등 친권에 관한 규정이 적용될 수 없다. 비양육친은 자녀와 상호 면접교섭할 수 있는 권리가 있지만(민법 제837조의2 제1항), 이러한 면접교섭 제도는 이혼 후에도 자녀가 부모와 친밀한 관계를 유지하여 정서적으로 안정되고 원만한 인격발달을 이룰 수 있도록 함으로써 자녀의 복리를 실현하는 것을 목적으로 하고, 제3자와의 관계에서 손해배상책임의 근거가 되는 감독의무를 부과하는 규정이라고 할 수 없다. 비양육친은 이혼 후에도 자녀의 양육비용을 분담할 의무가 있지만, 이것만으로 비양육친이 일반적, 일상적으로 자녀를 지도하고 조언하는 등 보호·감독할 의무를 진다고 할 수 없다. 이처럼 비양육친이 미성년자의 부모라는 사정만으로 미성년 자녀에 대하여 감독의무를 부담한다고 볼 수 없다. 다만 비양육친도 부모로서 자녀와 면접교섭을 하거나 양육친과의 협의를 통하여 자녀 양육에 관여할 가능성이 있는 점을 고려하면, ①자녀의 나이와 평소 행실, 불법행위의 성질과 태양, 비양육친과 자녀 사이의 면접교섭의 정도와 빈도, 양육 환경, 비양육친의 양육에 대한 개입 정도 등에 비추어 비양육친이 자녀에 대하여 실질적으로 일반적이고 일상적인 지도, 조언을 함으로써 공동 양육자에 준하여 자녀를 보호·감독하고 있었거나, ②그러한 정도에는 이르지 않더라도 면접교섭 등을 통해 자녀의 불법행위를 구체적으로 예견할 수 있었던 상황에서 자녀가 불법행위를 하지 않도록 부모로서 직접 지도, 조언을 하거나 양육친에게 알리는 등의 조치를 취하지 않은 경우 등과 같이 비양육친의 감독의무를 인정할 수 있는 특별한 사정이 있는 경우에는, 비양육친도 감독의무 위반으로 인한 손해배상책임을 질 수 있다 **(대법원 2022. 4. 14. 선고 2020다240021 판결).**

4. 사용자에 대한 손해배상청구

4-1. 개요

"사용자"란 사업주 또는 사업 경영 담당자, 그 밖에 근로자에 관한 사항에 대하여 사업주를 위하여 행위하는 자를 말한다 **(근로기준법 제2조 제1항 제2호).**

4-2. 요건사실

1. 타인을 사용하여 사무에 종사하게 할 것
2. 타인이 사무집행에 관하여 행위를 하였을 것
3. 제3자에게 손해를 주었을 것
4. 사용자가 면책사유 있는 것을 증명하지 못할 것

4-2. 사용자에 대한 손해배상청구의 소

[작성례] 손해배상(기) 청구의 소 (사용자 책임)

소   장

원   고   ○○○ (주민등록번호)
              ○○시 ○○구 ○○길 ○○(우편번호 ○○○○○)
              전화.휴대폰번호:
              팩스번호, 전자우편(e-mail)주소:

피   고   ◇◇증권 주식회사
○○시 ○○구 ○○로 ○○(우편번호 ○○○○○)
대표이사 ◈◈◈
전화.휴대폰번호:
팩스번호, 전자우편(e-mail)주소:

손해배상(기) 청구의 소

청 구 취 지

1. 피고는 원고에게 금 100,000,000원 및 이에 대하여 20○○.
   ○. ○○.부터 이 사건 소장부본 송달일까지는 연 5%의, 그
   다음날부터 다 갚을 때까지는 연 12%의 각 비율에 의한 돈
   을 지급하라.
2. 소송비용은 피고가 부담한다.
3. 위 제1항은 가집행 할 수 있다.
라는 판결을 원합니다.

청 구 원 인

1. 원고는 20○○. ○. ○○. 피고 회사의 지점장인 소외 을과 투
   자금에 대하여 월 1%의 이자를 받기로 하는 투자·수익약정을
   체결하였습니다.
2. 원고는 위 계약에 따라 소외 을에게 100,000,000원을 지급하였
   으나, 소외 을은 이를 횡령하여 잠적하였으며, 원고는 위 투자금
   원금 및 이자를 전혀 지급받지 못하고 있습니다.
3. 민법 제756조에 규정된 사용자책임의 요건인 '사무집행에 관
   하여'라는 뜻은 피용자의 불법행위가 외형상 객관적으로 사용
   자의 사업활동 내지 사무집행행위 또는 그와 관련된 것이라고
   보일 때에는 행위자의 주관적 사정을 고려함이 없이 이를 사

무집행에 관하여 한 행위로 본다는 것이며, 증권회사의 지점장이 고객으로부터 증권투자예수금을 교부받아 보관하던 중 횡령한 행위는 외관상 증권회사의 사무집행과 관련된 행위로 보인다고 할 것입니다 **(대법원 1999. 12. 7. 선고 98다42929 판결).**

4. 따라서 피고는 소외 을의 사용자로서 민법 제756조 제1항에 따라 원고에게 손해액 100,000,000원 및 이에 대하여 불법행위일인 20○○. ○○. ○.부터 이 사건 소장부본 송달일까지는 민법 소정의 연 5%의, 그 다음날부터 다 갚을 때까지는 소송촉진등에관한특례법 소정의 연 12%의 각 비율에 의한 지연손해금을 지급할 의무가 있다 할 것인바, 원고는 이를 지급받고자 이 사건 청구에 이른 것입니다.

입 증 방 법

1. 갑 제1호증   계약서
1. 갑 제2호증   이체내역서

첨 부 서 류

1. 위 입증방법   각 1통
1. 법인등기사항증명서   1통
1. 소장부본   1통
1. 송달료납부서   1통

20○○. ○. ○.
위 원고   ○○○ (서명 또는 날인)

○○**지방법원 귀중**

■ 대법원판례

민법 제756조 본문은 사용자책임의 성립 요건에 관하여 "타인을 사용하여 어느 사무에 종사하게 한 자는 피용자가 그 사무집행에 관하여 제3자에게 가한 손해를 배상할 책임이 있다."라고 정하고 있다. 여기에서 '사무집행에 관하여'란 피용자의 불법행위가 객관적으로 사용자의 사업활동, 사무집행행위 또는 그와 관련된 것이라고 보일 때에는 행위자의 주관적 사정을 고려하지 않고 사무집행에 관하여 한 행위로 본다는 것이다. 피용자가 다른 사람에게 가해행위를 한 경우 그 행위가 피용자의 사무집행 그 자체는 아니더라도 사용자의 사업과 시간적·장소적으로 근접하고 피용자의 사무 전부 또는 일부를 수행하는 과정에서 이루어지거나 가해행위의 동기가 업무처리와 관련된 것이라면 사용자의 사무집행행위와 관련된 것이라고 보아 사용자책임이 성립한다. 이때 사용자가 위험 발생을 방지하기 위한 조치를 취하였는지 여부도 손해의 공평한 부담을 위하여 부가적으로 고려할 수 있다 (**대법원 2021. 9. 16. 선고 2021다219529 판결**).

5. 공작물 소유자 및 점유자에 대한 손해배상청구

5-1. 개요

토지소유자가 저수, 배수 또는 인수하기 위하여 공작물을 설치한 경우에 공작물의 파손 또는 폐색으로 타인의 토지에 손해를 가하거나 가할 염려가 있는 때에는 타인은 그 공작물의 보수, 폐색의 소통 또는 예방에 필요한 청구를 할 수 있다(**민법 제223조**).

5-2. 요건사실

1. 피고가 공작물을 설치한 사실
2. 공작물에 설치 및 보존의 하자가 있을 것
3. 하자로 인해서 원고가 손해를 입었을 것
4. 점유자에게 면책사유가 없을 것

5-3. 공작물 소유자 및 점유자에 대한 손해배상청구의 소

[작성례] 손해배상(기)청구의 소(공작물의 보존하자, 소유자를 상대로)

소 장

원 고   ○○○ (주민등록번호)
　　　　○○시 ○○구 ○○로 ○○(우편번호)
　　　　전화.휴대폰번호:
　　　　팩스번호, 전자우편(e-mail)주소:
피 고   ◇◇◇ (주민등록번호)
　　　　○○시 ○○구 ○○로 ○○(우편번호)
　　　　전화.휴대폰번호:
　　　　팩스번호, 전자우편(e-mail)주소:

손해배상(기)청구의 소

청 구 취 지

1. 피고는 원고에게 금 5,000,000원 및 이에 대한 2000. 7. 25.부터 이 사건 소장부본 송달일까지는 연 5%의, 그 다음날부터 다 갚는 날까지는 연 15%의 각 비율에 의한 돈을 지급하라.
2. 소송비용은 피고가 부담한다.

---

3. 위 제1항은 가집행 할 수 있다.
라는 판결을 구합니다.

청 구 원 인

1. 손해배상책임의 발생

　피고는 ○○시 ○○구 ○○로 ○○○-○ 소재 건물의 소유자인데, 2000. 1월경부터 건물 담벼락에 여러 군데 균열이 생기므로 건물 임차인인 소외 ◆◆◆가 여러 차례 건물보수를 요구하였으나 계속 그 수리를 미루어 오던 중, 2000. 7. 25. 16:40경 원고가 그의 소유인 서울○서○○○○○호 승용차를 운전하여 위 건물 담벼락 옆을 지나가고 있을 때 마침 불어온 강풍에 담이 길쪽으로 붕괴되면서 차량 좌측면을 덮쳐 차량을 파손하는 손해를 야기하였는바, 당시 불어온 바람은 통상적인 태풍의 작용으로 천재지변에 이를 정도가 아니었고, 임차인인 소외 ◆◆◆의 통보에 의해 담벼락 보수가 필요하다는 사실, 사고위험성이 있다는 사실 등을 알고 있었음에도 불구하고 그 보수를 게을리 하여 이 사건 사고가 발생한 것이 분명하므로, 피고는 공작물소유자로서 이 사건 사고로 인해 발생한 원고의 손해를 배상할 책임이 있다고 할 것입니다.

2. 손해의 범위

　원고의 차량은 이 사건 사고로 심하게 파손되어 그 수리비로 금 5,000,000원이 지출되었습니다.

3. 사정이 위와 같으므로 원고는 피고로부터 금 5,000,000원 및 이에 대한 이 사건 사고발생일인 2000. 7. 25.부터 이 사건 소장부본 송달일까지는 민법에서 정한 연 5%의, 그 다음날부터 다 갚는 날까지는 소송촉진등에관한특례법에서 정한 연 15%의 각 비율에 의한 지연손해금을 받기 위하여 이 사건 소송에 이르게 되었습니다.

■ 대법원판례

화재가 피용자 아닌 타인의 독립된 행위로 인하여 발화된 후, 이것이 공작물에 연소, 확산되는 과정에서 제3자에게 입힌 손해에 대하여는 그 공작물의 소유자는 특히 실화책임에관한법률에 의하여 중대한 과실이 있는 경우에 한하여 이를 배상할 책임이 있다 할 것이다 (대법원 1983. 2. 8. 선고 81다428 판결).

소   장

원   고   ○○○ (주민등록번호)
            ○○시 ○○구 ○○길 ○○(우편번호)
            전화.휴대폰번호:
            팩스번호, 전자우편(e-mail)주소:
피   고   ◇◇◇ (주민등록번호)
            ○○시 ○○구 ○○길 ○○(우편번호)
            전화.휴대폰번호:
            팩스번호, 전자우편(e-mail)주소:

손해배상(기)청구의 소

청 구 취 지

1. 피고는 원고에게 금 10,000,000원 및 이에 대한 2001. 10. 20. 부터 이 사건 소장부본 송달일까지는 연 5%의, 그 다음날부터 다 갚는 날까지 연 12%의 각 비율에 의한 돈을 지급하라.
2. 소송비용은 피고가 부담한다.
3. 위 제1항은 가집행 할 수 있다.
라는 판결을 구합니다.

청 구 원 인

1. 당사자들의 관계
   원고는 ○○시 ○○구 ○○길 ○○ 소재 4층 건물 1층에서 "○○"라는 상호로 의류점을 경영하다가 피고의 공작물보존상의

하자로 인하여 화재피해를 당한 사람이고, 피고는 같은 건물 2층에서 "○○○"라는 상호로 음식점을 경영하던 사람으로서 공작물의 점유자로서 보존상의 하자에 따른 손해배상책임을 지는 사람입니다.

2. 손해배상책임의 발생

위에서 밝힌 대로 원.피고는 같은 건물에서 점포를 운영하던 사람들이고, 피고는 음식점경영을 위하여 비상구통로에 20Kg들이 액화석유가스(L.P.G.)통(다음부터 이 사건 가스통이라 함)을 설치하고 그곳으로부터 피고의 음식점 주방까지 호스로 연결하여 가스를 사용하여 왔는데, 가스통이 설치되어 있던 위 비상구 통로는 그 폭이 1m, 길이가 5m로서 평소에는 바깥 출입문을 잠근 채 가스통을 교환할 때에만 문을 열었으므로 환기가 되지 아니하여 가스 누출시 적체될 위험성이 많았으나 가스통의 공급업자(가스판매업자)와 가스충전업자가 이 사건 가스통에 대한 안전상태를 점검하지 아니한 채 이를 공급함에 따라, 사고 당시 위 가스통의 상단에 가스의 누출을 방지하기 위하여 장치된 밸브의 부품인 스핀들이 파손되어 위 가스가 누출되었는데, 2001. 10. 20. 22:47경 피고가 가스가 누출되고 있는 것을 발견하고 밸브를 닫아 그 누출을 차단하려고 하였으나, 밸브의 고장으로 닫아지지 아니하여 위 가스가 통로에 적체되다가 불씨에 의하여 폭발하면서 화재가 발생하여 원고의 의류점내의 내부시설과 의류가 불에 타 못쓰게 되는 손해를 입었는바, 위 화재는 이 사건 가스통의 하자 자체로 인하여 직접 발생한 것이므로, 피고는 공작물인 이 사건 가스통의 점유자로서 화재로 인하여 원고가 입은 손해를 배상할 책임이 있다고 할 것입니다.

3. 손해배상책임의 범위

원고는 화재로 소실된 내부시설의 복구 및 청소를 위하여 금 5,000,000원을 지출하였고, 판매를 위해 화재전날 구입하여 매장에 진열 중이던 의류 100점, 금 5,000,000원어치가 모두 소실하였으므로 피고가 원고에게 배상해야 할 돈은 총 10,000,000원입니다.

4. 결 론

   사정이 위와 같으므로 원고는 피고로부터 금 10,000,000원 및 이에 대한 이 사건 사고발생일인 2001. 10. 20.부터 이 사건 소장부본 송달일까지는 민법에서 정한 연 5%의, 그 다음 날부터 다 갚는 날까지는 소송촉진등에관한특례법에서 정한 연 12%의 각 비율에 의한 지연손해금을 받기 위하여 이 사건 소송에 이르게 되었습니다.

입 증 방 법

1. 갑 제1호증의 1, 2   각 현장사진
1. 갑 제2호증   화재증명원
1. 갑 제3호증의 1, 2   각 영수증
1. 갑 제4호증   거래명세표

첨 부 서 류

1. 위 입증방법   각 1통
1. 소장부본   1통
1. 송달료납부서   1통

20○○. ○. ○.

위 원고   ○○○ (서명 또는 날인)

○○지방법원 귀중

민법 제758조 제1항 소정의 공작물점유자라 함은 공작물을 사실상 지배하면서 그 설치 또는 보존상의 하자로 인하여 발생할 수 있는 각종 사고를 방지하기 위하여 공작물을 보수·관리할 권한 및 책임이 있는 자를 말한다 (대법원 2000. 4. 21. 선고 2000다386 판결).

6. 자동차손해배상보장법상 손해배상청구

6-1. 개요

① 자기를 위해 자동차를 운행하는 자는 그 운행으로 다른 사람을 사망하게 하거나 부상하게 한 경우에는 그 손해를 배상할 책임을 진다(자동차손해배상 보장법 제3조 본문).

② 다만, 다음의 경우에는 손해배상책임을 지지 않는다(자동차손해배상 보장법 제3조 단서).

  1. 승객이 아닌 자가 사망하거나 부상한 경우에는 다음을 증명하는 경우

    - 자기와 운전자가 자동차의 운행에 주의를 게을리 하지 않았을 것

    - 피해자 또는 자기 및 운전자 외의 제3자에게 고의 또는 과실이 있음

    - 자동차의 구조상의 결함이나 기능상의 장해가 없었다는 것

  2. 승객이 고의나 자살행위로 사망하거나 부상한 경우

6-2. 요건사실

1. 자기를 위하여 자동차를 운행하는 자일 것
2. 자동차의 운행으로 인할 것
3. 타인을 사망하게 하거나 부상하게 하였을 것
4. 면책사유가 없을 것

6-3. 자동차손해배상보장법상 손해배상청구의 소

[작성례] 손해배상(자)청구의 소(월급생활자 사망, 보험가입한 승
용차)

소   장

원   고   1. 김○○(주민등록번호)
　　　　　　2. 박①○(주민등록번호)
　　　　　　3. 박②○(주민등록번호)
　　　　　　4. 최○○(주민등록번호)
　　　　　　　원고 2, 3은 미성년자이므로 법정대리인 친권자 모 김○○
　　　　　　　원고들의 주소:○○시 ○○구 ○○길 ○○ (우편번호)
　　　　　　　전화.휴대폰번호:
　　　　　　　팩스번호, 전자우편(e-mail)주소:
피   고   ◇◇화재해상보험주식회사
　　　　　　○○시 ○○구 ○○길 ○○(우편번호)
　　　　　　대표이사 ◇◇◇
　　　　　　전화.휴대폰번호:
　　　　　　팩스번호, 전자우편(e-mail)주소:

손해배상(자)청구의 소

청 구 취 지

1. 피고는 원고 김○○에게 금 107,365,776원, 원고 박①○, 원고 박②○에게 각 금 68,577,184원, 원고 최○○에게 금 7,000,000원 및 각 이에 대한 2000. 6. 15.부터 이 사건 소장부본 송달일까지는 연 5%의, 그 다음날부터 다 갚는 날까지는 연 12%의 각 비율에 의한 돈을 지급하라.
2. 소송비용은 피고의 부담으로 한다.
3. 위 제1항은 가집행 할 수 있다.
라는 판결을 구합니다.

청 구 원 인

1. 당사자들의 지위
   가. 원고 김○○는 이 사건 교통사고로 사망한 소외 망 박◉◉의 처, 원고 박①○, 원고 박②○는 소외 망 박◉◉의 자녀들로서 상속인이고, 원고 최○○는 소외 망 박◉◉의 어머니입니다.
   나. 피고 ◇◇화재해상보험주식회사는 이 사건 가해차량인 소외 이◆◆ 소유의 서울○○바○○○○호 승용차에 관하여 자동차보험계약을 체결한 보험자입니다.
2. 손해배상책임의 발생
   가. 교통사고의 발생
   (1) 발생일시 : 2000. 6. 15. 22:30경
   (2) 발생장소 : ○○시 ○○구 ○○길 ○○ ○○빌딩 앞 4차선도로상 횡단보도
   (3) 사고차량 : 서울○○바○○○○호 승용차
   (4) 운전자 겸 소유자 : 소외 이◆◆
   (5) 피 해 자 : 소외 망 박◉◉
   (6) 피해상황 : 위 도로에 설치된 횡단보도를 보행자신호에 따라 건너던 피해자 소외 망 박◉◉는 신호를 무시하고 달리는 소외 이◆◆가 운전하는 위 승

용차가 충격 되어 뇌진탕 등의 상해를 입고 같
은 날 23:50경 ○○병원에서 사망하였음.

나. 피고의 손해배상책임

소외 이◆◆는 신호를 무시한 채 사고차량을 운전한 결과로
피해자 소외 망 박◉◉를 사망하게 하였으므로 민법 제750
조에 의한 손해배상책임이 있는바, 피고는 위 사고차량에
대하여 자동차보험계약을 체결한 보험자로서 상법 제726조의
2에 의하여 손해배상책임이 있습니다.

3. 손해배상책임의 범위

가. 소외 망 박◉◉의 일실수입

소외 망 박◉◉가 이 사건 사고로 상실한 가동능력에 대한
금전적 총평가액 상당의 일실수입은 다음 (1)과 같은 사실
을 기초로 하여 다음 (2)와 같은 월 5/12%의 비율로 계산
한 중간이자를 공제하는 단리할인법(호프만식 계산법)에 따
라 이 사건 사고 당시의 현가로 계산한 금 191,317,302원
입니다.

(1) 기초사실

(가) 성별 : 남자

생년월일 : 1956. 10. 18.생

연령 : 사고당시 43세 7개월 남짓

기대여명 : 31.21년

(나) 직업 경력 : 위 망인은 1990. 5. 15.부터 소외 ◎◎주식
회사에서 근무하여 왔고, 사고 당시 영업과장으로 근무하
고 있었음.

(다) 정년 및 가동연한 : 위 망인의 소외 ◎◎주식회사에서의
정년은 만 55세가 되는 다음날이고, 그 다음날부터 위 망
인이 만 60세가 되는 2016. 10. 17.까지는 도시일용노동
에 종사하여 그 임금 상당의 수입을 얻을 수 있었을 것임.

(라) 가동능력에 대한 금전적 평가

- 정년시까지 : 위 망인은 2000. 1. 1.부터 2000. 3. 31.

까지 근로소득으로 합계 금 6,900,000원을 지급 받았
는바, 장차 승급에 따라 그 수입이 증가되리라고 예상
되므로 위 망인은 적어도 2000. 1. 1.부터 2000. 3.
31.까지의 근로소득을 매월로 환산한 금 2,300,000원
(금 6,900,000원÷3월) 상당의 월급여를 받을 수 있음.
- 정년 이후 가동연한까지 : 대한건설협회 작성의 2003
년 상반기 적용 건설업임금실태조사보고서 중 보통인
부의 2003. 1월 현재 1일 시중노임단가 금 50,683원
을 기초로 한 월급여 금 1,115,026원{금 50,683원(시
중노임단가)×22일(월평균가동일수)} 상당을 얻을 수
있다고 봄이 상당함.
(마) 생계비 : 수입의 1/3
(2) 기간 및 계산(계산의 편의상 월 미만과 원 미만은 버림.
다음부터 같음)
① 기간 : 2000. 6. 15.부터 2011. 10. 19.까지(11년 4개월
남짓)
계산 : 금 2,300,000원×2/3×107.5674(136개월에 대한 호프만
수치)=금 164,936,679원
② 기간 : 2011. 10. 20.부터 2016. 10. 17.까지(4년 11개월
남짓)
계산 : 금 1,115,026원×2/3×35.4888{143.0562(사고시부터
60세까지 196개월에 대한 호프만수치)-107.5674
(사고시부터 정년까지 136개월에 대한 호프만수
치)=35.4888}=금 26,380,623원
③ 합계 : ①+②=금 191,317,302원
나. 일실퇴직금
소외 망 박◉◉의 이 사건 사고로 인한 일실퇴직금 손해는 다음
(1)과 같은 사실을 기초로 하여 다음 (2)와 같은 월 5/12%의 비
율로 계산한 중간이자를 공제하는 단리할인법(호프만식 계산법)에
따라 이 사건 사고 당시의 현가로 계산한 금 8,202,844원입니다.

(1) 기초사실
  (가) 입사일 : 1990. 5. 25.
  (나) 정년에 따른 퇴직예정일 및 근속기간 : 정년인 2011. 10. 19.
      까지 21년 4개월 남짓
  (다) 이 사건 사고로 인한 퇴직일 및 근속기간 : 2000. 6.
      15.까지 10년 남짓
  (라) 퇴직금의 근거와 산정방식 : 소외 ◎◎주식회사는 근로기
      준법의 규정에 따라 근속년수 1년에 1월분의 평균임금을
      퇴직금으로 지급하고 있음.
  (마) 보수월액 : 금 2,300,000원(※원칙적으로는 퇴직 당시의
      평균임금을 기초로 하여야 하나 편의상 보수월액으로
      하였음)
  (바) 사고시까지의 계산상 퇴직금 : 월급여 금 2,300,000원
      ×(10+22/365) 년(1990. 5. 25.부터 2000. 6. 15.까지)=
      금 23,138,630원
(2) 계산
  (가) 정년퇴직시 예상퇴직금 : 금 2,300,000원×(21+148/365)
      =49,232,602원
  (나) 정년퇴직시 예상퇴직금의 사고당시 현가
      금 49,232,602원×0.6366(사고시부터 정년퇴직시까지 11년 5월
      에 대한 호프만수치, 1/{1+0.05×(11+5/12)}=금 31,341,474원
  (다) 사고시까지의 계산상 퇴직금공제 : 금 31,341,474원-금
      23,138,630원=금 8,202,844원
다. 소외 망 박○○의 위자료
    소외 망 박○○는 이 사건 사고로 사망하는 순간 견딜 수
    없는 정신적 고통을 겪었을 것이므로 피고는 소외 망 박○
    ○에게 위자료로 금 30,000,000원을 지급함이 상당하다 할
    것입니다.
라. 상속관계
    위와 같이 소외 망 박◉◉가 이 사건 사고로 입은 손해액

은 합계 금 229,520,146원{금 191,317,302원(일실수입) + 금 8,202,844원(일실퇴직금)+금 30,000,000원(위자료)}인바, 이 손해배상채권은 위 망인의 처인 원고 김○○에게 금 98,365,776원(위 손해액×상속지분 3/7), 위 망인의 아들 원고 박①○, 망인의 딸 원고 박②○에게는 각 금 65,577,184원(위 손해액×상속지분 2/7)이 상속되었습니다.

마. 원고들의 위자료

원고들도 소외 망 박○○의 사망으로 인하여 크나큰 정신적 고통을 받았을 것임은 경험칙상 명백하므로 위 망인의 처인 원고 김◉◉에게 금 7,000,000원, 위 망인의 자녀인 원고 박①○, 원고 박②○에게 각 금 3,000,000원, 위 망인의 어머니인 원고 최○○에게 금 7,000,000원씩을 위자료로 지급함이 상당하다 할 것입니다.

바. 장례비 : 금 2,000,000원

　　　　　지출자 : 원고 김○○

4. 결론

이와 같이 피고는 원고 김○○에게 금 107,365,776원(상속분 금 98,365,776원 + 위자료 금 7,000,000원 + 장례비 금 2,000,000원), 원고 박①○, 원고 박②○에게 각 금 68,577,184원(상속분 금 65,577,184원 + 위자료 금 3,000,000원), 원고 최○○에게 금 7,000,000원(위자료)씩을 지급할 책임이 있다 할 것인바, 원고들은 피고로부터 위 돈의 지급과 아울러 이에 대한 소외 망 박◉◉가 사망한 사고일인 2000. 6. 15.부터 이 사건 소장부본 송달일까지는 민법에서 정한 연 5%의, 그 다음날부터 다 갚는 날까지는 소송촉진등에관한특례법에서 정한 연 12%의 각 비율에 의한 지연손해금의 지급을 받고자 이 사건 청구에 이른 것입니다.

입 증 방 법

1. 갑 제1호증   기본증명서
   (단, 2007.12.31. 이전 사망한 경우 제적
   등본)
1. 갑 제2호증   가족관계증명서
   (또는, 상속관계를 확인할 수 있는 제적
   등본)
1. 갑 제3호증   주민등록등본
1. 갑 제4호증   자동차등록원부
1. 갑 제5호증   교통사고사실확인원
1. 갑 제6호증   사망진단서
1. 갑 제7호증   근로소득원천징수영수증
1. 갑 제8호증의 1, 2   월간거래가격표지 및 내용
1. 갑 제9호증의 1, 2   한국인표준생명표 표지
                               및 내용

첨 부 서 류

1. 위 입증방법   각 1통
1. 법인등기사항증명서   1통
1. 소장부본   1통
1. 송달료납부서   1통

                20○○.   ○.   ○.
           위 원고 1. 김○○(서명 또는 날인)
                   2. 박①○
                   3. 박②○
                   4. 최○○(서명 또는 날인)
               원고 2, 3은 미성년자이므로
           법정대리인 친권자 모 김○○(서명 또는 날인)

○○지방법원 귀중

[작성례] 준비서면{손해배상(자), 원고}

준 비 서 면

사　　건　　20○○가단○○○○ 손해배상(자)
원　　고　　황○○ 외 2
피　　고　　◇◇화재해상보험주식회사

위 사건에 관하여 원고들은 다음과 같이 변론을 준비합니다.

다　　　음

1. 원고 황○○의 과실이라고 주장하는 부분에 관하여
　피고는 '이 사건 교통사고에서 택시운전자 소외 김◆◆를 비롯하여 원고와 같이 택시에 승차하였던 소외 이◉◉, 소외 박◉◉ 등은 경미한 부상을 입은 점, 피해차량의 파손부분 등 대물손해가 손해인 점에도 불구하고 원고 황○○는 전치 4주간의 요추부 등의 수핵탈출증의 중상해를 입은 점에 비추어 볼 때 그 스스로의 안전을 게을리 하였다고 추정된다 할 것'이라고 주장하며 원고 황○○의 과실비율은 20%를 상회한다는 취지로 주장합니다.
　황○○의 전치 4주의 상해에 비해 소외 이◉◉의 전치 3주의 상해(갑 제7호증의 4 범죄인지보고 참조)가 도대체 어떠한 근거에서 경미한 부상이라고 주장하는지, 그리고 금 426,690원의 차량손괴가 어떠한 근거에서 소액이라는 것인지를 알 수 없다는 사실은 차치 하더라도, 피고의 위와 같은 주장은 탑승 위치에 따라서 그 부상의 정도가 크게 차이가 날 수 있다는 사실을 알지 못하고, 만연이 원고 황○○의 상해정도가 다른 탑승인에 비해 심하다는 사실로부터 원고 황○○에게도 과실이 있다는 식으로 추론을 하여 버림으로서 그 추론에 있어서 논리적 과오를 범하고 있는 것입니다.

2. 손익공제 주장에 관하여

피고는 원고 황○○의 치료비로 ○○병원 등에 합계 금 13,848,270원을 지급하였으므로 이를 공제하여야 한다고 주장합니다.

그러나 원고들은 그 치료비의 청구에 있어서 피고가 이미 지급한 치료비를 공제하고 원고들 자신이 지급한 치료비만을 청구하고 있으므로 피고의 위 주장은 이유 없는 주장이라 할 것입니다.

20○○.　○.　○.

위 원고　1. 황○○ (서명 또는 날인)
　　　　　2. 정○○ (서명 또는 날인)
　　　　　3. 황①○ (서명 또는 날인)

○○지방법원 제○○민사단독　귀중

[작성례] 답변서{손해배상(자)에 대한 항변}

답　변　서

사　　건　　20○○가단○○○○ 손해배상(자)
원　　고　　○○○
피　　고　　◇◇보험주식회사

위 사건에 관하여 피고는 원고의 청구에 대하여 아래와 같이 답변합니다.

청구취지에 대한 답변

1. 원고의 청구를 기각한다.
2. 소송비용은 원고의 부담으로 한다.
라는 재판을 구합니다.

청구원인에 대한 답변

1. 원고의 주장

   원고는 20○○. ○. ○. ○○:○○경 소외 ◈◈◈ 운전의 경남 ○고○○○○호 승용차가 ○○시 ○○구 ○○길 소재 ○○숯 불갈비 앞에서 공사용 가드레일을 들이받아 그 파편이 원고 에게 튕기면서 다발성 좌상, 미골탈구, 추간판탈출증 등의 상 해를 입게 하였으므로 위 승용차의 보험자인 피고로서는 원 고의 손해를 배상할 책임이 있다고 주장하고 있습니다.

2. 채무의 부존재

   가. 위와 같은 원고의 주장과는 달리 이 사건 사고로 인하여 원 고가 입은 상해는 장기간의 치료를 요하거나 후유장해를 남기는 상해가 아니라 경미한 좌상에 불과하였습니다.

   나. 이에 피고는 이 사건 소제기 전에 원고의 치료요청에 따라 원고가 입은 손해의 전부인 치료비 전액 금 3,133,970원을 지급함으로써 이 사건 사고로 인한 배상책임을 모두 이행 하였습니다.

      (피고는 추후 신체감정 및 형사기록이 송부되는 대로 원고가 주장하고 있는 사고발생 경위, 일실수입, 치료비 및 위자료 에 대하여 적극적으로 다툴 예정입니다)

3. 결 어

   피고는 그 지급책임이 있는 범위내의 모든 채무를 이행하였으므 로 원고의 이 사건 청구는 마땅히 기각되어야 할 것입니다.

```
                    20○○.  ○.  ○.

                위 피고   ◇◇보험주식회사

                     대표이사 ◇◇◇ (서명 또는 날인)


  ○○지방법원 제○○민사단독   귀중
```

■ **대법원판례**

자동차손해배상 보장법 제3조는 자기를 위하여 자동차를 운행하
는 자가 그 운행으로 다른 사람을 사망하게 하거나 부상하게 한
경우에는 그 손해를 배상할 책임을 진다고 규정하고 있다. 여기
서 '자기를 위하여 자동차를 운행하는 자'란 자동차에 대한 운행
을 지배하여 그 이익을 향수하는 책임주체로서의 지위에 있는 자
를 의미하고, '다른 사람'이란 자기를 위하여 자동차를 운행하는
자 및 당해 자동차의 운전자를 제외한 그 이외의 자를 의미한다.
따라서 자동차 보유자나 사용권자의 배우자나 직계존비속 등의
친족이라도 운행자나 운전자에 해당하지 않는 한 '다른 사람'에
해당한다. 그리고 자동차 운행자나 운전자의 운행 중 과실로 인
하여 피해를 입은 자가 운행자나 운전자와 신분상 내지 생활관계
상 일체를 이루는 관계에 있더라도 그 운행자나 운전자와 피해자
사이에서 운행자나 운전자의 과실은 손해배상채무의 성립 요건이
될 뿐 손해배상책임의 감면 사유가 될 수 없다 (대법원 2021. 3. 25.
선고 2019다208687 판결).

자동차손해배상 보장법 제3조는 '자기를 위하여 자동차를 운행하
는 자는 그 운행으로 다른 사람을 사망하게 하거나 부상하게 한
경우에는 그 손해를 배상할 책임을 진다. 다만 승객이 고의나 자
살행위로 사망하거나 부상한 경우에는 그러하지 아니하다.'라고
규정하고 있다. 위 조항은 승객이 사망하거나 부상한 경우를 승

객이 아닌 자와 구별하여 더욱 보호하고 있다. 이는, 승객은 자동차에 동승함으로써 자동차의 위험과 일체화되어 승객 아닌 자에 비하여 그 위험이 더 크다고 할 수 있으므로, 자동차 사고로 승객이 부상한 경우 운행자는 승객의 부상이 고의 또는 자살행위로 인한 것임을 주장·증명하지 못하는 한 운전상의 과실 유무를 가릴 것 없이 승객의 부상에 따른 손해를 배상할 책임이 있다는 취지이다 (대법원 2021. 11. 11. 선고 2021다257705 판결).

제9장 사해행위취소청구

1. 개요

① 통상 사해행위취소소송은 사해행위의 취소라는 형성의 소와 원상회복이라는 이행의 소가 병합된 형태로 제기된다. 그러나 사해행위의 취소만을 먼저 청구한 다음 원상회복을 나중에 청구할 수도 있고, 또 사해행위의 취소만으로는 일탈된 책임재산의 반환이라는 목적을 달성할 수도 있다.

② 여기에는 사해행위취소부분과 원상회복부분이 있다.

2. 요건사실

1. 사해의사존재사실
2. 사해행위사실

3. 가능한 공격방어방법

1. 제척기간 도과
2. 수익자, 전득자의 선의
3. 채무자의 자력회복
4. 피보전채권의 시효소멸 여부

4. 기재례

> 1. 피고와 소외 ○○○ 사이에 별지 목록 기재 부동산에 관하여 20○○.12.○일 체결된 매매계약을 취소한다.
> 2. 피고는 소외 ○○○에게 위 부동산에 관하여 서울○○지방법원 20○○.12.○일 접수 제○○○호로 마친 소유권이전등기의 말소등기절차를 이행하라.

5. 사해행위취소청구의 소

[작성례] 사해행위취소 등 청구의 소(사해행위취소 및 원상회복, 채무병합청구)

소   장

원   고   ○○○ (주민등록번호)
            ○○시 ○○구 ○○로 ○○(우편번호 ○○○○○)
            전화.휴대폰번호:
            팩스번호, 전자우편(e-mail)주소:

피   고   1. 김◇◇ (주민등록번호)
              ○○시 ○○구 ○○로 ○○(우편번호 ○○○○○)
              전화.휴대폰번호:
              팩스번호, 전자우편(e-mail)주소:
            2. 이◇◇ (주민등록번호)
              ○○시 ○○구 ○○로 ○○(우편번호 ○○○○○)
              전화.휴대폰번호:
              팩스번호, 전자우편(e-mail)주소:

사해행위취소 등 청구의 소

청 구 취 지

1. 피고 김◇◇와 피고 이◇◇ 사이에 별지 목록 기재 부동산에 관하여 20○○. ○. ○. 체결한 매매계약을 취소한다.
2. 피고 이◇◇는 피고 김◇◇에게 별지 목록 기재 부동산에 관하여 ○○지방법원 ○○○등기소 20○○. ○. ○○. 접수 제○○○○호로 마친 소유권이전등기의 말소등기절차를 이행하라.
3. 피고 김◇◇는 원고에게 금 15,000,000원 및 이에 대한 이 사건 소장 부본 송달일 다음날부터 다 갚는 날까지 연 12%의 비율로 계산한 돈을 지급하라.
4. 소송비용은 피고들이 부담한다.
5. 위 제3항은 가집행 할 수 있다.
라는 판결을 구합니다.

청 구 원 인

1. 원고는 20○○. ○. ○. 피고 김◇◇에게 금 15,000,000원을 변제기 20○○. ○○. ○.로 정하여 빌려 준 사실이 있습니다. 한편, 피고 김◇◇는 ○○시 ○○구 ○○동 ○○ 대 762㎡(다음부터 위 부동산이라 함)외에 별다른 재산이 없고 오히려 채무가 많은 상태이면서 20○○. ○. ○. 피고 이◇◇에게 시가 금 83,000,000원 상당의 위 부동산을 매매대금 50,000,000원에 매도하고 20○○. ○. ○○. ○○지방법원 ○○○등기소 20○○. ○. ○○. 접수 제○○○○호로 소유권이전등기를 해주었습니다. 그렇다면 피고 김◇◇와 피고 이◇◇ 사이의 위 매매계약은 채권자인 원고를 해함을 알고 한 법률행위로서 사해행위에 해당한다고 할 것입니다.
2. 따라서 피고 김◇◇와 피고 이◇◇ 사이의 위 부동산에 관한 매매계약은 사행행위로서 취소되어야 할 것이고, 이에 따른

원상회복으로, 피고 이◇◇는 위 부동산에 관하여 자신 명의의 위 소유권이전등기의 말소등기절차를 이행하여야 할 것입니다. 또한 피고 김◇◇는 원고에게 위 대여금 15,000,000원 및 이에 대하여 이 사건 소장 부본 송달일 다음날부터 다 갚는 날까지 소송촉진 등에 관한 특례법이 정한 연 12%의 비율로 계산한 돈을 지급할 의무가 있다고 할 것입니다.

증 명 방 법

1. 갑 제1호증   차용증서
1. 갑 제2호증   부동산등기사항전부증명서
1. 갑 제3호증   토지대장등본

첨 부 서 류

1. 위 증명방법   각 1통
1. 소장부본   2통
1. 송달료납부서   1통

20○○.   ○.   ○.

위 원고   ○○○   (서명 또는 날인)

○○지방법원 귀중

별지

부동산의 표시

○○시 ○○구 ○○동 ○○ 대 762㎡. 끝.

답 변 서

사건번호 20○○가단○○○○ 사해행위취소 등
원　　고 ○○○
피　　고 ◇◇◇

　　위 사건에 관하여 피고는 다음과 같이 답변합니다.

청구취지에 대한 답변

1. 이 사건 소를 각하한다.
2. 소송비용은 원고의 부담으로 한다.
라는 판결을 구합니다.

청구원인에 대한 답변

1. 기초사실관계
　　피고와 소외 ◆◆◆ 사이에 이 사건 부동산에 관하여 20○○.
　　○○. ○. 체결한 매매계약에 의하여 피고가 위 부동산의 소
　　유권을 이전받은 행위가 사해행위라는 원고의 주장에 대하여,
　　피고는 피고가 위 일시에 소외 ◆◆◆와 위 부동산에 관하여
　　매매계약을 체결하고, ○○지방법원 ○○등기소 20○○. ○○.
　　○○. 접수 제○○○호로 소유권이전등기를 마친 사실에 대하
　　여는 다투지 않습니다.
2. 제척기간의 도과
　　채권자취소의 소는 채권자가 취소원인을 안 날로부터 1년,
　　법률행위가 있는 날로부터 5년 내에 제기하여야 합니다(민법

제406조 제2항 참조).

그러나 원고는 이미 위 부동산에 관하여 피고와 소외 ◆◆◆ 사이에 매매계약이 체결되고, 5년이 훨씬 지난 20○○. ○○. ○○.에 이르러 비로소 이 사건 소를 제기하였습니다[을 제1호 증(등기사항전부증명서) 참조].

3. 결 론

따라서 위와 같이 제척기간이 도과하여 원고의 채권자취소권이 소멸하였으므로 이 사건 소는 각하되어야 합니다.

입 증 방 법

1. 을 제1호증　　　　　　　등기사항전부증명서

첨 부 서 류

1. 위 입증방법　　　　　　1통
1. 답변서 부본　　　　　　1통

20○○.　○.　○.
위 피고　◇◇◇ (서명 또는 날인)

○○지방법원 ○○지원 제○민사단독　귀중

■ **대법원판례**

사해행위 취소의 소와 원상회복청구의 소는 서로 소송물과 쟁점을 달리하는 별개의 소로서 양자가 반드시 동시에 제기되어야 하는 것은 아니고 별개로 제기될 수 있으며, 전자의 소에서는 승소하더라도 후자의 소에서는 당사자가 제출한 공격·방어 방법 여하에 따라 패소할 수도 있고, 취소채권자가 사해행위 취소의 소를 제기하여 승소한 경우 그 취소의 효력은 민법 제407조에 의하여 모든 채권자의 이익을 위하여 미치고 이로써 그 소의 목적은 달성된다. 이에 비추어 보면, 채권자가 원상회복청구의 소에서 패소할 것이 예상된다는 이유로 그와 별개인 사해행위 취소의 소에 대하여 소송요건을 갖추지 못한 것으로 보아 소의 이익을 부정할 수는 없다 (대법원 2012. 12. 26. 선고 2011다60421 판결).

채권자취소권에 의하여 보호될 수 있는 채권은 원칙적으로 사해행위라고 볼 수 있는 행위가 행하여지기 전에 발생된 것임을 요하지만, 그 사해행위 당시에 이미 채권 성립의 기초가 되는 법률관계가 발생되어 있고, 가까운 장래에 그 법률관계에 터잡아 채권이 성립되리라는 점에 대한 고도의 개연성이 있으며, 실제로 가까운 장래에 그 개연성이 현실화되어 채권이 성립된 경우에는, 그 채권도 채권자취소권의 피보전채권이 될 수 있다 (대법원 2011. 1. 13. 선고 2010다68084 판결).

채권자취소권은 사해행위로 이루어진 채무자의 재산처분행위를 취소하고 그 원상회복을 구하기 위한 권리로서 사해행위에 의해 일탈된 채무자의 책임재산을 총채권자를 위하여 채무자에게 복귀시키기 위한 것이지 채권자취소권을 행사하는 특정 채권자에게만 독점적 만족을 주기 위한 권리가 아니다. 또한 사해행위 취소의 범위는 다른 채권자가 배당요구를 할 것이 명백하거나 목적물이 불가분인 경우와 같이 특별한 사정이 없는 한 취소채권자의 채권액을 넘어서까지 취소를 구할 수 없다. 따라서 취소채권자는 위와 같은 특별한 사정이 없는 한 자신의 채권액 범위 내에서 채무자의 책임재산을 회복하기 위하여 채권자취소권을 행사할 수 있고 그 취소에 따른 효력을 주장할 수 있을 뿐이며, 채무자에 대한 채권 보전이 아니라 제3자에 대한 채권 만족을 위해서는 사해행위 취소의 효력을 주장할 수 없다 (대법원 2010. 5. 27. 선고 2007다40802 판결).

제10장 전부금·추심금 청구

1. 전부금 청구

1-1. 개요

피전부채권의 존재사실과 관련하여 원고는 피전부채권의 존재사실만 주장·증명하면 되고, 권리장애사실, 권리소멸사실, 권리저지사실의 부존재까지 주장·증명할 필요는 없다.

1-2. 요건사실

1. 피전부채권의 존재
2. 전부명령
3. 제3채무자에 대한 송달·확정

1-3. 전부금 청구의 소

[작성례] 전부금청구의 소(집행권원 : 대여금 확정판결)

	소　　　　장
원　　고	○○○ (주민등록번호)
	○○시 ○○구 ○○길 ○○(우편번호)
	전화.휴대폰번호:
	팩스번호, 전자우편(e-mail)주소:
피　　고	◇◇◇ (주민등록번호)
	○○시 ○○구 ○○길 ○○(우편번호)
	전화.휴대폰번호:

팩스번호, 전자우편(e-mail)주소:

전부금청구의 소

청 구 취 지

1. 피고는 원고에게 금 10,521,231원 및 이에 대한 20○○. ○
○. ○○.부터 이 사건 소장부본 송달일까지는 연 5%의, 그
다음날부터 다 갚는 날까지는 연 15%의 각 비율에 의한 돈
을 지급하라.
2. 소송비용은 피고의 부담으로 한다.
3. 위 제1항은 가집행 할 수 있다.
라는 판결을 구합니다.

청 구 원 인

1. 원고는 소외 ◆◆◆에 대하여 ○○지방법원 20○○가단○○○
호 대여금 청구 소송을 제기한 결과 같은 법원으로부터 "소
외 ◆◆◆는 원고에게 금 10,000,000원 및 이에 대한 20○○.
○. ○.부터 20○○. ○. ○.까지는 연 5%의, 그 다음날부터
다 갚는 날까지는 연 15%의 각 비율에 의한 돈을 지급하라"
는 판결을 받았는데, 소외 ◆◆◆는 지금까지 이를 변제하지
않고 있습니다.
2. 그런데 소외 ◆◆◆는 피고에게 20○○. ○. ○. 금 20,000,000원
을 빌려주고 매월 금 500,000원의 이자를 받아 오고 있습니다.
3. 그러므로 원고는 위 집행력 있는 판결정본으로써, 소외 ◆◆
◆가 피고로부터 받을 위 대여금채권에 대하여, 청구금액을
위 판결금과 이자 합계 금 10,521,231원, 소외 ◆◆◆를 채
무자로, 피고를 제3채무자로 각 하여 ○○지방법원 20○○타
채○○○호로 채권압류 및 전부명령을 신청하였고 그 채권압

류 및 전부명령정본은 20○○. ○○. ○○. 피고에게 송달되어 확정됨으로써 위 금 10,521,231원은 원고에게 전부되었으며, 원고는 피고에게 위 전부금의 지급을 구하였으나 피고는 이에 불응하고 있습니다.

4. 따라서 원고는 피고에게 위 전부금 10,521,231원 및 이에 대한 위 채권압류 및 전부명령이 피고에게 송달된 날인 20○○. ○○. ○○.부터 이 사건 소장부본 송달일까지는 민법에서 정한 연 5%의, 그 다음날부터 다 갚는 날까지는 소송촉진등에관한특례법에서 정한 연 15%의 각 비율에 의한 지연손해금을 지급 받고자 이 사건 청구에 이른 것입니다.

입 증 방 법

1. 갑 제1호증   채권압류 및 전부명령
1. 갑 제2호증   위 결정 송달증명 및 확정증명

첨 부 서 류

1. 위 입증방법   각 1통
1. 소장부본   1통
1. 송달료납부서   1통

20○○. ○. ○.

위 원고   ○○○   (서명 또는 날인)

○○지방법원 ○○지원 귀중

[작성례] 답변서(전부금 청구에서 전부명령 송달 전 피전부채권 소멸 항변)

답 변 서

사건번호 20○○가소○○○○ 전부금
원   고   ○○○
피   고   ◇◇◇

위 사건에 관하여 피고는 다음과 같이 답변합니다.

청구취지에 대한 답변

1. 원고의 청구를 기각한다.
2. 소송비용은 원고가 부담한다.
라는 판결을 구합니다.

청구원인에 대한 답변

1. 금전채권에 대한 압류 및 전부명령이 있는 때에는 압류된 채권은 동일성을 유지한 채로 압류채무자로부터 압류채권자에게 이전되고, 제3채무자는 채권이 압류되기 전에 압류채무자에게 대항할 수 있는 사유로써 압류채권자에게 대항할 수 있는 것입니다. (대법원 2010. 3. 25 선고 2007다35152 판결 등)
2. 피고는 20xx. x. x. 소외 ○○○으로부터 ○○시 ○○구 ○○○로 ○○○ 소재 부동산(이하 이 사건 부동산이라고 합니다.)을 매수하기로 계약을 체결하였으나, 소외 ○○○은 피고에게 이 사건 부동산을 인도하거나 소유권을 이전하기 위한 어떠한 이행절차에도 나아가지 않은 상태입니다.

3. 매도인의 소유권이전절차에 협조할 의무와, 매수인의 매매대금 지급의무는 동시이행의 관계에 있다고 할 것이므로, 매도인인 소외 ○○○으로부터 이 사건 부동산을 인도받고, 소유권이전등기에 필요한 서류를 넘겨받기 전에는 피고가 소외 ○○○에게 그 매매대금을 지급할 의무가 없으며, 그 매매대금 채권을 압류·전부명령을 통하여 취득한 원고에 대하여도 동일한 항변으로 대항할 수 있다고 할 것입니다.

4. 그러므로, 소외 ○○○이 위 의무의 이행에 나아가지 아니하는 한, 원고의 이 사건 전부금 청구는 그 이유가 없다고 할 것이므로 원고의 청구를 기각하여 주시기 바랍니다.

입 증 방 법

1. 을 제1호증   부동산매매계약서

첨 부 서 류

1. 위 입증방법   1통

20○○.　○.　○.

위 피고 　◇◇◇ (서명 또는 날인)

○○지방법원　○○지원 제○민사단독　귀중

■ 대법원판례

갑이 을의 병에 대한 토지 매매대금 반환채권에 대하여 채권압류 및 전부명령을 받은 후 병을 상대로 전부금 등의 지급을 구하자, 병이 을에 대한 사용이익 반환채권 등을 자동채권으로 하여 상계

항변을 한 사안에서, 수동채권인 매매대금 반환채권은 매매계약이 해제된 날 발생하였고 병의 자동채권은 매매계약 해제 무렵부터 차례로 발생하였는데, 각각의 자동채권이 발생한 때 양 채권은 모두 이행기에 이르러 상계적상에 있으므로, 자동채권으로 상계적상일을 기준으로 발생한 수동채권의 이자나 지연손해금을 소멸시키고, 잔액이 있으면 원금을 소멸시켜야 하고, 수동채권의 원금이 일부 소멸되면 그 부분에 대해서는 상계적상일 다음 날부터 민법 제548조 제2항에서 정한 이자가 발생하지 않고, 남은 원금에 대해서만 이자가 발생하는데도, 상계적상일을 기준으로 수동채권인 매매대금 반환채권의 원금이 소멸되는지 여부를 심리하지 않은 채 매매대금 반환채권의 원리금에서 자동채권의 합계액을 빼는 방식으로 상계한 원심판결에 법리오해 등의 잘못이 있다고 한 사례 (대법원 2021. 5. 7. 선고 2018다25946 판결).

2. 추심금 청구

2-1. 개념

원고가 추심채권의 존재사실을 증명하기 위해서 추심채권의 발생사실만 증명하면 충분하다는 점은 전부금청구에서와 같다. 추심명령은 유효하게 압류된 채권에 대하여는 언제나 발할 수 있으므로, 그 채권이 권면액에 있는 금전채권이어야 할 필요도 없다.

2-2. 요건사실

1. 추심채권의 존재
2. 추심명령
3. 제3채무자에 대한 송달

2-3. 추심금 청구의 소

[작성례] 추심금청구의 소(집행권원:물품대금에 대한 확정판결, 대여금)

소   장

원   고   ○○○ (주민등록번호)
　　　　　　○○시 ○○구 ○○길 ○○(우편번호)
　　　　　　전화.휴대폰번호:
　　　　　　팩스번호, 전자우편(e-mail)주소:
피   고   ◇◇◇ (주민등록번호)
　　　　　　○○시 ○○구 ○○길 ○○(우편번호)
　　　　　　전화.휴대폰번호:
　　　　　　팩스번호, 전자우편(e-mail)주소:

추심금청구의 소

청 구 취 지

1. 피고는 원고에게 20,000,000원 및 이에 대하여 2013. 2. 15.부터 이 사건 소장부본 송달일까지는 연 5%, 그 다음날부터 다 갚는 날까지는 연 15%의 각 비율로 계산한 돈을 지급하라.
2. 소송비용은 피고가 부담한다.
3. 위 제1항은 가집행 할 수 있다.
라는 판결을 구합니다.

청 구 원 인

1. 원고는 소외 ◈◈◈에 대하여 ○○지방법원 20○○가단○○○호 물품대금청구사건의 소송을 제기하여 집행력 있는 판결정

본에 의한 20,000,000원의 채권이 있었습니다.

2. 원고는 소외 ◆◆◆에 대한 강제집행을 준비하던 중 소외 ◆◆◆가 피고(제3채무자)에 대하여 20,000,000원의 대여금채권을 가지고 있음을 확인하게 되었으므로, ○○지방법원 20○○ 타채○○호로 소외 ◆◆◆가 피고에 대하여 가지는 위 대여금채권에 대한 채권압류 및 추심명령을 받았고 그 채권압류 및 추심명령정본은 2013. 2. 10. 피고에게 송달되었습니다.

3. 원고는 2013. 2. 14. 피고에게 위 추심명령에 따른 금액을 지급할 것을 요구하였으나 피고는 이에 응하지 않고 있습니다.

4. 따라서 원고는 피고로부터 위 추심금 20,000,000원 및 이에 대하여 추심명령 송달 후 추심금 지급을 청구한 다음날인 2013. 2. 15.부터 이 사건 소장부본 송달 일까지는 연 5%, 그 다음날부터 다 갚는 날까지는 소송촉진등에관한특례법에서 정한 연 15%의 비율로 계산한 지연손해금을 지급 받기 위하여 이 사건 소송을 제기하기에 이른 것입니다.

<h2 style="text-align:center">입 증 방 법</h2>

1. 갑 제1호증   채권압류 및 추심명령결정문
1. 갑 제2호증   송달증명원
1. 갑 제3호증   내용증명

<h2 style="text-align:center">첨 부 서 류</h2>

1. 위 입증방법   각 1통
1. 소장부본   1통
1. 송달료납부서   1통

20○○.　　○.　　○.

위 원고　　○○○　(서명 또는 날인)

○○지방법원 귀중

[작성례] 답변서(추심금청구에 대한 항변)

답 변 서

사 건   20○○가합○○○○ 추심금
원 고   ○○○
피 고   ◇◇◇

위 사건에 관하여 피고는 다음과 같이 답변합니다.

청구취지에 대한 답변

1. 원고의 청구를 기각한다.
2. 소송비용은 원고의 부담으로 한다.
라는 판결을 구합니다.

청구원인에 대한 답변

1. 피고와 소외 김◉◉는 19○○. ○. ○. 피고 소유의 ○○시 ○
   ○구 ○○길 ○○ 소재 건물 1층을 임차보증금 30,000,000원,
   월세 금 300,000원, 임차기간 1년으로 정하여 임대차계약을
   체결하고 그 뒤 매년 갱신하여 오던 중 소외 김◉◉는 20○
   ○. ○.경 피고에게 임대차계약서상의 명의를 소외 김◉◉의
   채권자인 소외 이◉◉의 명의로 변경하여 줄 것을 요구하여
   피고는 이를 변경하여 준 사실이 있습니다. 그 뒤 소외 김◉

◉가 20○○. ○. ○. 갑자기 잠적하자 소외 이◉◉는 소외 김◉◉로부터 채권회수가 어렵게 되자 위 임대차계약서를 근거로 ○○지방법원 20○○가합○○○호로서 임차보증금반환청구의 소를 제기하여 위 소송에 원고도 보조참가하여 20○○. ○. ○. 소외 이◉◉의 일부승소판결이 선고되고 위 소송은 소외 이◉◉가 판결에 불복 항소하여 현재 항소심 계속 중에 있습니다.

2. 한편, 20○○. ○. ○. 원고는 소외 김◉◉를 채무자로 하여 임차보증금반환채권을 가압류하였고, 20○○. ○. ○. 소외 유◉◉도 소외 김◉◉를 채무자로 하여 위 채권을 가압류하였으며, 그 뒤 20○○. ○. ○. 원고가 채권압류 및 추심명령을, 같은 해 ○. ○. 소외 유◉◉도 채권압류 및 전부명령을 받아 각 명령이 순차적으로 피고에게 송달이 되어 압류의 경합이 발생하였습니다.

3. 따라서 소외 이◉◉가 임차인으로서의 권리를 주장하며 소송 중에 있고, 그 뒤 원고와 소외 유◉◉와의 사이에는 압류의 경합과 추심명령에 의한 추심신고 전에 발한 전부명령에 의하여 배당요구의 법적 효력이 발생하였으므로, 이 사건 원고의 추심금청구는 부당하며 이 사건은 소외 이◉◉와의 소송결과에 따라 피고가 임차보증금을 집행공탁 하여야 할 사안입니다.

4. 그러므로 이 사건 원고의 추심금청구의 소송은 소외 이◉◉와 피고와의 소송이 종결되는 시점까지 연기되거나 압류경합의 사유로 원고의 청구가 기각되어야 할 것입니다.

입 증 방 법

1. 을 제1호증의 1, 2 　　　　각 부동산임대차계약서
1. 을 제2호증의 1, 2 　　　　각 채권가압류결정문
1. 을 제3호증 　　　　　　　채권압류 및 전부명령
1. 을 제4호증 　　　　　　　판결문

1. 을 제5호증   항소장

첨 부 서 류

1. 위 입증방법   각 1통

20○○.   ○.   ○.

위 피고   ◇◇◇ (서명 또는 날인)

○○지방법원 제○민사부   귀중

■ 대법원판례

갑 등과 을 및 병 주식회사가 정 주식회사를 상대로 추심금 지급을 구하는 소를 제기하면서 자신들의 채권액 비율로 안분한 일부 추심금만 각자 청구하였는데, 갑 등 및 을의 청구는 인용되고 병 회사의 청구는 기각되자, 그 후 갑 등이 정 회사를 상대로 나머지 추심금의 지급을 구하는 소를 제기한 사안에서, 갑 등이 추심할 수 있는 금액 중 각자 채권액 비율로 안분하여 일부만 청구한 경우 선행소송의 경과 등 제반 사정에 비추어 나머지 부분에 대하여 권리행사를 하였다고 볼 여지가 있더라도, 실제 나머지 부분을 청구하지 않은 이상 그 부분에 대하여는 처음부터 소의 제기가 없었던 것과 마찬가지로 볼 수밖에 없고, 다만 선행소송이 계속 중인 동안에는 나머지 부분에 대하여 '최고'로서 갑 등이 권리를 행사하고 있는 상태가 지속되고 있다고 볼 수 있을 뿐이므로, 갑 등이 선행소송이 종료된 때로부터 6월 내에 민법 제174조에서 정한 조치를 취하여 나머지 부분의 소멸시효를 중단시켰다는 등 특별한 사정이 없다면, 나머지 부분은 이미 소멸시효기간이 도과한 것으로 볼 수 있는데도, 선행소송 청구만으로 나머지 부분까지

소멸시효가 중단되었다고 본 원심판단에 법리오해 등의 잘못이 있다고 한 사례 (대법원 2022. 5. 26. 선고 2020다206625 판결).

제11장 보험금청구

1. 개요

"보험사고"란 보험계약에서 보험회사의 보험금 지급책임을 구체화하는 불확정한 사고를 의미하는 것으로, 보험사고가 무엇인지는 당사자 사이의 약정으로 계약내용에 편입된 보험약관과 보험약관이 인용하고 있는 보험증권 및 주계약의 구체적인 내용 등을 종합하여 결정해야 한다.

2. 요건사실

보험계약성립사실(보험사고 발생)

3. 보험금청구의 소

[작성례] 보험금청구의 소

```
                    소         장

원   고     ○○○ (주민등록번호)
            ○○시 ○○구 ○○길 ○○(우편번호)
            전화.휴대폰번호:
            팩스번호, 전자우편(e-mail)주소:
피   고     ◇◇보험주식회사
            ○○시 ○○구 ○○로 ○○(우편번호)
            대표이사 ◈◈◈
            전화.휴대폰번호:
```

팩스번호, 전자우편(e-mail)주소:

보험금청구의 소

청 구 취 지

1. 피고는 원고에게,
   가. 금 ○○○원 및 이에 대하여 20○○. 3. 26.부터 이 사건
      소장부본 송달일까지는 연 6%의, 그 다음날부터 다 갚을
      때까지는 연 12%의 각 비율에 의한 돈을 지급하라.
   나. 20○○. 3.부터 20○○. 3.까지 매년 3. 25.에 금 ○○○
      원을, 20○○. ○.부터 20○○. ○.까지 매월 말일에 금
      ○○○원씩을 각 지급하라.
2. 소송비용은 피고의 부담으로 한다.
3. 위 제1항은 가집행 할 수 있다.
라는 판결을 원합니다.

청 구 원 인

1. 기초사실
   원고는 20○○. ○. ○. 피고회사의 보험상품인 ○○연금보험에
   가입하였고, 20○○. ○. ○.에는 ○○보험에 가입하였습니다.
   각 보험의 보험금 지급조건은 다음과 같습니다.
   가. ○○연금보험
    - 장해연금 : 주피보험자가 재해로 1급 내지 3급 장해를 입은
      경우 매년 사고 발생 해당 일에 생존시 매년마다 연금개시
      전까지 ○○만원 지급, 반면에 4급장해인 경우는 ○○만원
      을 일시금으로 지급
    - 입원급여금 : 피보험자가 연금개시전 질병 또는 재해로 4일 이
      상 계속 입원시 3일 초과 120일 한도로 매일 ○○만원 지급

나. ○○보험
  - 장해급여금 : 주피보험자가 3급 장해를 입은 경우 장해 3등급에 따른 월 ○○만원의 보상금을 매월 60회 지급, 반면에 4급 내지 6급장해인 경우는 단 1회 지급
  - 재해입원급여금 : 피보험자가 재해로 4일 이상 계속하여 입원시 3일 초과 1일당 ○○만원 지급
  - 장기재해입원급여금 : 피보험자가 재해로 121일 이상 계속 입원시 120일 초과 1일당 기준 ○○만원 지급
2. 보험사고의 발생
  가. 원고는 20○○. 3. 25. 소외 ◉◉◉ 운전의 승합차량에 동승하여 철원을 출발하여 ○○로 가던 도중 ○○도 ○○군 커브 길에서 소외 ◉◉◉의 운전부주의로 차량방어둑을 들이받는 바람에 그 충격으로 요추염좌, 경부좌상, 요추1,2,3,4번 추간판탈출증, 요추제5천추간 추간판팽륜 등의 중상을 당하였습니다.
  나. 원고는 위 사고로 입원치료를 받아 총 290일간 입원치료 받았습니다(갑 제5호증 입원확인서).
  다. 원고가 주로 입원 가료하였던 정형외과에서는 20○○. ○. ○.경 원고의 장해를 3급에 해당하는 것으로 판단하고 진단서를 작성해 주었습니다(갑 제6호증 후유장해진단서).
3. 보험금 청구액
  가. 장해급여(장해3급을 기준으로) : 금 ○○○원
  나. 입원급여 : 금 ○○○원
  다. 일시금청구액 합계 : 금 ○○○원
4. 결 론
  결국, 피고는 원고에게 금 ○○○원 및 이에 대한 보험금지급사유가 발생한 날의 다음날인 20○○. 3. 26.부터 이 사건 소장부본 송달일까지는 상법에서 정한 연 6%의, 그 다음날부터 다 갚을 때까지는 소송촉진등에관한특례법에서 정한 연 12%의 각 비율에 의한 돈을, 20○○. ○.부터 20○○. ○.까지 매년

3. 25.에 금 ○○○원을, 20○○. ○.부터 20○○. ○.까지 매
월 말일에 금 ○○○원을 각 지급해 줄 의무가 있는 것입니다.

입 증 방 법

1. 갑 제1호증   장애인수첩
1. 갑 제2호증   장애검진서
1. 갑 제3호증   주민등록등본
1. 갑 제4호증   진단서
1. 갑 제5호증   입원확인서
1. 갑 제6호증   후유장해진단서
1. 갑 제7호증의 1 내지 2   각 보험증권

첨 부 서 류

1. 위 입증방법   각 2통
1. 법인등기사항증명서   1통
1. 소장부본   1통
1. 송달료납부서   1통

20○○.   ○.   ○.
위 원고   ○○○   (서명 또는 날인)

○○지방법원 귀중

[작성례] 준비서면(보험금, 피고)

준 비 서 면

사　　건　　20○○가단○○○○ 보험금
원　　고　　○○농업협동조합
피　　고　　◇◇보증보험(주)

위 사건에 관하여 피고는 다음과 같이 변론을 준비합니다.

다　　음

1. 원고의 주장
   원고는 원고와 피고 사이에 체결된 20○○. ○. ○.자 이행(지급)보증보험계약에 근거하여 이 사건 보험금을 청구한다는 취지입니다.
2. 원고의 주장에 대한 검토
   가. 이 사건 보증보험계약의 체결
   　　20○○. ○. ○. 원고와 피고는 소외 ■■산업 ■■■의 원고에 대한 "외상물품대금"을 지급보증하기로 하는 보증보험계약을 보험기간을 20○○. ○. ○.부터 20○○. ○○. ○.로 하여 체결한 바 있습니다.(갑 제2호증의 1 참조.)
   나. 보증보험약관의 규정
   　　위 보증보험보통약관 제1조(보상하는 손해)의 규정에 의하면 피고는 채무자인 보험계약자가 보험증권에 기재된 계약(다음부터 주계약이라 함)에서 정한 채무(이행기일이 보험기간 안에 있는 채무에 한함)를 이행하지 아니함으로써 채권자(다음부터 '피보험자'라 함)가 입은 손해를 보험증권에 기재된 사항과 위 약관에 따라 보상하기로 되어 있습니다.

다. 일부채권의 이행기일이 보험기간을 도과함
　　1) 그런데 원고 제출의 갑 제7호증의 1(판매 미수금원장) 중 제
　　　3매째 미수금원장 기재를 보면 상환기일이 위에서 본 보
　　　험기간 만료일인 20○○. ○○. ○. 후로 된 부분이 있어
　　　이는 이행기일이 보험기간을 넘어섰기 때문에 위 약관규
　　　정에 따라 피고는 보험금을 지급할 의무가 없습니다.
　　2) 이에 대하여 원고측 증인 ◎◎◎도 무이자 외상기간 30일을
　　　인정한 것으로 증언하여 위 백미대금의 이행기일이 보험기
　　　간을 넘어선 것임이 명백합니다.
3. 결　론
　　따라서 원고의 청구는 이유 없으므로 기각되어 마땅합니다.

　　　　　　　　　　　　　20○○.　○.　○.
　　　　　　　　　　　　　위 피고　　◇◇보증보험(주)
　　　　　　　　　　　　　대표이사　◈◈◈ (서명 또는 날인)

○○지방법원 제○○민사단독　귀중

■　대법원판례

보험자는 보험계약을 체결할 때 보험계약자 또는 피보험자에게
보험약관에 기재되어 있는 보험계약의 중요한 내용에 대하여 구
체적이고 상세한 명시·설명의무를 진다. 따라서 거래상 일반적이
고 공통된 것이어서 보험계약자가 별도로 설명하지 않아도 충분
히 예상할 수 있는 사항이거나 이미 법령에 규정되어 있는 것을
되풀이하거나 부연하는 정도에 불과한 사항이 아니라면, 보험자
가 이러한 보험약관의 명시·설명의무에 위반하여 보험계약을 체
결한 때에는 그 약관의 내용을 보험계약의 내용으로 주장할 수
없다 (대법원 2019. 1. 17. 선고 2016다277200 판결).

제3자가 외국의 법률이 준거법인 책임보험계약의 피보험자에 대하여 대한민국 법률에 의하여 손해배상청구권을 갖게 되어 우리나라에서 보험자에 대한 직접청구권을 행사할 경우의 준거법을 정하는 기준에 관하여 국제사법에는 직접적인 규정이 없다.

책임보험계약에서 보험자와 제3자 사이의 직접청구권에 관한 법률관계는 법적 성질이 법률에 의하여 보험자가 피보험자의 제3자인 피해자에 대한 손해배상채무를 병존적으로 인수한 관계에 해당한다 (대법원 2017. 10. 26. 선고 2015다42599 판결).

제12장 약정금청구

1. 요건사실

계약성립사실

2. 약정금청구의 소

[작성례] 약정금청구의 소(약정금채권의 양수)

소　　　장

원　　고　　○○○ (주민등록번호)
　　　　　　○○시 ○○구 ○○로 ○○(우편번호)
　　　　　　전화.휴대폰번호:
　　　　　　팩스번호, 전자우편(e-mail)주소:
피　　고　　◇◇◇ (주민등록번호)
　　　　　　○○시 ○○구 ○○로 ○○(우편번호)
　　　　　　전화.휴대폰번호:
　　　　　　팩스번호, 전자우편(e-mail)주소:

양수금청구의 소

청 구 취 지

1. 피고는 원고에게 금 30,000,000원 및 이에 대한 20○○. ○
　　○. ○○.부터 이 사건 소장부본 송달일까지는 연 5%의, 그
　　다음날부터 다 갚는 날까지는 연 12%의 각 비율에 의한 돈을
　　지급하라.

2. 소송비용은 피고가 부담한다.
3. 위 제1항은 가집행 할 수 있다.
라는 판결을 원합니다.

청 구 원 인

1. 원고는 소외 ◆◆◆에게 금 30,000,000원의 대여금채권을 가지고 있고, 소외 ◆◆◆는 피고에 대하여 변제기일이 20○○. ○○. ○.인 금 30,000,000원의 약정금채권을 가지고 있는바, 원고는 소외 ◆◆◆로부터 20○○. ○. ○○. 소외 ◆◆◆가 피고에 대하여 가지고 있는 위 약정금채권을, 원고가 소외 ◆◆◆에 대하여 가지고 있는 대여금채권의 변제 또는 담보조건으로 채권양도양수계약을 체결하여 양수 받았고 같은 날 소외 ◆◆◆가 위와 같은 약정금채권의 양도사실을 확정일자 있는 내용증명우편으로 피고에게 통지를 하였으며, 위 양도통지서는 같은 달 12.자로 피고에게 도달된 사실이 있습니다.

2. 위와 같은 사실에 근거하여 원고는 위 양수 받은 채권의 변제기일 전에 피고에게 내용증명우편으로 변제기일에 원고에게 변제하여 줄 것을 통지한 사실이 있으나, 피고는 위 변제기일이 지난 현재까지 이를 변제하지 않고 있습니다.

3. 따라서 원고는 피고로부터 위 양수금 30,000,000원 및 이에 대하여 위 양수채권 변제기일의 다음날인 20○○. ○○. ○○. 부터 이 사건 소장부본 송달일까지는 민법에서 정한 연 5%의, 그 다음날부터 다 갚는 날까지는 소송촉진등에관한특례법에서 정한 연 12%의 각 비율에 의한 지연손해금을 지급 받기 위하여 이 사건 청구에 이른 것입니다.

입 증 방 법

1. 갑 제1호증   채권양도양수계약서

1. 갑 제2호증	채권양도양수통지서
1. 갑 제3호증	우편물배달증명서
1. 갑 제4호증	약정금지불각서
1. 갑 제5호증	변제최고서(내용증명우편)

첨 부 서 류

1. 위 입증방법	각 1통
1. 소장부본	1통
1. 송달료납부서	1통

20○○.　○.　○.

위 원고　○○○　(서명 또는 날인)

○○지방법원　귀중

[작성례] 답변서(약정금 청구에서 채권의 준점유자에 대한 변제 항변)

답　변　서

사건번호　20○○가소○○○○ 약정금

원　고　○○○

피　고　◇◇◇

위 사건에 관하여 피고는 다음과 같이 답변합니다.

청구취지에 대한 답변

1. 원고의 청구를 기각한다.
2. 소송비용은 원고의 부담으로 한다.
라는 판결을 구합니다.

청구원인에 대한 답변

1. 원고는 20○○.○.○. 피고 은행과 약정 기간을 1년으로 하는 정기예금 통장계좌 개설약정을 체결하였습니다.

2. 소외 □□□는 원고의 예금통장을 무단으로 절취하여, 제1예 금인출을 행한 이후, 1시간 이내 거래지점을 바꿔가면서 제2 예금인출 및 제3예금인출에서도 제1예금인출과 같은 예금지 급청구서를 작성하여 금원을 인출하였습니다. 이 과정에서 소 외 □□□은 이미 신고된 진정한 인감을 사용하였고, 비밀번 호 역시 일치하였습니다.

3. 피고는 이미 해당 예금통장계좌의 예금인출액 상당액을 소외 □□□에게 지급하였습니다. 원고는 피고가 예금을 지급받을 권한이 없는 자인 소외 □□□에게 지급한 것은 무효이므로 원고에게 다시 제2예금인출 및 제3예금인출과 같은 금액 상 당액의 예금을 지급할 것을 요구하고 있습니다.

4. 그러나 민법 제490조는 "채권의 준점유자에 대한 변제는 변제 자가 선의이며 과실없는 때에 한하여 효력이 있다."라고 규정 하고 있으며, 우리 대법원은 "절취한 예금통장의 경우 인감 대조 및 비밀번호 확인 등의 통상적인 조사 외에 당해 청구자 의 신원을 확인하거나 전산 입력된 예금주의 연락처에 연결하 여 예금주 본인의 의사를 확인하는 등의 방법으로 그 청구자 가 정당한 예금인출권한을 가지는지 여부를 조사하여야 할 업 무상 주의의무를 부담하는 것으로 보기 위해서는 그 예금의 지급을 구하는 청구자에게 정당한 변제수령권한이 없을 수 있 다는 의심을 가질 만한 특별한 사정이 인정되어야 한다."라고 규정하고 있습니다 (대법원 2007. 10. 25 선고 2006다44791 판결 참조).

5. 사안에서 피고가 제출받은 통장과 예금지급청구서에 아무런 하자가 없었고, 이미 신고된 진정한 인감이 사용되었으며, 철저한 보안이 요구되는 비밀번호까지 일치하였으므로 피고의 예금의 지급은 채권의 준점유자에 대한 변제로서 유효합니다. 따라서 피고의 변제는 효력이 있고, 원고의 청구는 이유 없으므로 기각하여 주시기 바랍니다.

입 증 방 법
1. 을 제1호증   인감대조 및 비밀번호 확인 내역

첨 부 서 류
1. 위 입증방법   1통

20○○.   ○.   ○.
위 피고   ◇◇◇ (서명 또는 날인)

○○지방법원 ○○지원 제○민사단독   귀중

■ 대법원판례

갑 주식회사가 을 증권회사의 주선에 따라 병 은행에 주식매수청구권을 부여하는 것을 전제로 보유주식을 외화로 매각하는 주식매매계약을 체결한 다음, 외국환관리법 등 규제를 회피하기 위해 동일 기업집단 내 계열회사인 정 주식회사에 갑 회사 대신 주식매수청구권 부여계약의 상대방이 되어 달라고 부탁하자, 정 회사가 갑 회사와 을 회사에게서 '정 회사가 병 은행과 매도주식을 3년 후에 미리 정한 가격으로 되사주기로 하는 주식환매계약을 체결하는데, 갑 회사와 을 회사는 주식환매계약상 정 회사의 의무가 정 회사에 부담을 주지 않도록 책임질 것을 연대하여 각서

한다'는 내용의 각서를 교부받고 병 은행과 주식매수청구권 부여 계약을 체결하였는데, 그 후 병 은행의 주식매수청구권 행사에 따라 정 회사가 위 주식을 재매수한 다음 피공탁자를 갑 회사로 하여 공탁한 사안에서, 정 회사는 갑 회사의 위탁에 따라 주식매 수청구권 부여계약의 상대방인 매수의무자가 된 것으로 갑 회사 와 정 회사 사이에는 위임관계가 존재하는 것으로 보아야 하고, 위 각서는 위임관계에서 위임인과 수임인 사이에 법률상 발생하 는 법정채무를 문서로 만든 것으로서 정 회사가 장래 병 은행이 주식매수청구권을 행사하는 경우 이에 응하여 주식을 재매수한 후 갑 회사에 이전하고, 갑 회사는 정 회사가 위임받은 사무를 처리하는 과정에서 지출하는 '주식재매수대금 상당의 비용'을 상 환하는 취지의 약정으로 보아야 함에도, 이와 달리 위 각서를 손 실보상책임을 인정하는 취지의 약정으로 보아 갑 회사가 정 회사 에 지급하여야 할 금액을 '주식재매수대금에서 주식의 당시 시가 를 공제한 금액'이라고 본 원심판결에 민법 제684조 또는 계약 내용의 해석에 관한 법리오해의 위법이 있다고 한 사례 (**대법원 2012. 2. 9. 선고 2009다72094 판결**).

제13장 확인청구

1. 해고무효 확인청구

1-1. 개요

① 해고무효확인의 소에서 해고의 정당한 이유의 입증책임은 사용자(이를 주장하는 자)가 부담한다.

② 부당해고 구제신청은 부당해고가 있었던 날부터 3개월 이내에 해야 하지만, 해고무효확인의 소는 실효의 원칙을 위반하지 않는 한 특별히 청구기간의 제한을 받지 않는다.

1-2. 요건사실

1. 해고사실

2. 정당한 이유가 없는 해고인 사실

3. 확인의 이익(정당한 이유가 있다는 사실의 입증책임은 피고에게 있다)

1-3. 해고무효확인의 소

[작성례] 해고무효확인 청구의 소

소　　　장	
원　　고　　○○○ (주민등록번호) 　　　　　　○○시 ○○구 ○○길 ○○(우편번호 ○○○○○) 　　　　　　전화.휴대폰번호: 　　　　　　팩스번호, 전자우편(e-mail)주소:	

피   고   ◇◇주식회사

　　　　　○○시 ○○구 ○○길 ○○(우편번호 : ○○○○○)

　　　　　대표이사 ◆◆◆

　　　　　전화.휴대폰번호:

　　　　　팩스번호, 전자우편(e-mail)주소:

해고무효확인청구의 소

청 구 취 지

1. 피고가 원고에 대하여 한 20○○. ○. ○.자 해고는 무효임을
   확인한다.
2. 소송비용은 피고가 부담한다.
라는 판결을 구합니다.

청 구 원 인

1. 원고는 20○○. ○. ○. 피고와 사이에 급료는 월 금 1,000,000
   원씩 매달 20일 지급 받기로 하고 계약기간은 약정 없이 근
   로계약을 맺은 사실이 있습니다.
   그런데 피고는 20○○. ○○. ○. 회사의 경영사정이 어렵다
   는 등의 이유로 원고를 해고한 사실이 있습니다. 그러나 이
   해고는 정당한 이유가 없는 무효의 것입니다. 왜냐하면 피고
   는 종전과 같은 제품을 계속 제조하고 있고 그 판매량에 거의
   변동이 없기 때문입니다. 그리고 지난 4월에는 직원을 신규로 1명
   더 채용한 사실까지 있습니다.
2. 따라서 원고는 피고에 대하여 위 해고가 무효임의 확인을 구
   하기 위하여 이 사건 소 제기에 이르렀습니다.

입 증 방 법

1. 갑 제1호증의 1 내지 5   각 급료명세서
1. 갑 제2호증   근로계약서사본

첨 부 서 류

1. 위 입증방법   각 1통
1. 법인등기사항증명서   1통
1. 소장부본   1통
1. 송달료납부서   1통

20○○.   ○.   ○.
위 원고   ○○○ (서명 또는 날인)

○○지방법원 귀중

■ **대법원판례**

갑 주식회사가 취업규칙에서 정한 해고사유인 '근무성적 또는 능력이 현저하게 불량하여 직무를 수행할 수 없다고 인정되었을 때'에 해당한다는 이유로 을 등을 해고한 사안에서, 갑 회사가 다년간 실시한 인사평가 결과 을 등은 최하위권에 해당하는 저조한 업무수행실적을 보였고, 갑 회사로부터 수차례 직무경고를 받는 등 장기간 실적이 상당한 정도로 부진하였으며, 갑 회사는 을 등에게 10개월 동안 직무역량 향상과 직무재배치를 위한 직무교육을 실시한 다음 을 등을 직무재배치하였으나 이후 실시된 다면평가에서 을 등의 업무역량이 부족하고 을 등의 업무상 잘못으로 여러 차례 문제점이 발생하였다는 점이 지적된 사정에 비추어 보면 을 등의 직무역량이 상대적으로 저조하였던 것이 아니라 갑

회사가 부여하는 직무를 수행하기에 실질적으로 부족하였던 것으로 보이고, 을 등은 직무재배치 이후에도 부서 공동업무에 대한 관심이 부족하고 업무능력을 습득하려는 의지가 부족하다는 평가를 받거나, 직무재배치 교육 이전에도 여러 차례 업무향상계획서의 제출을 거부하기까지 하는 등 업무능력 향상에 대한 열의가 없었으며, 직무재배치 이후에도 능력부족과 개선의지 부족이라는 평가를 받는 등 을 등에게 업무능력 향상의지가 있다고 보기 어려우므로, 해고에 정당한 이유가 있다고 본 원심판단을 수긍한 사례 (대법원 2021. 2. 25. 선고 2018다253680 판결).

근로기준법 제27조는 사용자가 근로자를 해고하려면 해고사유와 해고시기를 서면으로 통지하여야 효력이 있다고 규정하고 있다. 이러한 규정은 해고사유 등의 서면통지를 통해 사용자로 하여금 근로자를 해고하는 데 신중을 기하게 함과 아울러, 해고의 존부 및 시기와 사유를 명확하게 하여 사후에 이를 둘러싼 분쟁이 적정하고 용이하게 해결될 수 있도록 하고, 근로자에게도 해고에 적절히 대응할 수 있게 하기 위한 취지이므로, 사용자가 해고사유 등을 서면으로 통지할 때는 근로자의 처지에서 해고사유가 무엇인지를 구체적으로 알 수 있도록 해야 한다. 다만 해고 대상자가 이미 해고사유가 무엇인지 구체적으로 알고 있고 그에 대해 충분히 대응할 수 있는 상황이었다면 해고통지서에 해고사유를 상세하게 기재하지 않았더라도 위 조항을 위반한 것이라고 볼 수 없다. 그러나 근로기준법 제27조의 규정 내용과 취지를 고려할 때, 해고 대상자가 해고사유가 무엇인지 알고 있고 그에 대해 대응할 수 있는 상황이었다고 하더라도, 사용자가 해고를 서면으로 통지하면서 해고사유를 전혀 기재하지 않았다면 이는 근로기준법 제27조를 위반한 해고통지에 해당한다고 보아야 한다 (대법원 2021. 2. 25. 선고 2017다226605 판결).

2. 소유권확인청구

2-1. 요건사실

1. 청구인이 소유자인 사실
2. 확인의 이익

2-2. 소유권확인청구의 소

[작성례] 소유권확인 등 청구의 소

소   장

원   고   ○○○ (주민등록번호)
            ○○시 ○○구 ○○길 ○○(우편번호 ○○○○○)
            전화.휴대폰번호:
            팩스번호, 전자우편(e-mail)주소:
피   고 1. ◇◇◇ (주민등록번호)
            ○○시 ○○구 ○○길 ○○(우편번호 ○○○○○)
            전화.휴대폰번호:
            팩스번호, 전자우편(e-mail)주소:
          2. 대한민국
            위 법률상 대표자 법무부장관 ◇◇◇

소유권확인 등 청구의 소

청 구 취 지

1. 피고 ◇◇◇와 피고 대한민국 사이에 있어 ○○ ○○군 ○○
   읍 ○○리 ○○ 임야 ○○○○㎡는 피고 ◇◇◇의 소유임을
   확인한다.

---

2. 피고 ◇◇◇는 원고에 대하여 전항 기재 부동산에 관하여 20
   ○○. ○. ○. 매매를 원인으로 한 토지거래허가신청절차를 이
   행하라.
3. 소송비용은 피고들의 부담으로 한다.
라는 판결을 구합니다.

청 구 원 인

1. 원고의 이 사건 부동산의 매수
   원고는 20○○. ○. ○. 피고 ◇◇◇의 아버지인 소외 망 ◆
   ◆◆로부터 토지거래규제구역 내에 있는 ○○ ○○군 ○○읍
   ○○리 ○○ 임야 ○○○○㎡(다음부터 '이 사건 임야'라 함)
   를 금 100,000,000원에 매수하였고(갑 제1호증 임야매매계약
   서 참조), 위 소외 망 ◆◆◆는 20○○. ○. ○○. 사망하여
   그의 유일한 상속인인 피고 ◇◇◇가 단독상속 하여 그의 권
   리의무를 승계 하였습니다(갑 제2호증 기본증명서, 갑 제3호
   증 가족관계증명서 참조).
2. 관련공적장부의 멸실
   한편, 이 사건 임야에 관한 부동산등기부 등 관계공부는 멸실되
   었고 임야대장상 소유자미복구로 되어 있으나(갑 제4호증 임야
   대장 참조), 이 사건 임야는 소외 망 ◆◆◆의 소유였으므로 피
   고 ◇◇◇가 단독상속 하여 소유권을 취득하였다 할 것입니다.
3. 확인의 이익
   이 사건 임야에 대한 임야대장 소관청인 피고 대한민국 산하
   ○○군은 이 사건 임야가 소유자미복구로 되어 있다는 이유로
   이 사건 임야가 피고 ◇◇◇의 소유인 사실을 다투고 있습니다.
4. 결론
   따라서, 원고가 원고의 피고 ◇◇◇에 대한 토지거래허가신청
   절차의 협력의무의 이행청구권을 보전하기 위하여 피고 ◇◇
   ◇을 대위하여 피고 대한민국에 대하여 이 사건 임야의 소유

권확인을 청구하는 이 사건에 있어서, 피고 대한민국은 이 사건 임야가 피고 ◇◇◇의 소유임을 확인하여야 할 의무가 있고, 또한 피고 ◇◇◇는 20○○. ○. ○. 매매를 원인으로 한 토지거래허가신청절차의 이행을 할 의무가 있다 할 것이므로 원고는 각 이를 구하기 위하여 이 사건 청구에 이르렀습니다.

입 증 방 법

1. 갑 제1호증   임야매매계약서
1. 갑 제2호증   기본증명서(망 ◈◈◈)
                 (단, 2007.12.31. 이전 사망한 경우 제적등본)
1. 갑 제3호증   가족관계증명서(망 ◈◈◈)
                 (또는, 상속관계를 확인할 수 있는 제적등본)
1. 갑 제4호증   임야대장

첨 부 서 류

1. 위 입증방법   각 1통
1. 소장부본   2통
1. 송달료납부서   1통

20○○. ○. ○.
위 원고   ○○○ (서명 또는 날인)

○○지방법원 귀중

■ 대법원판례

부동산등기법 제65조 제2호는 확정판결에 의하여 자기의 소유권을 증명하는 자는 미등기의 토지에 관한 소유권보존등기를 신청할 수 있는 것으로 규정하고 있고, 부동산등기규칙 제46조 제1항 제6호는 보존등기 신청 시 등기권리자의 주소 및 주민등록번호를 증명하는 정보를 첨부정보로서 등기소에 제공하여야 한다고 규정한다. 따라서 미등기토지에 대하여 토지대장이나 임야대장의 소유자 명의인 표시란에 구체적 주소나 인적사항에 관한 기재가 없어서 그 명의인을 특정할 수 없는 경우에는 그 소유명의인의 채권자가 국가를 상대로 소유명의인을 대위하여 소유권확인의 확정판결을 받더라도 이 확인판결에는 소유자가 특정되지 않아 특정인이 위 토지의 소유자임을 증명하는 확정판결이라고 볼 수 없다 (등기선례 제201112-2호, 제201005-1호 등도 같은 취지로 규정하고 있다) (대법원 2021. 7. 21. 선고 2020다300893 판결).

3. 임차권확인청구

3-1. 요건사실

1. 청구인이 임차권자인 사실
2. 확인의 이익

3-2. 임차권확인청구의 소

[작성례] 임차권존재 확인청구의 소

소　　　장

원　　고　　○○○ (주민등록번호)
　　　　　　○○시 ○○구 ○○길 ○○(우편번호 ○○○○○)
　　　　　　전화.휴대폰번호:
　　　　　　팩스번호, 전자우편(e-mail)주소:
피　　고　　◇◇◇ (주민등록번호)
　　　　　　○○시 ○○구 ○○길 ○○(우편번호 ○○○○○)
　　　　　　전화.휴대폰번호:
　　　　　　팩스번호, 전자우편(e-mail)주소:

임차권존재확인청구의 소

청 구 취 지

1. 원고와 피고 사이에 별지 목록 기재 부동산에 관하여 피고를 임대인, 원고를 임차인으로 하고 보통건물의 소유를 목적으로, 임대차기간 20○○. ○. ○.부터 20년간, 월 차임 금 500,000원으로 하는 임차권이 존재함을 확인한다.
2. 소송비용은 피고의 부담으로 한다.
라는 판결을 구합니다.

청 구 원 인

1. 원고는 피고 소유에 관하여 20○○. ○. ○. ○○시 ○○구 ○

○동 ○○ 대 200㎡(다음부터 이 사건 대지라 함)에 관하여, 피고로부터 보통건물 소유의 목적으로 기간 20년, 월 차임은 금 500,000원으로 정하여 임차하였는 바, 20○○. ○. ○. 위 대지를 인도 받아 같은 해 5. 1.부터 그 지상에 건물을 신축하고 있습니다.

2. 그런데 피고는 20○○. ○. ○○. 원고에 대하여 원고가 이 사건 대지를 소외 ◉◉◉에게 전대하였다고 주장하며 위 임대차계약을 해지한다는 통고를 한 바 있습니다. 그러나 원고는 이 사건 대지를 소외 ◉◉◉에게 전대한 사실이 전혀 없고, 계속하여 적법하게 점유, 사용하고 있으므로, 피고가 주장하는 위 임대차계약의 해지사유는 없다고 할 것입니다.

3. 그럼에도 불구하고, 피고는 위와 같은 주장을 계속하며 대지의 인도를 요구하고 있으므로, 원고는 피고에 대하여 현재 원고에게 이 사건 대지에 대한 임차권이 존재한다는 사실의 확인을 구하고자 이 사건 소를 제기하기에 이르렀으니 이건 청구를 인용하여 주시기 바랍니다.

입 증 방 법

1. 갑 제1호증   임대차계약서
1. 갑 제2호증   사실확인서

첨 부 서 류

1. 위 입증방법   각 1통
1. 소장부본   1통
1. 송달료납부서   1통

20○○. ○. ○.

위 원고   ○○○ (서명 또는 날인)

○○**지방법원 귀중**

[별지]

부동산의 표시

○○시 ○○구 ○○동 ○○ 대 200㎡. 끝.

■ 법원판례

전통사찰의 원임대차계약과 임대차갱신계약의 목적물이 원임대차
계약 당시 시행되고 있던 불교재산관리법 제11조 제1항 제2호와
임대차갱신계약시의 적용법규인 전통사찰보존법 제6조 제1항 제2
호의 적용대상으로서 같은 법 제6조 제1항, 제5항이 "전통사찰의
주지가 허가를 받지 아니하고 사찰재산을 임대하는 행위는 무효"
라고 규정하고 있는데, 이 법문상의 '무효'라는 개념은 허가 이전
단계와 그 이후 단계로 나누어 그 이전 단계에서는 '아직 효력을
발생할 수 없다'는 의미이고, 그 이후 단계는 허가 여부에 따라 '
유효' 또는 '무효'로 확정된다고 봄이 상당하다. 그러므로 임대인
은 임대차갱신계약에 관하여 아직 문화체육부장관의 허가가 없음
을 내세워 그것이 무효라고 하여 이를 부정할 수 없음은 물론 오
히려 임대차갱신계약이 무난히 효력을 발생할 수 있도록 임대인
들에게 협력할 의무가 있다 (춘천지방법원강릉지원 1994. 6. 23. 선고 91
가합1380(본소), 92가합506(반소) 민사부판결 : 항소 [임차권확인등청구사건]).

4. 분양권확인청구

4-1. 요건사실

1. 청구인이 분양권자인 사실
2. 확인의 이익

4-2. 분양권확인청구의 소

[작성례] 분양권확인청구의 소

소   장

원 고   ○○○ (주민등록번호)
          ○○시 ○○구 ○○길 ○○(우편번호 ○○○○○)
          전화.휴대폰번호:
          팩스번호, 전자우편(e-mail)주소:

피 고   ◇◇제1구역 ◇◇재개발조합
          ○○시 ○○구 ○○길 ○○(우편번호 ○○○○○)
          대표자 조합장 ◈◈◈
          전화.휴대폰번호:
          팩스번호, 전자우편(e-mail)주소:

분양권확인청구의 소

청 구 취 지

1. 원고는 피고가 ○○시 ○○구 ○○동 ○○외 20필지 총 40,000
   ㎡ 지상에 ◇◇제1구역주택개량재개발사업으로 건축하는 아파
   트 중 45평형 1세대를 분양 받을 권리가 있음을 확인한다.
2. 소송비용은 피고의 부담으로 한다.
라는 판결을 구합니다.

청 구 원 인

1. 피고조합은 도시재개발법에 의하여 주택개량재개발지역으로
   지정된 ○○시 ○○구 ○○동 ○○외 20필지 40,000㎡에 재개

발사업을 시행하는 재개발조합이고, 원고는 위 재개발구역 안에 토지를 소유하고 약 25년간을 거주하던 중 피고조합의 조합원이 된 사람입니다.

2. 피고조합에서는 45평형 50세대, 32평형 50세대, 24평형 100세대를 건축하고 있으며, 원고는 피고조합의 조합원으로서 원고소유의 토지를 피고조합에 출자하고 원고는 출자금액에 상응하여 희망평형의 아파트를 분양 받기로 되어 있는바, 출자금액은 원고가 소유하고 있던 토지의 평가액을 기준으로 정하도록 되어 있습니다.

3. 그런데 피고조합은 사업시행 당시 조합원별로 소유하고 있는 사유지와 국, 공유지를 평가하여 감정가액을 정하였는바, 피고조합은 추후 적법한 공람절차를 거치지 않고 조합원들의 감정가액을 불법적으로 임의로 변경함으로써 분양 받을 아파트의 평형순위를 변경하였던 것입니다. 그리하여 최초 45평형 아파트를 분양 받을 수 있는 지위에 있었던 원고는 위와 같은 위법한 관리처분계획의 변경에 의하여 32평형 아파트만을 받을 수밖에 없는 지위로 전락하고 만 것입니다.

4. 그럼에도 불구하고 피고조합은 아무런 조치도 취하지 않은 채 원고로 하여금 32평형의 아파트에 대한 추첨을 하도록 종용하고 있어 원고로서는 그 피해를 구제 받고자 이 사건 소를 제기하는 것입니다.

입 증 방 법

1. 갑 제1호증   조합원증명서

첨 부 서 류

1. 위 입증방법   1통
1. 법인등기사항증명서   1통

```
    1. 소장부본                     1통
    1. 납부서                       1통


                     20○○.   ○.   ○.
                 위 원고    ○○○   (서명 또는 날인)


○○지방법원    귀중
```

■ 대법원판례

원심이 그 판시와 같은 이유로 원·피고 사이의 분양권확인청구소송의 판결확정 사실만으로 원고의 권리이익에 대한 보호구제가 불가능하게 되었다고 볼 수 없고, 또 피고가 분양권확인소송에서 답변서 및 준비서면을 통하여 원고에게 분양청구권이 없다고 주장한 바 있다 하더라도 이를 원고의 이 사건 2005. 3. 19.자 분양신청에 대한 피고의 거부처분이라고 볼 수 없으므로 원고의 이 사건 부작위위법청구는 확인의 이익이 있다고 판단하고 있는바 기록에 의하여 살펴보면 원심의 판단은 옳고 상고이유로 주장하는 바와 같은 확인의 이익에 대한 사실오인 내지 법리오해의 위법이 없다 (대법원 2006. 9. 22. 선고 2006두9153 판결).

5. 채무부존재확인청구

5-1. 개요

"채무부존재확인소송"이란 채무의 다툼에 관해 부존재의 확정을 요구하는 소송을 말한다.

5-2. 요건사실

1. 채무부존재사실
2. 확인의 이익(상대방에게 채무존재사실의 입증책임이 있다)

5-3. 채무부존재확인청구의 소

[작성례] 채무부존재확인의 소(채무액이 특정된 경우 중 일부)

소　　　　　장

원　　고　　○○○ (주민등록번호)
　　　　　　○○시 ○○구 ○○로 ○○(우편번호 ○○○○○)
　　　　　　전화.휴대폰번호:
　　　　　　팩스번호, 전자우편(e-mail)주소:
피　　고　　◇◇◇ (주민등록번호)
　　　　　　○○시 ○○구 ○○로 ○○(우편번호 ○○○○○)
　　　　　　전화.휴대폰번호:
　　　　　　팩스번호, 전자우편(e-mail)주소:

채무부존재확인의 소

청　구　취　지

1. 원고의 피고에 대한 20○○. ○. ○.자 대여금 채무는 2,000,000 원을 초과하여서는 존재하지 아니함을 확인한다.
2. 소송비용은 피고가 부담한다.
라는 판결을 구합니다.

청　구　원　인

1. 원고는 피고로부터 20○○. ○. ○.자로 변제기 20○○. ○. ○., 이자 연 ○%로 정하여 10,000,000원을 차용한 바 있습니다.
2. 이후 원고는 이자를 변제하여 오던 중 변제기에 이르러 피고에게, 대물변제로 원고가 타고 다니던 차량을 양도하면 어떻겠냐고 하였고, 피고도 차량을 확인한 이후 이에 동의하였으나 다만 이자 없이 2,000,000원만 더 달라고 하였습니다.
3. 그런데 차량을 양수받은 이후 피고는 태도를 바꾸어 자신이 5,000,000원은 더 받아야 하며 원고가 이자 또한 지급하여야 한다고 주장하고 있는바, 원고는 피고에 대하여 청구취지와 같은 내용의 확인을 구하기 위하여 이 사건 소제기에 이르렀습니다.

입 증 방 법

    1. 갑 제1호증   주고받은 문자메시지
    1. 갑 제2호증   자동차등록원부

첨 부 서 류

    1. 위 입증방법   각 2통
    1. 소장부본   1통
    1. 송달료납부서   1통

                20○○.   ○.   ○.
            위 원고   ○○○ (서명 또는 날인)

○○지방법원 귀중

답 변 서

사   건   20○○가단○○○ 채무부존재확인
원   고   ○○○생명보험주식회사
피   고   ◇◇◇

　위 사건에 관하여 피고는 다음과 같이 답변합니다.

청구취지에 대한 답변

1. 원고의 청구를 기각한다.
2. 소송비용은 원고의 부담으로 한다.
라는 판결을 구합니다.

청구원인에 대한 답변

　이 사건의 경위에 관하여는 추후 반소장을 제출하면서 자세히 설명하겠지만 아래에서는 본소에 관한 사항을 중심으로 답변하도록 하겠습니다.

1. 보험계약의 체결
　　20○○. ○. ○. 피고는 노후 건강의 보장책으로 건강보험에 들기로 하고 원고회사의 보험설계사를 통하여 차후에 질병이 생기면 치료자금과 연금 등을 보장한다는 설명을 듣고 '○○건강보험 부부형'이라는 보험상품에 관하여 보험계약(다음부터 '이 사건 보험계약'이라 함)을 체결하였습니다.
2. 약관을 교부하거나 계약내용을 설명하였는지 여부

피고는 당시 이 사건 보험계약의 보험금 지급요건이 되는 보험사고에 관하여 원고회사의 보험설계사로부터 이 사건 보험계약의 안내장(다음부터 '이 사건 안내장'이라 함)을 교부받아 그 보험사고범위를 확인하였습니다. 그런데 이 사건 안내장은 이 사건 보험이 우리나라 국민의 다수의 사망원인을 차지하는 암이나 순환기계 질환에 대비한 전문적인 건강보험으로서 일반보장 이외에 '특정질병보장'이라는 별도의 보험상품을 포함한 것에 그 특징이 있다고 설명하면서 위 특정질병으로 '암, 허혈성심질환, 뇌혈관질환'을 거시하고 있어서 일반적으로 노년기에 많이 문제되는 질병에 대한 대비차원에서 이 사건 보험계약을 체결하였습니다. 한편, 이 사건 안내장에는 위에 거시된 질병에 포함되는 질병 가운데 일부가 제외된다는 점에 관하여는 아무런 설명을 하지 않고 있으며, 원고회사주장의 약관(협심증 등을 제외하는 내용)에 관하여 피고는 그 약관을 교부받거나 당시 이에 관하여 설명을 들은 사실이 없습니다. 따라서 약관규정에 따라 이 사건 보험계약의 내용을 주장하는 원고회사의 주장은 부당하다고 할 것입니다.

3. 보험사고의 발생 및 보험회사측의 조치

가. 피고는 위와 같이 이 사건 보험에 가입하여 보험료를 납입하여 오던 중, 20○○. ○. ○. 가슴에 심한 통증을 느껴 ○○의료원에 입원하여 치료를 받게 되었는데, 당시 병명은 급성 인두염과 C형 간염으로 진단되어 치료를 받았습니다만 병세가 호전되지 않던 중, 20○○. ○. ○. 위 같은 병원에서 급성 결핵성 심낭염 및 협심증으로 재진단 받아 입원 및 통원치료를 받게 되었습니다.

나. 피고는 결핵성 심낭염 및 협심증이 발병하여 병원치료를 받게 되자 당시 치료가 일단락 될 즈음인 20○○. ○. 중순경에 원고회사에 이 사실을 신고하고 보험금의 지급을 청구하였습니다. 당시 위 발병에 관하여 보험금지급여부를 조사하기 위하여 원고회사의 ○○본사 심사부에서 일하는 소외 ◈

◆◆라는 보험조사원이 ○○에서 ○○○로 내려와서 피고의 이전 병력 및 위 발병에 관한 사항을 병원과 피고 등을 상대로 조사한 사실이 있습니다. 당시 위 보험조사원은 피고에게 '이 병은 보험금지급대상이 되는 특정질병에 해당하므로 앞으로 보험금이 지급될 것이며, 이후의 보험료도 납입면제 될 것이다'라고 말하였고 위와 같이 말한 사실은 소외 ◆◆◆가 20○○. ○. ○.에 금융감독원의 분쟁조정과정에 출석하여 인정한 것이기도 합니다.

다. 그에 따라, 피고는 원고회사로부터 보험금이 지급되기를 기다리고 있던 중, 20○○. ○. ○.에 먼저 이 사건 보험계약과는 별도의 입원특약계약에 의한 보험금 341,280원을 우선하여 지급 받게 되었습니다. 이 당시까지도 원고회사는 특정질병보장에 관한 이 사건 보험계약에 의한 보험금의 지급에 관하여는 별다른 얘기를 해주지 않았기 때문에 피고로서는 보험금지급결정이 절차상 늦어지는 것으로 생각하고 그 결정과 지급을 기다리고 있었습니다.

4. 원고회사측의 실효처리

가. 그런데, 20○○. ○.경 원고회사로부터 보험금 지급에 관한 연락이 없어 본사로 연락을 하여보았더니 피고에게 발생한 질병은 보험대상 질병에 해당하지 아니하고 또한 이 사건 보험계약은 보험료의 2회 미납을 이유로 하여 20○○. ○. ○.자로 실효 되었으므로 해지환급금을 수령하여 가라는 답변을 하였습니다. 피고는 당시 20○○. ○. ○.까지의 보험료를 납부한 상태였고, 발병이후 원고회사 보험조사원 소외 ◆◆◆의 말을 믿고 보험금의 지급을 기다리고 있었으며 원고회사에서 보험금지급이 결정되어 그 중 입원특약보험금이 우선 지급된 것으로 생각하여 이후의 보험료가 면제되는 것으로 알고 보험료를 납부하지 않았던 것입니다. 원고회사로부터는 피고에게 발병한 질병이 보험사고에 해당하지 아니한다는 설명이 없었고, 또한 보험료를 미납하고 있으니 보

험료를 납부하라는 최고나, 납부하지 않으면 실효 된다는
통지 역시 없는 상태에서 일방적으로 실효 되었다는 답변만
을 하여준 것입니다. 피고로서는 원고회사측의 약관규정상
보험대상이 되지 않는다는 말을 당시로서는 믿을 수밖에 없
었습니다. 다만, 피고는 보험료를 계속하여 납부할 것이니
이 사건 보험계약을 부활시켜 달라고 하였으나 원고회사측
은 이 사건 보험계약은 이미 실효 되었으니 보험료를 내더
라도 부활은 아니 된다고 하였으며, 일정한 기간이 지나면
해약환급금도 받아 갈 수 없으니 회사내 정해진 절차에 따
라 환급금을 수령하여 가라고 하여 피고로서는 할 수 없이
해약환급금을 수령하였습니다.

나. 약관상 실효규정의 유효성

이에 관하여는 이후 반소장에서 자세히 밝히겠으나 원고회
사측의 이 사건 보험계약에 대한 실효처리는 위 회사 약관
규정에 의한 것으로 이는 계약내용에 포함되지 않을 뿐만
아니라 위 약관규정 자체가 상법규정에 위배되어 무효이므
로 미납보험료에 대한 납부최고 및 해지절차를 거치지 않은
실효처분은 무효라고 할 것이어서 아직까지도 보험계약은
유효하게 존속되고 있다고 하여야 할 것입니다.

5. 보험금의 지급청구

피고는 위 원고회사측의 설명만 믿고 피고의 발병이 보험금
지급대상이 아니고 계약은 적법하게 실효 된 것으로만 생각하
면서 지내던 중, 20○○. ○.경에 라디오에서 "계약자에 불리
하게 작성된 약관은 효력이 없다"라는 뉴스를 듣고 혹시라도
보험금을 받을 수 있지 않을까 하는 생각에 여기저기 알아보
고 난 뒤 원고회사측에 보험금의 지급을 청구하였으나 원고회
사측은 이 사건 보험계약 당시의 약관에 의하여 보험금을 지
급할 수 없다는 말만 되풀이하였습니다.

6. 원고회사의 소제기

피고는 이와 같은 원고회사측의 보험금 미지급과 보험계약실

효처분이 부당하다고 느껴졌기에 계속하여 원고회사측에 보험금의 지급을 요구하였는바, 원고회사는 오히려 20○○. ○.경 귀원에 피고에 대하여 아무런 책임이 없다는 취지로 채무부존재확인소송을 제기하여 지금에 이르게 된 것입니다.

7. 결론

그렇다면 원고회사측 약관이 이 사건 보험계약의 내용이 됨을 전제로 한 원고회사의 주장은 부당하며 실효처리 또한 무효이기 때문에 이 사건 보험계약이 여전히 유효함을 전제로 하여 원, 피고간의 법률관계를 정리하여야 할 것입니다. 피고는 이에 관한 반소장을 곧 제출하도록 하겠습니다.

20○○. ○. ○.

위 피고   ◇◇◇ (서명 또는 날인)

○○지방법원 제○○민사단독 귀중

[작성례] 항소장(채무부존재확인 등, 전부불복, 항소이유서
        추후제출의 경우)

항 소 장

항소인(피고, 반소원고) ◇◇◇
                ○○시 ○○구 ○○길 ○○(우편번호)
                전화.휴대폰번호:
                팩스번호, 전자우편(e-mail)주소:
피항소인(원고, 반소피고) ○○○
                ○○시 ○○구 ○○길 ○○(우편번호)
                전화.휴대폰번호:

팩스번호, 전자우편(e-mail)주소:

위 당사자간 ○○지방법원 20○○가단○○○(본소), 20○○가단 ○○○○(반소) 채무부존재확인청구 등 사건에 관하여 같은 법원에서 20○○. ○○. ○. 판결선고 하였는바, 항소인(피고, 반소원고)은 위 판결에 불복하고 다음과 같이 항소를 제기합니다(판결정본 수령일 : 20○○. ○○. ○○.)

원판결의 주문표시

1. 20○○. ○. ○. 11: 30경 ○○시 ○○구 ○○길 4거리 교차로 상에서 원고(반소피고) 소유의 광주○무○○○○호 승용차와 피고(반소원고) 운전의 광주○마○○○○호 오토바이가 충돌한 교통사고에 관하여 원고(반소피고)의 피고(반소원고)에 대한 손해배상금지급채무가 존재하지 아니함을 확인한다.
2. 피고(반소원고)의 반소청구를 기각한다.
3. 소송비용은 피고(반소원고)의 부담으로 한다.

불복의 정도 및 항소를 하는 취지의 진술

항소인(피고, 반소원고)은 위 판결의 피고(반소원고) 패소부분에 대하여 불복이므로 항소를 제기합니다.

항 소 취 지

1. 원심판결 중 피고(반소원고) 패소부분을 취소하고, 원고(반소피고)는 피고(반소원고)에게 금 33,116,065원 및 이에 대한 20○○. ○. ○.부터 이 사건 소장부본 송달일까지는 연 5%의, 그 다음날부터 다 갚는 날까지는 연 15%의 각 비율에 의한 돈을 지급하라.

2. 소송비용은 제1, 2심 모두 원고(반소피고)의 부담으로 한다.
라는 판결을 구합니다.

항 소 이 유

추후 제출하겠습니다.

첨 부 서 류

1. 항소장부본   1통
1. 송달료납부서   1통

20○○.   ○○.   ○○.
위 항소인(피고, 반소원고) ◇◇◇ (서명 또는 날인)

○○지방법원   귀중

■ 대법원판례

소송촉진 등에 관한 특례법(이하 '소송촉진법'이라 한다) 제3조는
금전채권자의 소 제기 후에도 상당한 이유 없이 채무를 이행하지
아니하는 채무자에게 지연이자에 관하여 불이익을 가함으로써 채
무불이행 상태의 유지 및 소송의 불필요한 지연을 막고자 하는 것
을 그 중요한 취지로 한다. 또한 소송촉진법 제3조의 문언상으로
도 '금전채무의 전부 또는 일부의 이행을 명하는 판결을 선고할
경우'에 금전채무 불이행으로 인한 손해배상액 산정의 기준이 되
는 법정이율에 관하여 정하고 있다(또한 같은 조 제2항도 '채무자
에게 그 이행의무가 있음을 선언하는 사실심 판결이 선고'되는 것
을 전제로 하여 규정한다). 따라서 금전채무에 관하여 채무자가 채

권자를 상대로 채무부존재확인소송을 제기하였을 뿐 이에 대한 채권자의 이행소송이 없는 경우에는, 사실심의 심리 결과 채무의 존재가 일부 인정되어 이에 대한 확인판결을 선고하더라도 이는 금전채무의 전부 또는 일부의 이행을 명하는 판결을 선고한 것은 아니므로, 이 경우 지연손해금 산정에 대하여 소송촉진법 제3조의 법정이율을 적용할 수 없다 **(대법원 2021. 6. 3. 선고 2018다276768 판결).**

6. 사원지위확인청구

6-1. 개요

입사에 대한 총사원의 동의가 있으면, 사원은 총사원의 동의가 있으면 정관인 서면의 경정이나 등기부에의 기재를 기다리지 않고 그 동의가 있는 시점에 곧바로 사원으로서의 지위를 취득한다.

6-2. 요건사실

1. 고용계약체결사실
2. 확인의 이익

6-3. 사원지위확인청구의 소

[작성례] 교원지위확인의 소

소   장

원   고   ○○○ (주민등록번호)
          ○○시 ○○구 ○○길 ○○(우편번호 ○○○○○)
          전화.휴대폰번호:
          팩스번호, 전자우편(e-mail)주소:
피   고   학교법인 ◇◇학원
          ○○시 ○○구 ○○길 ○○(우편번호 ○○○○○)
          이사장 ◆◆◆
          전화.휴대폰번호:
          팩스번호, 전자우편(e-mail)주소:

교원지위확인의 소

청 구 취 지

  원고는 ◇◇대학교 법과대학의 조교수임을 확인한다.
라는 판결을 원합니다.

청 구 원 인

1. 원고는 피고 학교법인 ◇◇학원 산하 ◇◇대학교 법과대학 법
   학과의 조교수입니다.
2. 원고는 19○○. ○. ○. ◇◇대학의 전임강사로 임용되어 지금
   까지 매년 임용계약을 갱신하여 왔습니다.
   한편, 원고는 19○○. ○. ○. ◇◇대학의 조교수로 승진하였

는바, 이 경우 그 승진되는 직위에 근거하여 임용계약을 다시 하여야 하고, 또 그 계약기간도 피고법인의 정관 제51조의 규정에 따라 10년 간이 되어야 함에도 불구하고 피고들은 이와 같은 절차를 무시하고 원고로 하여금 종전과 동일한 1년의 임용계약을 맺도록 하여, 3년간 계속 1년 단위의 임용계약을 체결하였습니다.

3. 그 뒤 20○○. 12. 27.경 피고들은 원고의 교원계약기간 만료일이 다음해 1. 5.이라고 주장하면서 다음 학년도부터는 교원으로 임용이 불가능하다고 통지하였습니다.

그렇지만 원고는 ◇◇대학의 조교수이므로 정관 제51조에 따라 그 임용기간이 10년이고, 원고가 임용된 최후 계약의 효력 개시일은 20○○. 1. 6.부터이므로, 원고가 위 개시일부터 10년 간, 즉 20○○. 1. 5.까지는 ◇◇대학의 조교수 자격을 가지고 있음은 명백한 것입니다.

4. 그럼에도 불구하고 피고들은 위와 같은 원고의 교원자격을 부인하면서 연구수당을 지급하지 아니하고 20○○학년도부터 교원으로 임용이 불가능하다고 통지하는 등 원고의 지위를 위태롭게 하고 있으므로 이를 법률적으로 확인 받기 위하여 이 사건 청구에 이른 것입니다.

입 증 방 법

1. 갑 제1호증   객원교수임용계약서
1. 갑 제2호증   계약만료통고서

첨 부 서 류

1. 위 입증방법   각 1통
1. 법인등기사항증명서   1통
1. 소장부본   1통
1. 송달료납부서   1통

```
                    20○○.    ○.    ○.
                    위 원고    ○○○    (서명 또는 날인)

○○지방법원    귀중
```

■ 대법원판례

합자회사에서 업무집행권한의 상실을 선고받은 무한책임사원이 다시 업무집행권이나 대표권을 갖기 위해서는 정관이나 총사원의 동의로 새로 그러한 권한을 부여받아야 한다(상법 제273조, 제269조, 제201조 제1항, 제207조). 합자회사에서 무한책임사원들만으로 업무집행사원이나 대표사원을 선임하도록 정한 정관의 규정은 유효하고, 그 후의 사정으로 무한책임사원이 1인이 된 경우에도 특별한 사정이 없는 한 여전히 유효하다. 다만 유한책임사원의 청구에 따른 법원의 판결로 업무집행권한의 상실을 선고받아 업무집행권 및 대표권을 상실한 무한책임사원이 이후 다른 무한책임사원이 사망하여 퇴사하는 등으로 유일한 무한책임사원이 된 경우에는 업무집행권한을 상실한 무한책임사원이 위 정관을 근거로 단독으로 의결권을 행사하여 자신을 업무집행사원이나 대표사원으로 선임할 수는 없다고 봄이 옳다. 이렇게 해석하는 것이 판결에 의한 업무집행권한 상실선고제도의 취지와 유한책임사원의 업무감시권의 보장 및 신의칙 등에 부합한다. 결국 이러한 경우에는 유한책임사원을 포함한 총사원의 동의에 의해서만 해당 무한책임사원이 업무집행사원이나 대표사원으로 선임될 수 있을 뿐이다 (대법원 2021. 7. 8. 선고 2018다225289 판결).

제14장 주주총회 결의에 대한 청구

1. 주주총회결의취소 청구

1-1. 개요

① 주주총회의 소집이 법령·정관에 위반하였다든가 법령·정관에 위반하는 사항을 결의사항으로 하는 주주총회가 소집되고 있을 때 결의취소의 소, 결의무효의 소로써 사후에 구제받기에 앞서 아예 주주총회의 개최 또는 특정사항의 결의를 가처분으로 금지시킬 수 있다.

※ 예: 주주총회개최금지가처분, 주주총회정지가처분, 주주총회결의금지가처분, 주주총회결의효력정지가처분 등

② 이에 따라 일단 주주총회의 결의가 있은 후에도 그 효력발생을 결의취소 또는 무효의 소 본안판결 시까지 가처분으로 정지시킬 수 있다.

1-2. 요건사실

1. 원고가 주주, 이사, 감사인 사실
2. 주주총회 소집 및 존재사실
3. 결의에 취소사유가 있는 사실

1-3. 기재례

> ○○주식회사의 2021.3.20. 주주총회 결의 중 제1안 부동산 매각건과 제2안 신임이사 선임의 건을 취소한다.

1-4. 항변

제척기간의 도과

1-5. 주주총회결의취소 청구의 소

[작성례] 주주총회결의 취소청구의 소

소　　　장

원　　고　　○○○ (주민등록번호)
　　　　　　○○시 ○○구 ○○로 ○○(우편번호 ○○○○○)
　　　　　　전화.휴대폰번호:
　　　　　　팩스번호, 전자우편(e-mail)주소:
피　　고　　◇◇주식회사
　　　　　　○○시 ○○구 ○○로 ○○(우편번호 ○○○○○)
　　　　　　이사장 ◈◈◈
　　　　　　전화.휴대폰번호:
　　　　　　팩스번호, 전자우편(e-mail)주소:

주주총회결의취소청구의 소

청　구　취　지

1. 20○○. ○. ○.에 개최한 피고회사의 임시주주총회에 있어서
　 "이사 ◎◎◎를 해임하고 ◉◉◉를 이사에 선임한다."는 취지
　 의 결의는 이를 취소한다.
2. 소송비용은 피고의 부담으로 한다.
라는 판결을 구합니다.

청 구 원 인

1. 원고는 피고회사의 주주입니다.
2. 피고회사는 20○○. ○. ○○.자로 각 주주에 대하여 일시, 장소 및 임시주주총회를 개최할 취지의 통지를 발하였습니다.
3. 그리고 이 임시주주총회에서 "이사 ◎◎◎를 해임하고 ◉◉◉를 이사에 선임한다."는 결의를 하였습니다. 그러나 주주총회를 소집함에는 회일을 정하여 2주일 전에 각 주주에 대하여 서면 또는 전자문서로 통지를 발송하여야 한다고 상법 제363조에 기재되어 있음에도 불구하고 임시주주총회의 소집의 통지를 20○○. ○. ○. 발송한 것은 적법한 기간을 두었다 할 수 없을 것입니다.
4. 따라서 원고는 주주총회결의취소청구의 법정기간인 2월내에 위와 같은 주주총회결의취소를 구하기 위하여 이 사건 소를 제기하기에 이르렀습니다.

입 증 방 법

  1. 갑 제1호증   법인등기사항증명서

첨 부 서 류

  1. 위 입증방법   1통
  1. 소장부본   1통
  1. 송달료납부서   1통

20○○. ○. ○.

위 원고 ○○○ (서명 또는 날인)

○○지방법원 귀중

■ 대법원판례

이사가 그 지위에 기하여 주주총회결의 취소의 소를 제기하였다가 소송 계속 중에 사망하였거나 사실심 변론종결 후에 사망하였다면, 그 소송은 이사의 사망으로 중단되지 않고 그대로 종료된다. 이사는 주식회사의 의사결정기관인 이사회의 구성원이고, 의사결정기관 구성원으로서의 지위는 일신전속적인 것이어서 상속의 대상이 되지 않기 때문이다 (대법원 2019. 2. 14. 선고 2015다255258 판결).

상법 제409조 제2항· 제3항은 '주주'가 일정 비율을 초과하여 소유하는 주식에 관하여 감사의 선임에 있어서 그 의결권을 제한하고 있고, 구 증권거래법(2007. 8. 3. 법률 제8635호 자본시장과 금융투자업에 관한 법률 부칙 제2조로 폐지) 제191조의11은 '최대주주와 그 특수관계인 등'이 일정 비율을 초과하여 소유하는 주권상장법인의 주식에 관하여 감사의 선임 및 해임에 있어서 의결권을 제한하고 있을 뿐이므로, '최대주주가 아닌 주주와 그 특수관계인 등'에 대하여도 일정 비율을 초과하여 소유하는 주식에 관하여 감사의 선임 및 해임에 있어서 의결권을 제한하는 내용의 정관 규정이나 주주총회결의 등은 무효이다 (대법원 2009. 11. 26. 선고 2009다51820 판결).

2. 주주총회결의부존재확인 청구

2-1. 요건사실

1. 원고가 주주, 이사, 감사인 사실
2. 주주총회결의가 부존재한 사실

2-2. 기재례

피고회사의 2021. 3. 23.자 정기주주총회에서 이사 ○○○를 해임하고, ○○○을 이사에 선임한 결의는 존재하지 않음을 확인한다.

2-3. 주주총회결의부존재확인 청구의 소

[작성례] 주주총회결의 부존재확인의 소

소　　　장

원　　고　　○○○ (주민등록번호)
　　　　　　○○시 ○○구 ○○로 ○○(우편번호 ○○○○○)
　　　　　　전화.휴대폰번호:
　　　　　　팩스번호, 전자우편(e-mail)주소:
피　　고　　◇◇주식회사
　　　　　　○○시 ○○구 ○○로 ○○(우편번호 ○○○○○)
　　　　　　이사장 ◈◈◈
　　　　　　전화.휴대폰번호:
　　　　　　팩스번호, 전자우편(e-mail)주소:

주주총회결의부존재확인의 소

청 구 취 지

1. 20○○. ○. ○. 개최한 피고회사 주주총회에서 "◉◉◉를 이사에 선임하고 ◎◎◎를 감사에 선임한 결의와 주식회사 상호를 ◇◇주식회사로 명칭을 변경한다."라는 결의는 존재하지 아니함을 확인한다.
2. 소송비용은 피고의 부담으로 한다
라는 판결을 구합니다.

청 구 원 인

1. 원고는 피고회사의 주주입니다.

2. 피고회사의 상업등기부에 의하면 20○○. ○. ○. 개최한 피고
   회사의 주주총회에 있어서 "◉◉◉를 이사에 선임하고 ◎◎◎
   를 감사에 선임한 결의와 주식회사 상호를 ◇◇주식회사로 명
   칭을 변경한다."라는 결의가 등기되어 있습니다.
3. 그러나 위와 같은 주주총회는 개최된 사실이 없습니다.
4. 따라서 원고는 "◉◉◉를 이사에 선임하고 ◎◎◎를 감사에 선
   임한 결의와 주식회사 상호를 ◇◇주식회사로 명칭을 변경한
   다."라는 결의의 부존재확인을 구하기 위하여 이 사건 청구에 이
   르렀습니다.

<h3 style="text-align:center">입 증 방 법</h3>

1. 갑 제1호증   법인등기사항증명서

<h3 style="text-align:center">첨 부 서 류</h3>

1. 위 입증방법   1통
1. 소장부본   1통
1. 송달료납부서   1통

20○○.   ○.   ○.
위 원고   ○○○   (서명 또는 날인)

○○지방법원   귀중

■ 대법원판례

이사 선임의 주주총회결의에 대한 부존재확인판결이 확정된 경우
그 결의에 의하여 이사로 선임된 이사들에 의하여 구성된 이사회

에서 선정된 대표이사는 소급하여 자격을 상실하고, 그 대표이사가 이사 선임의 주주총회결의에 대한 부존재확인판결이 확정되기 전에 한 행위는 대표권이 없는 자가 한 행위로서 무효로 된다(상법 제380조, 제190조 본문). 이러한 법리는 부존재확인판결이 확정된 주주총회가 개정 상법(1995. 12. 29. 법률 제5053호로 개정된 것. 이하 '개정 상법'이라고 한다) 제380조의 시행 전에 있었다 하더라도 그 주주총회결의부존재확인판결이 개정 상법의 시행 후에 확정된 이상 그대로 적용된다 (대법원 2012. 1. 26. 선고 2009다85052 판결 참조)(대법원 2014. 11. 13. 선고 2009다71312,71329,71336,71343 판결).

상법 제461조에 의하여 주식회사가 이사회의 결의로 준비금을 자본에 전입하여 주식을 발행할 경우 또는 상법 제416조에 의하여 주식회사가 주주총회나 이사회의 결의로 신주를 발행할 경우에 발생하는 구체적 신주인수권은 주주의 고유권에 속하는 것이 아니고 위 상법의 규정에 의하여 주주총회나 이사회의 결의에 의하여 발생하는 구체적 권리에 불과하므로 그 신주인수권은 주주권의 이전에 수반되어 이전되지 아니한다. 따라서 회사가 신주를 발행하면서 그 권리의 귀속자를 주주총회나 이사회의 결의에 의한 일정시점에 있어서의 주주명부에 기재된 주주로 한정할 경우 그 신주인수권은 위 일정시점에 있어서의 실질상의 주주인가의 여부와 관계없이 회사에 대하여 법적으로 대항할 수 있는 주주, 즉 주주명부에 기재된 주주에게 귀속된다 (대법원 2010. 2. 25. 선고 2008다96963,96970 판결).

3. 주주총회결의 무효확인 청구

3-1. 요건사실

1. 원고가 주주, 이사, 감사인 사실
2. 주주총회 소집 및 존재 사실
3. 결의에 무효사유가 있는 사실

3-2. 기재례

> 피고회사의 2021. 3. 25.자 정기주주총회에서 이사 ○○○을 해임하고, ○○○를 선임한 결의는 무효임을 확인한다.

3-3. 주주총회결의 무효확인 청구의 소

[작성례] 주주총회결의 무효확인의 소

소　　　장

원　　고　　1. ○①○ (주민등록번호)
　　　　　　　　○○시 ○○구 ○○로 ○○(우편번호 ○○○○○)
　　　　　　　　전화.휴대폰번호:
　　　　　　　　팩스번호, 전자우편(e-mail)주소:
　　　　　　2. ○②○ (주민등록번호)
　　　　　　　　○○시 ○○구 ○○로 ○○(우편번호 ○○○○○)
　　　　　　　　전화.휴대폰번호:
　　　　　　　　팩스번호, 전자우편(e-mail)주소:

피　　고　　◇◇주식회사
　　　　　　○○시 ○○구 ○○로 ○○(우편번호 ○○○○○)
　　　　　　이사장 ◆◆◆
　　　　　　전화.휴대폰번호:
　　　　　　팩스번호, 전자우편(e-mail)주소:

주주총회결의무효확인의 소

청　구　취　지

1. 20○○. ○. ○. 개최한 피고회사 임시 주주총회에서 소외 ◆◆

◆를 이사로 선임한 결의는 무효임을 확인한다.
2. 소송비용은 피고의 부담으로 한다
라는 판결을 구합니다.

청 구 원 인

1. 원고들은 피고회사의 주주들입니다.
2. 20○○. ○. ○. 개최된 피고회사의 임시주주총회에서는 소외 ◉◉◉를 이사로 선임하는 주주총회 결의가 있었습니다.
3. 그러나 위 결의는 그 내용에 있어서 정관에 위배하고 있습니다. 즉, 피고회사의 정관은 이사의 수를 5명 이내로 정하고 있었으며, 위 결의 당시 피고회사에 이미 이사 5명이 있었으므로 위 결의에 의하여 다시 1명의 이사가 선임된다고 하면 이사의 수는 6명이 되어 정관 소정의 수를 초과하게 되는 것입니다.
4. 따라서 이 사건 임시주주총회에서의 소외 ◉◉◉를 이사로 선임하는 결의는 무효라 할 것이므로 원고는 청구취지와 같은 판결을 구하기 위하여 이 사건 청구에 이르렀습니다.

입 증 방 법

1. 갑 제1호증　　　　　　　정관
1. 갑 제2호증　　　　　　　법인등기사항증명서

첨 부 서 류

1. 위 입증방법　　　　　　각 1통
1. 소장부본　　　　　　　　1통
1. 송달료납부서　　　　　　1통

20○○.　　○.　　○.

위 원고   1. ○①○ (서명 또는 날인)
         2. ○②○ (서명 또는 날인)

○○지방법원   귀중

■ 대법원판례

주식회사의 이사는 임기가 만료됨에 따라 이사의 지위를 상실하는 것이 원칙이지만, 소유와 경영의 분리를 원칙으로 하는 주식회사에 있어 경영자 지위의 안정이라는 이사의 이익뿐만 아니라 주주의 회사에 대한 지배권 확보라는 주주의 이익 또한 보호되어야 하므로, 위와 같은 주주와 이사의 이익을 조화시키기 위해 상법 제385조 제1항은 회사가 언제든지 주주총회의 결의로 이사를 해임할 수 있도록 하는 한편 이사를 선임할 때와 달리 이사를 해임할 때에는 주주총회의 특별결의를 거치도록 하고, 임기가 정해진 이사가 임기만료 전에 정당한 이유 없이 해임된 때에는 회사에 대하여 손해배상을 청구할 수 있도록 하고 있다. 한편 임기만료로 퇴임한 이사라 하더라도 상법 제386조 제1항 등에 따라 새로 선임된 이사의 취임 시까지 이사로서의 권리의무를 가지게 될 수 있으나(이하 '퇴임이사'라고 한다), 그와 같은 경우에도 새로 선임된 이사가 취임하거나 상법 제386조 제2항에 따라 일시 이사의 직무를 행할 자가 선임되면 별도의 주주총회 해임결의 없이 이사로서의 권리의무를 상실하게 된다. 이러한 상법 제385조 제1항의 입법 취지, 임기만료 후 이사로서의 권리의무를 행사하고 있는 퇴임이사의 지위 등을 종합하면, 상법 제385조 제1항에서 해임대상으로 정하고 있는 '이사'에는 '임기만료 후 이사로서의 권리의무를 행사하고 있는 퇴임이사'는 포함되지 않는다고 보아야 한다 (대법원 2021. 8. 19. 선고 2020다285406 판결).

제15장 기타 청구

1. 재산상속회복청구

1-1. 요건사실

1. 원고가 상속을 원인으로 소유자가 된 사실
2. 청구의 목적물이 상속개시 당시 피상속인의 소유(점유)에 속하였던 사실
3. 피고가 정당한 원인 없이 등기명의를 가지고 있거나 점유 하고 있어 상속권을 침해한 사실

1-2. 대법원판례

남북 주민 사이의 가족관계와 상속 등에 관한 특례법(이하 '남북 가족특례법'이라 한다)은 상속회복청구와 관련하여서는, 제11조 제1항에서 남북이산으로 인하여 피상속인인 남한주민으로부터 상 속을 받지 못한 북한주민(북한주민이었던 사람을 포함한다) 또는 그 법정대리인은 민법 제999조 제1항에 따라 상속회복청구를 할 수 있다고 규정하고 있을 뿐, 친생자관계존재확인의 소나 인지청 구의 소의 경우와 달리 민법 제999조 제2항에서 정한 제척기간 에 관하여 특례를 인정하는 규정을 두고 있지 아니하다. 상속회 복청구의 경우에도 친생자관계존재확인이나 인지청구의 경우와 마찬가지로 남북 분단의 장기화·고착화로 인하여 북한주민의 권 리행사에 상당한 장애가 있음을 충분히 예측할 수 있음에도, 이 들 법률관계를 구분하여 상속회복청구에 관하여 제척기간의 특례 를 인정하지 아니한 것은 입법적인 선택이다.
남·북한주민 사이의 상속과 관련된 분쟁에서 북한주민을 배려할 필요가 있더라도, 이는 민법상 상속회복청구권의 행사에 제척기

간을 둔 취지나 남북가족특례법의 입법 목적 및 관련 규정들을 감안하여 해당 규정에 관한 합리적인 법률해석의 범위 내에서 이루어져야 한다. 상속의 회복은 해당 상속인들 사이뿐 아니라 상속재산을 전득한 제3자에게까지 영향을 미치므로, 민법에서 정한 제척기간이 상당히 지났음에도 그에 대한 예외를 인정하는 것은 법률관계의 안정을 크게 해칠 우려가 있다. 상속회복청구의 제척기간이 훨씬 지났음에도 특례를 인정할 경우에는 그로 인한 혼란이 발생하지 않도록 예외적으로 제척기간의 연장이 인정되는 사유 및 기간 등에 관하여 구체적이고 명확하게 규정할 필요가 있고, 또한 법률관계의 불안정을 해소하고 여러 당사자들의 이해관계를 합리적으로 조정할 수 있는 제도의 보완이 수반되어야 하며, 결국 이는 법률해석의 한계를 넘는 것으로서 입법에 의한 통일적인 처리가 필요하다.

상속회복청구에 관한 제척기간의 취지, 남북가족특례법의 입법 목적 및 관련 규정들의 내용, 가족관계와 재산적 법률관계의 차이, 법률해석의 한계 및 입법적 처리 필요성 등의 여러 사정을 종합하여 보면, 남북가족특례법 제11조 제1항은 피상속인인 남한주민으로부터 상속을 받지 못한 북한주민의 상속회복청구에 관한 법률관계에 관하여도 민법 제999조 제2항의 제척기간이 적용됨을 전제로 한 규정이며, 따라서 남한주민과 마찬가지로 북한주민의 경우에도 다른 특별한 사정이 없는 한 상속권이 침해된 날부터 10년이 경과하면 민법 제999조 제2항에 따라 상속회복청구권이 소멸한다 (대법원 2016. 10. 19. 선고 2014다46648 전원합의체 판결).

2. 친생자관계부존재확인청구

2-1. 개요

① 전혼 자녀를 친양자로 입양한 경우 그 입양한 때부터 전혼 자녀와 재혼 배우자 사이에 친생자관계가 발생한다(**민법 제**

908조의3제1항).

② 따라서 이들 사이에 친권(민법 제909조), 부양(민법 제974조), 상속(민법 제1000조) 등과 같은 신분·재산관계에서 친부모와 동일한 권리·의무가 생기게 된다.

2-2. 요건사실

청구인과 상대방 간에 친생자관계가 부존재하는 사실

2-3. 친생자관계부존재확인청구의 소

[작성례] 친생자관계부존재확인 청구의 소

```
                         소        장

원    고    ○  ○  ○
                19○○년 ○월 ○일생
                등록기준지   ○○시 ○○구 ○○길 ○○
                주소   ○○시 ○○구 ○○길 ○○ (우편번호)
                전화   ○○○ - ○○○○
피    고    1. 김   △  △
                19○○년 ○월 ○일생
                등록기준지  ○○시 ○○구 ○○길 ○○
                주소   ○○시 ○○구 ○○길 ○○ (우편번호)
                전화   ○○○ - ○○○○
            2. 정   △  △
                19○○년 ○월 ○일생
                등록기준지   ○○시 ○○구 ○○길 ○○
                주소   ○○시 ○○구 ○○길 ○○ (우편번호)
```

전화 ○○○ - ○○○○

친생자관계부존재확인청구의 소

청 구 취 지

1. 피고 정△△와 망 정□□(주민등록번호 : 000000-0000000, 등록기준지 : 00시 00구 00동 00) 및 피고 김△△ 사이에는 각각 친생자관계가 존재하지 아니함을 확인한다.
2. 소송비용은 피고들이 부담한다.
라는 판결을 구합니다.

청 구 원 인

1. 피고 김△△과 소외 망 정□□는 부부사이였고, 원고는 동 부부의 7남매 중 차남이며, 피고 정△△는 위 부부사이의 차녀로 가족관계등록부에 등재된 자입니다.
2. 하지만 피고 정△△와 피고 김△△, 소외 망 정□□와의 사이에는 각 친생관계가 존재하지 아니하고, 단지 위 정□□의 4촌 형수인 박□□ 가 성명불상인 피고 정△△를 입양하려 할 때 피고 정△△가 출생신고가 되어 있지 아니하고 위 박□□가 남편 없이 혼자 생활하던 관계로 출생신고를 하기 곤란하여 위 피고 김△△와 소외 망 정□□가 대신 동인들간의 자로 출생신고를 한 사실이 있을 뿐입니다.
3. 이에 원고는 위와 같이 잘못 신고된 가족관계등록부를 바로 잡고자 이 사건 청구에 이르게 된 것입니다.

입 증 방 법

  1. 갑 제1호증   가족관계증명서

■ 대법원판례

민법은 친생추정 규정을 두면서도 남편에게 친생부인의 사유가 있음을 안 날부터 2년 내에 친생부인의 소를 제기할 수 있도록 하고 있다. 이는 진실한 혈연관계에 대한 인식을 바탕으로 법률적인 친자관계를 진실에 부합시키고자 하는 남편에게 친생추정을 부인할 수 있는 실질적인 기회를 부여한 것이다. 친생부인의 소가 적법하게 제기되면 부모와 출생한 자녀 사이에 생물학적 혈연관계가 존재하는지가 증명의 대상이 되는 주요사실을 구성한다. 결국 혈연관계가 없음을 알게 되면 친생부인의 소를 제기할 수 있는 제소기간이 진행하고, 실제로 생물학적 혈연관계가 없다는 점은 친생부인의 소로써 친생추정을 번복할 수 있게 하는 사유이다.
이처럼 혈연관계 유무나 그에 대한 인식은 친생부인의 소를 이유 있게 하는 근거 또는 제소기간의 기산점 기준으로서 친생부인의 소를 통해 친생추정을 번복할 수 있도록 하는 사유이다. 이를 넘어서 처음부터 친생추정이 미치지 않도록 하는 사유로서 친생부인의 소를 제기할 필요조차 없도록 하는 요소가 될 수는 없다. 혈연관계가 없다는 점을 친생추정이 미치지 않는 전제사실로 보는 것은 원고적격과 제소기간의 제한을 두고 있는 친생부인의 소의 존재를 무의미하게 만드는 것으로 현행 민법의 해석상 받아들이기 어렵다. 친생부인권을 실질적으로 행사할 수 있는 기회를 부여받았는데도 제소기간이 지나도록 이를 행사하지 않아 더 이상 이를 다툴 수 없게 된 경우 그러한 상태가 남편이 가정생활과 신분관계에서 누려야 할 인격권, 행복추구권, 개인의 존엄과 양성의 평등에 기초한 혼인과 가족생활에 대한 기본권을 침해한다고 볼 수 없다.

다만 친생추정 규정은 부부가 정상적인 혼인생활을 영위하고 있는 경우를 전제로 가정의 평화를 위하여 마련된 것이어서 그 전제사실을 갖추지 않은 경우까지 적용하여 요건이 엄격한 친생부인의 소로써 부인할 수 있도록 하는 것은 제도의 취지에 반하여 진실한 혈연관계에 어긋나는 부자관계를 성립하게 하는 등 부당한 결과를 가져올 수 있다. 대법원 2019. 10. 23. 선고 2016므2510 전원합의체 판결에서도 이러한 입장이 변경되지 아니하였다.

따라서 민법 제844조 제1항의 친생추정은 반증을 허용하지 않는 강한 추정이므로, 처가 혼인 중에 포태한 이상 그 부부의 한쪽이 장기간에 걸쳐 해외에 나가 있거나, 사실상의 이혼으로 부부가 별거하고 있는 경우 등 동거의 결여로 처가 부(부)의 자를 포태할 수 없는 것이 외관상 명백한 사정이 있는 경우에만 그 추정이 미치지 않을 뿐이고, 이러한 예외적인 사유가 없는 한 누구라도 그 자가 부의 친생자가 아님을 주장할 수 없다 (**대법원 2021. 9. 9. 선고 2021므13293 판결**).

3. 주식명의개서청구

3-1. 요건사실

주식양수사실(양도인이 아니라 회사를 피고로 하여야 한다)

3-2. 기재례

> 1. 채무자는 별지 목록 기재 주식에 대하여 양도, 질권의 설정 그 밖에 일체의 처분을 하여서는 아니 된다.
> 2. 제3채무자(회사를 지칭)는 위 주식에 대하여 채무자의 청구에 의한 명의개서를 하여서는 아니 된다.
> 라는 재판을 구합니다.

3-3. 대법원판례

주권의 선의취득은 주권의 소지라는 권리외관을 신뢰하여 거래한 사람을 보호하는 제도이다. 주권 취득이 악의 또는 중대한 과실로 인한 때에는 선의취득이 인정되지 않는다(상법 제359조, 수표법 제21조). 여기서 악의 또는 중대한 과실이 있는지는 그 취득시기를 기준으로 결정하여야 하며, '악의'란 교부계약에 하자가 있다는 것을 알고 있었던 경우, 즉 종전 소지인이 무권리자 또는 무능력자라거나 대리권이 흠결되었다는 등의 사정을 알고 취득한 것을 말하고, 중대한 과실이란 거래에서 필요로 하는 주의의무를 현저히 결여한 것을 말한다. 그리고 주권 등을 취득하면서 통상적인 거래기준으로 판단하여 볼 때 양도인이 무권리자임을 의심할 만한 사정이 있음에도 불구하고 이에 대하여 상당하다고 인정될 만한 조사를 하지 아니한 채 만연히 주권 등을 양수한 경우에는 양수인에게 상법 제359조, 수표법 제21조 단서에서 말하는 '중대한 과실'이 있다고 보아야 한다 (대법원 2018. 7. 12. 선고 2015다251812 판결).

4. 동시이행항변

4-1. 요건사실

1. 항변자와 상대방 간의 대가적 의미가 있는 채무의 존재사실

2. 상대방 채무의 이행기 도래사실,

3. 상대방이 이행의 제공 없이 청구한 사실

4-2. 동시이행항변의 소(답변서)

[작성례] 답변서(임대차보증금 반환청구에서 동시이행 항변)

답 변 서

사건번호　20○○가소○○○○ 임대차보증금 반환

원　　고　○○○

피　　고　◇◇◇

　　위 사건에 관하여 피고는 다음과 같이 답변합니다.

청구취지에 대한 답변

1. 원고의 청구를 기각한다.
2. 소송비용은 원고의 부담으로 한다.
라는 판결을 구합니다.

청구원인에 대한 답변

1. 원고의 주장
　　원고는 ○○시 ○○로 123-1, 302호(이하 '이 사건 건물'이라
　　합니다.)에 대하여 원고와 피고 사이의 임대차 계약(이하 '이 사

건 임대차계약'이라 합니다.)의 계약기간이 만료되었고, 원고는 피고에게 계약기간 만료 1월 전인 2018. ○. ○.에 이를 통지하였으므로 그에 따라 이 사건 임대차 계약이 해지되었음을 이유로 피고에게 임대차 보증금의 반환을 청구하고 있습니다.

2. 동시이행의 항변

임대인의 보증금 반환채무와 임차인의 목적물 인도의무는 동시이행의 관계에 있습니다(**대법원 1998. 5. 29. 선고 98다6497 판결 참조**). 그러므로 원고가 피고에게 목적물을 인도함과 동시에 피고는 원고에게 임대차보증금을 반환하여야 합니다.

원고는 이 사건 임대차 계약이 종료되었음에도 현관 출입문 시정장치를 시정한 채 피고에게 이 사건 건물을 인도하지 않고 있습니다(을 제1호증 임대차목적물 사진 참조).

3. 결론

따라서 피고는 원고가 이 사건 건물을 인도할 때까지 동시이행의 항변권이 있고, 이에 기하여 원고가 이 사건 건물을 인도함과 동시에 보증금을 반환할 예정이므로 목적물의 인도 없이 보증금 반환을 구하는 원고 청구의 기각을 구하고자 합니다.

입 증 방 법

1. 을 제1호증　　　　　임대차 목적물 사진

첨 부 서 류

1. 위 입증방법　　　　　1통

20○○.　○.　○.

위 피고　◇◇◇ (서명 또는 날인)

○○지방법원 ○○지원 제○민사단독　귀중

■ 대법원판례

기존의 원인채권과 어음채권이 병존하는 경우에 채권자가 원인채권을 행사함에 있어서 채무자는 원칙적으로 어음과 상환으로 지급하겠다고 하는 항변으로 채권자에게 대항할 수 있다. 그러나 채무자가 어음의 반환이 없음을 이유로 원인채무의 변제를 거절할 수 있는 것은 채무자로 하여금 무조건적인 원인채무의 이행으로 인한 이중지급의 위험을 면하게 하려는 데 그 목적이 있고, 기존의 원인채권에 터잡은 이행청구권과 상대방의 어음반환청구권 사이에 민법 제536조에 정하는 쌍무계약상의 채권채무관계나 그와 유사한 대가관계가 있기 때문은 아니다. 따라서 어음상 권리가 시효완성으로 소멸하여 채무자에게 이중지급의 위험이 없고 채무자가 다른 어음상 채무자에 대하여 권리를 행사할 수도 없는 경우에는 채권자의 원인채권 행사에 대하여 채무자에게 어음상환의 동시이행항변을 인정할 필요가 없으므로 결국 채무자의 동시이행항변권은 부인된다 (대법원 2010. 7. 29. 선고 2009다69692 판결).

5. 유익비청구

5-1. 개요

① 유익비상환청구권이란 임차인이 임대차관계로 임차상가건물을 사용·수익하던 중 그 객관적 가치를 증가시키기 위해 투입한 비용이 있는 경우에는 임대차 종료 시에 그 가액의 증가가 현존한 때에 한해 임대인에게 임대인의 선택에 따라 임차인이 지출한 금액이나 그 증가액의 상환을 청구할 수 있는 것을 말한다. 따라서, 유익비의 상환은 임차인이 임차기간 중에 지출한 유익비에 한하여 인정되고, 임차인이 유익비를 지출하여 증가된 가액이 임대차 종료 시에 현존해야 청구할 수 있다.

② 유익비상환청구의 범위는 임차인이 유익비로 지출한 비용과 현존하는 증가액 중 임대인이 선택한 것을 상환 받으면 된다(**민법 제626조제2항 전단**). 따라서 유익비상환의무자인 임대인의 선택권을 위해 유익비는 실제로 지출한 비용과 현존하는 증가액을 모두 산정해야 한다 (**대법원 2002. 11. 22. 선고 2001다40381 판결**).

5-2. 요건사실

1. 임대차계약종료사실
2. 유익비지출사실
3. 객관적 가치 증가 현존사실

5-3. 유익비청구의 소(답변서)

[작성례] 답변서(유익비청구)

답 변 서

사　건　20○○가소○○○○ 유익비
원　고　○○○
피　고　◇◇◇

　　위 사건에 관하여 피고는 아래와 같이 답변합니다.

청구취지에 대한 답변

1. 원고의 청구를 기각한다.

---

2. 소송비용은 원고의 부담으로 한다.
라는 재판을 구합니다.

청구원인에 대한 답변

1. 다툼이 없는 사실

   원.피고 사이에 20○○. ○. ○. 피고 소유의 ○○시 ○○구 ○○길 ○○의 2, 6, 7, 지상 시멘트벽돌조 슬래브지붕 단층 점포 건평 42.3㎡에 관하여 임대차보증금은 금 25,000,000원, 월 임대료는 금 100,000원, 임대기간은 20○○. ○. ○.부터 1년 간으로 정하여 임대차계약이 체결된 사실은 인정합니다.

2. 원고의 유익비 주장에 대하여

   위 계약당시 원칙적으로 임대목적물의 형상변경을 하지 못하는 것으로 하였고, 원고(임차인)가 자기 편의를 도모하기 위하여 형상을 변경할 경우에는 임대기간 만료 후에 원상회복하기로 하였던 것으로, 원고의 이 사건 청구는 그 이유가 없으므로 기각되어야 할 것입니다.

20○○.　　○.　　○.

위 피고　　◇◇◇ (서명 또는 날인)

○○지방법원 제○○민사단독　귀중

■ **대법원판례**

유익비상환청구에 관하여 민법 제203조 제2항은 "점유자가 점유물을 개량하기 위하여 지출한 금액 기타 유익비에 관하여는 그 가액의 증가가 현존한 경우에 한하여 회복자의 선택에 좇아 그 지출금액이나 증가액의 상환을 청구할 수 있다."라고 규정하고 있다. 즉 유익비의 상환범위는 '점유자가 유익비로 지출한 금액'

과 '현존하는 증가액' 중에서 회복자가 선택하는 것으로 정해진
다. 위와 같은 실제 지출금액 및 현존 증가액에 관한 증명책임은
모두 유익비의 상환을 구하는 점유자에게 있다.

따라서 점유자의 증명을 통해 실제 지출금액 및 현존 증가액이
모두 산정되지 아니한 상태에서 회복자가 '점유자가 주장하는 지
출금액과 감정 결과에 나타난 현존 증가액 중 적은 금액인 현존
증가액을 선택한다'는 취지의 의사표시를 하였다고 하더라도, 특
별한 사정이 없는 한 이를 곧바로 '실제 증명된 지출금액이 현존
증가액보다 적은 금액인 경우에도 현존 증가액을 선택한다'는 뜻
까지 담긴 것으로 해석하여서는 아니 된다. 일반적으로 회복자의
의사는 실제 지출금액과 현존 증가액 중 적은 금액을 선택하겠다
는 것으로 보아야 하기 때문이다 (대법원 2018. 6. 15. 선고 2018다
206707 판결).

◨ 편저 김 만 기 ◨

▎전 서울고등법원 종합민원접수실장
▎전 서울중앙지방법원 민사신청과장(법원서기관)
▎전 서울서부지방법원 은평등기소장
▎전 수원지방법원 시흥등기소장
▎전 인천지방법원 본원 집행관
▎법무사

요건사실에 따른
각종 소장 작성례와 관련 판례

2023년 1월 05일 인쇄
2023년 1월 15일 발행

편 저 김만기
발행인 김현호
발행처 법문북스
공급처 법률미디어

주소 서울 구로구 경인로 54길4(구로동 636-62)
전화 02)2636-2911~2, 팩스 02)2636-3012
홈페이지 www.lawb.co.kr

등록일자 1979년 8월 27일
등록번호 제5-22호

ISBN 979-11-92369-47-1 (13360)

정가 28,000원